कहानी : संक्रमणशील कला

कहानी : संक्रमणशील कला

खगेन्द्र ठाकुर

वाणी प्रकाशन

वाणी प्रकाशन
4695, 21-ए, दरियागंज, नयी दिल्ली 110 002

शाखा
अशोक राजपथ, पटना 800 004

फ़ोन: +91 11 23273167 फ़ैक्स: +91 11 23275710

www.vaniprakashan.in
vaniprakashan@gmail.com

KAHANI : SANKRMANSHEEL KALA
by Khagendra Thakur

ISBN : 978-93-5072-704-1
Criticism

प्रथम संस्करण
मूल्य : ₹ 300

हर्ष प्रिंटर्स, दिल्ली-110 093 में मुद्रित

वाणी प्रकाशन का लोगो मक़बूल फ़िदा हुसेन की कूची से

स्वातन्त्र्योत्तर युग के अग्रणी कथाकार
भीष्म साहनी और कमलेश्वर की स्मृति को समर्पित

भूमिका

हिन्दी कहानी बीसवीं सदी की विधा और कला है। इस पुस्तक में संकलित निबन्ध बीसवीं सदी के अन्तिम पच्चीस-तीस वर्षों के साथ ही इक्कीसवीं सदी के प्रारम्भ में लिखित कहानियों की समीक्षा करने की कोशिश भी है। मैंने यह देखने और दिखाने की कोशिश की है कि आलोचना अवधि में विकसित समाज और जीवन के द्वन्द्व को लेखकों ने कैसे देखा है, कहाँ से देखा है और कैसे ग्रहण किया है, फिर उसने उन्हें कैसे कथा विधा का रूप दिया है। मैंने कहानी में प्रवेश करके ही लेखक की सृजनशीलता को समझने की कोशिश की है। अवश्य पृष्ठभूमि में जो समाज और जीवन है, उसकी ओर से भी रचना को देखा है। यह समीक्षा की कोई अस्वाभाविक प्रक्रिया नहीं, बल्कि एकदम स्वाभाविक है।

मुझे यह पढ़कर आश्चर्य होता है कि इस दौर में भी कई कहानीकार यह कहते सुने जाते हैं कि आलोचकगण कहानी-आलोचना का कोई मानदण्ड नहीं निश्चित कर पाये हैं। यह तो कहानी पढ़ने और समझने तथा उसका मूल्यांकन करने के लिए पूर्व निर्धारित मानदण्ड होगा, जिसका होना कतई जरूरी नहीं है। कुछ लेखक यह भी समझते हैं कि आखिर कहानी में मुख्य तत्त्व तो शिल्प और भाषा ही है। मैं मानता हूँ कि कहानी क्या, किसी भी विधा में प्रेषणीयता के लिए भाषा और शिल्प का बहुत महत्त्व है लेकिन जब लेखक के पास प्रेषण के लिए कोई अनुभव और नया कथ्य हो। कहानी विधा का रचनात्मक अनुभव अत्यन्त समृद्ध और विविधता पूर्ण हो चुका है, इस पर आज के लेखकों को ध्यान देना चाहिए। कहानी की समृद्धि आज के लेखकों के लिए विरासत की तरह है।

मैं यह कहने की स्थिति में हूँ कि यह पुस्तक कहानी की व्यावहारिक आलोचना की पुस्तक है। मैं यह भी मानता और समझता हूँ कि आलोचक का व्यावहारिक रूप ही असल में आलोचना है, जिसके जरिये आलोचक की क्षमता और सामर्थ्य का पता चलता है। मैं ऐसे लोगों को जानता हूँ जिन्होंने दस-बीस या उससे ज्यादा ही सैद्धान्तिक आलोचना की पुस्तकें पढ़ीं और अपनी पल्लवग्राही अथवा मधुसंचयी प्रतिभा का उपयोग करके एक नयी पुस्तक लिख डाली। यह कोई श्रेयस्करी आलोचना नहीं है। मैंने यह पद्धति या प्रक्रिया कभी नहीं अपनायी। जीवन की ताज़गी से लेखन ताज़ा बना रहता है। यह इतिहास के द्वारा सिद्ध रचना प्रक्रिया का महत्त्वपूर्ण अंग है।

डॉ. नामवर सिंह ने एक बार कहानी पर बोलते हुए कहा कि आलोचना कोई दाखिल-खारिज नहीं है। यह ठीक है। दाखिल-खारिज की प्रक्रिया में पुराने स्वत्व को खारिज़ करना और नये को दाखिल होने का अधिकार हासिल होता है। यह नागरिक अधिकार की तरह है। कहानी-आलोचना या किसी अन्य विधा की आलोचना सारी रचनाओं का जिक्र नहीं कर सकती। अतः आलोचना, प्रवृत्ति और प्रक्रिया स्वस्थ है और इसी क्रम में कुछ रचनाओं के दृष्टान्त देकर ही काम चला सकती है। मैंने फिर भी बहुतेरे कहानीकारों का जिक्र प्रवृत्तिगत विश्लेषण और मूल्यांकन करने की कोशिश की है। अपने प्रयत्न या उपक्रम के बारे में, उससे ज्यादा कहना मैं जरूरी नहीं समझता। मैं आज के कहानीकारों और पाठकों को आदर के साथ आमन्त्रित करता हूँ कि इस आलोचना से गुजरें और देखें कि उन्हें कुछ हासिल होता है या नहीं। मैं उन कहानीकारों से क्षमा चाहता हूँ जिनका जिक्र इसमें नहीं हो सका है। इतिहास बहुत बड़ा होता है और कला-सृजन की प्रक्रिया भी उसके साथ लगी रहती है। इतिहास में आपको भी कभी अपना हक मिल जाएगा। आलोचना में वास्तव में सामाजिक दायित्व है, सामाजिक कर्म है। यही समझकर मैंने आलोचना का अपना दायित्व निभाया है।

अन्त में यह भी कहना चाहता हूँ कि कहानी पर मेरी एक पुस्तक और है– 'कहानी परम्परा और प्रगति' उसे भी देखें और दोनों पुस्तकों को एक क्रम से पढ़ें तो कहानी और आलोचना दोनों के बारे में सत्य को ज्यादा महसूस और ग्रहण कर सकेंगे। मैंने हिन्दी कहानी का इतिहास नहीं लिखा है, लेकिन आलोचना की प्रक्रिया में उन्हें ऐतिहासिक चेतना का अनुभव अवश्य होगा। अब आगे वे ही देखें।

–खगेन्द्र ठाकुर

अनुक्रम

आज के सामाजिक यथार्थ की सर्जनात्मक अपेक्षा

लेखन-कर्म की चर्चा के प्रसंग में सामाजिक यथार्थ के जिक्र से पहले भी कुछ लोगों को एतराज था और आज तो उन लोगों को आश्चर्य मिश्रित एतराज होता है, क्योंकि ऐसे लोग समझते थे कि सोवियत संघ के विघटन और पूर्वी यूरोप के देशों और पूर्व सोवियत संघ के गणराज्यों में समाजवादी व्यवस्था को उलट दिये जाने के बाद के इस दौर में साहित्य और आलोचना में भी यथार्थ या सामाजिक यथार्थ का जिक्र बन्द हो जाएगा। वे शायद यह समझते होंगे कि हिन्दी में सामाजिक यथार्थ, यथार्थवाद और मार्क्सवादी आलोचना आदि का सीधा सम्बन्ध सोवियत संघ और उसकी समाजवादी व्यवस्था से है। यदि किसी ने सोवियत संघ के सत्ता-केन्द्र क्रेमलिन से मिखाइल गोर्वाचेव के निकलने या निकाले जाने के बाद ही यहाँ भारत की धरती पर हिन्दी में मार्क्सवादी आलोचना के संकटग्रस्त होने की चर्चा छेड़ दी तो इसे क्या कहा जाएगा? ऐसे लोग जानकर भी भूल जाते हैं कि भारतीय साहित्य (संस्कृत साहित्य समेत) में तो सामाजिक यथार्थ के चित्रण की पुरानी परम्परा है ही, हिन्दी में तो यथार्थ चित्रण ही नहीं उससे विकसित यथार्थवाद का भी उद्‌भव और विकास रूसी क्रान्ति से बहुत पहले, बल्कि भारत में मार्क्सवाद की चर्चा से भी बहुत पहले भारतीय स्वाधीनता संग्राम के उदय काल में ही साम्राज्यवाद और सामन्तवाद के खिलाफ़ संघर्ष के प्रभाव से हुआ। इसलिए हमारे लेखन-कर्म की चर्चा के प्रसंग में, उसके हर नये दौर में सामाजिक यथार्थ की चर्चा होती रहेगी, उसे नये सिरे से समझने की जरूरत पड़ती रहेगी। जब से दुनिया में अन्तर्राष्ट्रीय सम्पर्क और आवागमन की प्रक्रिया शुरू हुई तब से न केवल वैचारिक और सांस्कृतिक अन्तःक्रिया बल्कि जीवन-व्यापार के अन्य क्षेत्रों में भी परस्पर आदान-प्रदान और विनिमय की प्रक्रिया बढ़ गयी इसमें कोई शक नहीं लेकिन इस प्रभाव अन्तःक्रिया और विनिमय से हम इतने भ्रमित नहीं हों कि अपने समाज और देश की सामाजिक विशिष्टताओं एवं उनकी साहित्यिक, सांस्कृतिक अभिव्यक्तियों को एकदम नहीं देखें या उन्हें भी विदेशी प्रभाव का नतीजा समझने की घातक भूल कर बैठें। पहले भी ऐसी भूलें बड़े-बड़े लोगों ने की हैं, लेकिन अभी इस पक्ष की चर्चा मेरा अभीष्ट नहीं है। इसलिए

इसे छोड़कर मैं समकालीन सामाजिक यथार्थ का ही ज़िक्र करना चाहता है।

लेखन के लिए सामाजिक यथार्थ वास्तव में रचनात्मक सन्दर्भ है। किसी शोध विषय के लिए सन्दर्भ ग्रन्थ या आकार ग्रन्थ का जैसा महत्त्व होता है, कुछ वैसा ही, बल्कि उससे कुछ ज्यादा ही लेखन के लिए सामाजिक यथार्थ का महत्त्व है। रचना की वस्तु घटना या पात्रों के लिए सामाजिक यथार्थ का मतलब यह है कि हम उन्हें उनकी पृष्ठभूमि, वातावरण और परिवेश आदि के साथ देखना चाहते हैं और इस तरह से किसी भी वस्तु, घटना या पात्र को ज्यादा अच्छी तरह या ठीक ढंग से समझा जा सकता है, लेकिन यह देखने और समझने की क्रिया तो पाठकों से सम्बन्धित है। लेखकों के लिए यह कहना उपयुक्त होगा कि सामाजिक यथार्थ या जीवन का सामाजिक परिवेश तो उनकी सर्जनात्मकता का स्रोत है। सामाजिक परिवेश या सन्दर्भ से अलग कर देने का मतलब होगा लेखक को उसकी सर्जनात्मकता के स्रोत से ही काट देना। इतिहास हमें अच्छी तरह बताता है कि सृजन का स्रोत सीमित होने या उसके स्रोत से कट जाने के लेखकीय नतीजे क्या हुए हैं। स्वाधीनता संग्राम के दिनों में अनेक कवि धुआँधार राष्ट्रीय कविताएँ लिख रहे थे लेकिन देश के आज़ाद होते ही उनका लिखना अचानक बन्द हो गया। वास्तव में उन कवियों का रचनात्मक सन्दर्भ बहुत सीमित था। महादेवी वर्मा जैसी कवयित्री ने सन् 1945 में ही अपने कविता-संग्रह दीपशिखा के प्रकाशन के बाद बहुत ही कम काव्य-सृजन किया। उनका भी अनुभव संसार सीमित था। अपने को दोहराने से बेहतर समझा उन्होंने लिखना नहीं। उसके विपरीत प्रमधेय मृत्यु शैया पर भी लिखते रहे। अमृतलाल नागर जीवन के आखिरी दम तक सृजन में लगे रहे, इसी तरह हम नागार्जुन, केदारनाथ अग्रवाल, भीष्म साहनी आदि अनेक रचनाकारों को भी लगातार सृजनरत देखते हैं। क्यों? इसलिए कि सामाजिक यथार्थ से जुड़े होने के कारण उनका रचनात्मक स्रोत लगातार विकसित होता रहता है। उनका अनुभव कोश कभी खाली नहीं हो रहा है। इस तरह के दृष्टान्त हमें आधुनिक युग से पहले भी मिल सकते हैं लेकिन उन्हें अभी हम छोड़ रहे हैं।

यहाँ मैं समकालीन सामाजिक यथार्थ के कुछ पहलुओं की चर्चा कर रहा हूँ। यह यथार्थ को साहित्य के माध्यम से नहीं, बल्कि प्रत्यक्ष और स्वतन्त्र रूप से उसे समझने का प्रयत्न है। यथार्थ तो स्वतन्त्र ही है क्योंकि वह हमारी या अन्य किसी की इच्छा पर निर्भर नहीं करता और यह भी सच है कि यथार्थ वही नहीं होता यानी जो प्रत्यक्ष है। प्रत्यक्ष के पीछे, घटनाओं और परिस्थितियों के पीछे भी कोई सच्चाई होती है, वह भी यथार्थ है और चूँकि यथार्थ द्वन्द्वात्मक एवं गतिशील होता है इसलिए द्वन्द्व और गति की दिशा के आधार पर अनुमित वस्तु की अगली अवस्था भी यथार्थ है। लेकिन मैं यहाँ अपने समय के यथार्थ के कुछ उन पहलुओं की चर्चा कर रहा हूँ जो हमारे अनुभवों से हमारी चेतना में आये हैं।

हमारा समकालीन समाज भारी उथल-पुथल से भरा हुआ है। यह बात तो बहुत चर्चित है कि हमारा समाज अभूतपूर्व संकट के दौर से गुजर रहा है और संकट इसलिए है कि मौजूदा ढाँचे में मनुष्य की समस्याओं का कोई समाधान सम्भव नहीं है। यदि समाधान सम्भव होता तो फिर संकट ही क्या? संकट उस स्थिति को कहते हैं जिससे बच निकलने का कोई रास्ता नहीं। नतीजा यह है कि संकट न केवल बढ़ता जा रहा है बल्कि नये-नये रूप लेकर वह प्रकट हो रहा है। जीवन स्थिति और मानव सम्बन्धता और भी घिनौने होते जा रहे हैं। प्रेमचन्द के घीसू-माधो कफ़न के पैसे से पूड़ी-सेवई खाते और शराब पीकर नाचते-गाते हैं तो अनेक लोग आज भी कहते हैं कि ऐसा तो हो ही नहीं सकता, प्रेमचन्द ने कुछ ज्यादती कर दी है। साहित्य में जीवन यथावत् नहीं होता यह बात अपनी जगह पर, लेकिन मैं कहना चाहता हूँ कि आज ऐसी घटनाएँ हो रही हैं जिनके बारे में पहले सामान्यतः सोचना भी सम्भव नहीं था। मैं एक बार जेल में था तो वहाँ एक साथी कैदी ने बताया कि अपने गोतिया से उसका ज़मीन का झगड़ा हुआ था। उस झगड़े में उसे फँसाने के लिए गोतिया ने अपने बूढ़े बाप को मार दिया और उस पर हत्या का मुकदमा चला दिया। इतना ही नहीं, ऐसी घटना भी हुई है कि धन के लोभ में ससुर ने दामाद की हत्या कर दी यानी जिन हाथों से उसने बेटी का सुहाग सजाया था, उन्हीं हाथों से उसे उजाड़ भी दिया। गरीब लोग बेटी की शादी नहीं कर पाने पर किसी अमीर से पैसे लेकर अनमेल विवाह कर देते थे, यह पुराना रिवाज़ है। लेकिन अपना पेट भरने के लिए बच्चों को बेच देने की अमानुषिक घटनाएँ सुनी जा रही हैं। दहेज की प्रथा हमारे समाज में पुरानी हो चुकी है लेकिन आज उसने ऐसा भयानक रूप ले लिया है कि एक आदमी एक बार शादी करके दहेज के माध्यम से ढेर सारी सामग्री जमा करता है और कुछ ही दिनों में वधू को मारकर फिर से शादी और दहेज के लिए तैयार हो जाता है। समाज में बढ़ती हुई व्यावसायिकता और भौतिक सम्पत्ति के संचय के आधार पर मनुष्य को महत्त्वपूर्ण समझने की प्रवृत्ति का ही इज़हार है यह। समाज में जो नव धनाढ्य वर्ग पैदा हुआ है, वह पुराने धनाढ्य वर्ग से अधिक कूट, अधिक अमानुषिक और सभ्यता विरोधी है। अपनी ऐश-मौज और सुख-सुविधा के सामने वह किसी मूल्य को कुछ नहीं समझता। वह अच्छी तरह समझता है कि मूल्य और मनुष्यता को अपनाने से धन जमा करने की उसकी प्रवृत्ति को नुकसान होगा और यह नुकसान असह्य है। इस धनाढ्य वर्ग की उपभोक्तावादी संस्कृति ने घर-परिवार तथा समाज की अन्य सारी संस्थाओं को मनुष्य और मनुष्य की आपसी बन्धुता और सौहार्द से मुक्त कर दिया है। यद्यपि हमारा समाज बहुढाँचीय है यानी उसमें आज के पूँजीवादी का सरगना इजारेदार है तो सामन्ती अवशेषों के साथ ही आदिवासी समाज के आदिम रूप के भी कुछ शेष चिह्न मिलते हैं, फिर भी सबके ऊपर पूँजीवाद छा गया है। कृषि का पूँजीवादीकरण पूरी तरह भले नहीं हो पाया हो लेकिन पूँजीवादी माल ने गाँव पहुँचकर पुराने कृषि-जन्म उद्योग धन्धों को नष्ट करके पूँजीवादी बाजार का विस्तार तो कर ही

दिया है। यही कारण है कि व्यावसायिकता और उपभोक्तावाद की चपेट में पूरा समाज आ गया है। इसने समाज को बहुत बदल दिया है परन्तु समाज का बुनियादी ढाँचा नहीं बदला है और शोषण जारी है। लेकिन चार दशकों में शिक्षा का प्रसार होने, अनेक आम चुनावों के माध्यम से राजनीतिक चेतना के बढ़ने, सामन्त विरोधी संघर्षों के कारण शोषित-पीड़ित जनता में आत्मविश्वास जगने और मजबूत होने से गाँव के दबे-कुचले लोग अब पहले की तरह रहने और जुल्म सहने को तैयार नहीं हैं। दूसरी तरफ गाँव के बड़े भूस्वामियों ने खेती के आधुनिक और मशीनीकृत तरीके अपनाये, यानी अब वे पूँजीवादी भूस्वामी हैं, मशीन के कारण मनुष्य के श्रम पर उनकी निर्भरता कम हो गयी है। इसी हालत में गाँवों में खेत-मजदूरों, खासकर हरिजन खेत-मजदूरों और पूँजीवादी भूस्वामियों के बीच टकराव हो रहा है और बड़े पैमाने पर हरिजन दहन तथा सामूहिक हत्याकांड और उजाड़े जाने की घटनाएँ होती रही हैं, आज भी हो रही हैं। ऐसे टकराव के माहौल में अपराधकर्मियों को प्रवेश करने और अपनी भूमिका निभाने का मौका मिल गया है। अपराधकर्मियों के हस्तक्षेप के कारण उपर्युक्त टकराव और भी भयानक एवं बर्बर रूप लेते रहे हैं। यह परिवर्तन के लिए हमारे समाज की छटपटाहट का ही इजहार है। इस दृष्टि से देखें तो महसूस होता है कि हमारा सामाजिक ढाँचा विकल्प चाहता है। अन्यथा सामाजिक पीड़ा और बढ़ने वाली है। सामाजिक विकृतियाँ और वीभत्स रूप लेने वाली हैं। इस दौर में हमें दबे-कुचले तबकों के बीच ऐसे चरित्र दिखाई पड़ रहे हैं, जो प्रेमचन्द के गोबर की तरह गाँव छोड़कर शहर नहीं भागते और नागार्जुन के बलचनमा की तरह सामन्तों की लाठी खाकर खेत में गिर जाते हैं। लाठी से अभी भी मार खाते हैं, गोली भी खाते हैं लेकिन उलटकर मारते भी हैं। आज जेल में खेत मजदूर के साथ सामन्त भी जाता है। आज भय दोनों तरफा है। यह नयापन है।

संक्रमण के दौर से गुजर रहे हमारे समाज के वर्तमान यथार्थ का एक महत्त्वपूर्ण पहलू वह है जो आरक्षण के बहाने व्यक्त हुआ है। मैं यहाँ आरक्षण की बात नहीं कर रहा, बल्कि उसके बहाने समाज में परम्परा से चली आ रही जाति प्रथा का जो उग्र और भयानक राजनीतिक रूप दिखाई पड़ा उस ओर पाठकों का ध्यान खींचना चाहता हूँ। चर्चापूर्ण व्यवस्था की भी हुई है, लेकिन सदियों पहले वर्ण-व्यवस्था ने जाति प्रथा का रूप ले लिया, जिसमें जातियों के ही ऊँचे-नीचे का क्रम निर्धारित रहा, सभ्य ही श्रम और पेशा भी जन्म से ही तय होता रहा।

इस आधार पर समाज में कुछ लोगों को विशेषाधिकार प्राप्त हुआ और बहुत से लोगों को मानवीय अधिकार से भी वंचित होना पड़ा। आधुनिक युग में उद्योगीकरण और अंग्रेजी शिक्षा के विकास से पुरानी वर्ण-व्यवस्था और जाति-प्रथा को तोड़ने के भौतिक और सांस्कृतिक आधार बनने लगे। अधिकार और विशेषाधिकार के कानूनी स्वरूप में बदलाव आने लगा। इसकी चरम परिणति हुई देश के आज़ाद होने के बाद भारतीय आराज्य का संविधान बनने में। इस संविधान

ने, पूँजीवादी होते हुए भी, बड़ा काम यह कर दिया कि भारत की जनता के भीतर जिसे हिन्दू-समुदाय कहा जाता है, उसकी जीवन-पद्धति अब मनुस्मृति के निर्देश पर चलेगी अथवा यह कि वह अब किसी भी धर्मशास्त्र के निर्देश पर नहीं चलेगी। संविधान के निर्देश एकाएक लागू नहीं हुए, फिर भी उसने जाति, धर्म आदि के आधार पर किये जा रहे भेदभाव को गैरकानूनी तो घोषित कर दिया। अब संविधान लागू होने के चार दशकों के बाद जाति प्रथा में नीचे की सीढ़ियों पर रखे गये समुदायों में जीवन जीने के साधनों और शासन में हिस्सेदारी अपना कहें अपना वाजिब श्रेय पाने की जागरूकता आ गयी है, इसलिए इनके और पहले से अधिकार भोग रहे समुदायों के बीच टकराव होना अच्छा न होते हुए भी ऐतिहासिक रूप से अवश्यम्भावी था। यह सामाजिक टकराव तात्कालिक रूप से जातीय टकराव बन गया, लेकिन अन्ततः इसके समाहार से जातीयता और जाति-प्रथा से उत्पन्न सामाजिक रूढ़ियों का अन्त होने की स्थिति पैदा होगी। यों यह कह देना भी आवश्यक है कि अभी जो जातिवाद है उसका जितना सम्बन्ध जाति-प्रथा और जातीय शोषण से है, उससे ज्यादा राजनीतिक जातिवाद से है। यह राजनीतिक जातिवाद क्या है? मेरे विचार से राजनीतिक सत्ता या लाभ उठाने के लिए समाज की परम्परागत जाति-प्रथा का उपयोग करना राजनीतिक जातिवाद है। सामाजिक जाति-प्रथा और इस राजनीतिक जातिवाद का रिश्ता बड़ा विचित्र है। जातिप्रथा के कारण जो जातीय भावना समाज में है, उसे उजाड़कर राजनीतिक अधिकार या लाभ पाना आसान होता है। इसलिए जनता को किसी ऊँचे सिद्धान्त और आदर्श के आधार पर संगठित करने की मेहनत से बचने वाले जातीय भावना का छोटा और आसान रास्ता अपना लेते हैं। इसी से जाति प्रथा और जातीय भावना का राजनीतिकरण होता है और यह राजनीतिक जातिवाद का रूप ले लेता है। इससे पूरी जाति को लाभ नहीं मिलता, और मिलना सम्भव भी नहीं है, हाँ, इसका इस्तेमाल करके सत्ता में पहुँचने वालों को जरूर लाभ मिल जाता है। इसके साथ बुरी बात यह होती है कि राजनीतिक टॉनिक पाकर मरणोन्मुख जाति-प्रथा और जातीयता को नया जीवन मिल गया है। ऐसी हालत में सामाजिक विकास को रोकने वाली जाति-प्रथा को खत्म करना मुश्किल हो गया है। इस माहौल में जो टकराव हम देख रहे हैं, वह आज के राजनीतिक जातिवाद का ही टकराव है। लेकिन मैं यह कहना चाहता हूँ एक तरफ यह महसूस करना जरूरी है कि परम्परा से समाज की निचली सीढ़ियों पर पड़ी जातियों में जो जागरूकता आयी है, जो महत्त्वाकांक्षा लगी है, उसे रास्ता देना ही होगा, इसका रास्ता रोकने की कोशिश करना समाज के लिए घातक सिद्ध होगा। अब इसका रास्ता कोई नहीं रोक सकता। इस ऐतिहासिक सच्चाई को महसूस करना समाज के विकास के लिए और जनतान्त्रिक परम्परा के लिए अच्छा होगा। दूसरी तरफ यह बोध जगना भी आवश्यक है कि राजनीतिक जातिवाद से जातीय

महत्त्वाकांक्षाओं की पूर्ति नहीं होने वाली है, इसके लिए इस पूँजीवादी समाज को बदलकर न्यायपूर्ण समाज बनाना पड़ेगा, जो समाजवाद के सिवा और कुछ नहीं हो सकता। देखने की बात यह है कि हमारे संक्रमणशील समाज में तरह-तरह के नये सामाजिक एवं राजनीतिक चरित्र पैदा हुए हैं।

जब समाज में मानव-मूल्य और विचारों से अधिक आवश्यक भौतिक संघर्ष और हथियारों के टकराव का हो गया हो, तब स्वभावतः समाज का नेतृत्व बाहुबली लोगों के हाथों में, हथियार और उनका संचालन करने वाले लम्पटों तथा अराजक तत्त्वों को संगठित करने की क्षमता रखनेवालों के हाथों में चला जाता है। अभी हम इसी दौर से गुजर रहे हैं। इस दौर में समाज पर अराजक, लम्पट और आपराधिक तत्त्वों का प्रभुत्व छा गया है। ऐसे ही तत्त्व अपनी-अपनी जाति के नायक और अगुआ बन रहे हैं। इस तरह समाज विरोधी प्रवृत्तियों और तत्त्वों को सामाजिक समर्थन एवं संरक्षण प्राप्त है। ऐसे तत्त्वों को राजनीतिक संरक्षण मिलने से स्थिति और भी भयानक हो गयी है। इस समर्थन पर चढ़कर ये तत्त्व राजनीति और राजसत्ता पर भी हावी होते जा रहे हैं। नागार्जुन ने कभी लिखा था–"लोकसभा के गलियारों में घुस आये हैं प्रेत", लेकिन अब ऐसे तत्त्व गलियारे से आगे बढ़कर संसद और विधानमंडल में जग गये हैं। इस प्रकार जनतान्त्रिक प्रक्रिया में जनतन्त्र विरोधी शक्तियाँ पनप रही हैं। मजबूत हो रही हैं। जिन पात्रों और चरित्रों के जरिये यह सब हो रहा है, उनके व्यक्तित्व और व्यवहार पर गौर करना रोचक होगा। मुझे याद आता है, पिछले चुनाव के बाद एक पुलिस अधिकारी ने कहा कि जिनको पकड़ने के लिए वारंट लिये चलते थे, उन्हीं को अब सलाम करना पड़ेगा। यह नयी बात है, जो घटित हुई है, लेकिन यह कितनी भयानक बात है कि जिसे जेल में होना चाहिए, वह सलामी पाने की जगह पर आसीन है। इस भयानकता का आतंक समाज पर है और आतंक के माहौल में मनुष्य की संवेदनशीलता भी दुबक गयी है। आज संवेदनशील होना, मूल्यों की चिन्ता करना खतरनाक काम है। खतरे को आमन्त्रण देना है। मुझे याद आता है हजारीबाग नेशनल पार्क में लगी वह तख्ती, जिसमें जंगल के जानवरों की ओर से लिखा गया है–"मुझे मनुष्य की पशुता से मत आँको", कैसी बात है? क्या मनुष्य के लिए गम्भीरता से विचारणीय नहीं है यह स्थिति?

राजनीति आधुनिक युग के जीवन की अनिवार्य परिघटना है। चूँकि हमारे जीवन की समस्याएँ, हमारी कठिनाइयाँ राजनीति से जुड़ी हुई हैं, इसलिए राजनीति से हम बच नहीं सकते, बचना नुकसानदेह भी होगा। लेकिन हमारे समाज का, हमारी चेतना का इतना ज्यादा राजनीतिकरण हो गया है कि राजनीतिकरण से लोग महँगाई, बेरोजगारी और भ्रष्टाचार का समर्थन करते हैं। राजनीतिक कारण से लोग गुंडों, अपराधकर्मियों आदि की समाज विरोधी एवं जनतन्त्र विरोधी हरकतों का समर्थन करते हैं, अथवा राजनीतिक कारण से अपने विरोधी के अच्छे

कामों का भी विरोध करते हैं। जाहिर है कि लोग गलत और सही, झूठ और सच, अच्छाई और बुराई में फर्क करने से बच निकलते हैं। ऐसे में निराला की ये पंक्तियाँ याद आती हैं–

'खुला भेद विजयी कहाये हुए जो
लहू दूसरों का पिये जा रहे हैं।'

याद आती है, इस खयाल से कि झूठ और बुराई का भेद खुल जाए। आज के समाज में जो विजय-गर्व से घूम रहे हैं, उनके मुँह की लाली मनुष्यता और सच्चाई के खून की है, यह लोग जान जाएँ। आज के लेखकों का यह सबसे बड़ा मानवीय धर्म है कि झूठ, बुराई और हिंसा आदि पर डल गये सुनहरे पर्दे को फाड़कर लोगों को सच्चाई का अहसास करा दें।

हमारे समाज के उथल-पुथल का एक गम्भीर पक्ष है सम्प्रदायवाद और पुनरुत्थानवाद का बढ़ाव। अभी तो लोगों का ध्यान अयोध्या विवाद पर है, लेकिन असली मामला अयोध्या नहीं, दिल्ली की गद्दी का है, यानी मामला मन्दिर-मस्जिद का नहीं हिन्दू सम्प्रदायवाद के द्वारा भारत की केन्द्रीय सत्ता पर कब्जा करने का दाँव लगाने का है। समस्या यह उत्पन्न हो गयी है कि भारत धर्मनिरपेक्ष और जनतान्त्रिक गणराज्य रहेगा, राष्ट्रीय स्वाधीनता संग्राम के मूल्य के अनुकूल बना रहेगा या इस ढाँचे और चरित्र को तोड़कर हिन्दू भारत बन जाएगा। जाहिर है कि साम्प्रदायिकता धर्म नहीं, राजनीति है और वह यथास्थितिवादी, रूढ़िवादी एवं पुनरुत्थानवादी राजनीति है। समाज की ऐसी ही शक्तियों से इस राजनीति का लगाव है। सम्प्रदायवाद अपने इस नये रूप और नयी भूमिका के कारण ही अधिक हिंसक, अधिक क्रूर, बर्बर और अमानुषिक हो गया है। इस सम्प्रदायवाद के व्यवहार पर गम्भीरता से गौर करना जरूरी है। झूठ, अफवाह, उन्माद, आतंक, हिंसा और राजनीति आदि इसके आवश्यक तत्त्व हैं। मानवीय करुणा, संवेदनशीलता और आत्मीयता इसके लिए एकदम विजातीय हैं। इसीलिए तो अस्पताल से खींचकर विधर्मी रोगियों की हत्या कर दी जाती है, बचाव के नाम पर लोगों को एकत्रित कर उनकी हत्या कर दी जाती है। उन्हें बचाने की कोशिश करने वालों पर भी हमला किया जाता है। यहाँ भी वही बात है, जो मनुष्य दूसरे मनुष्य के प्रति संवेदना प्रकट करेगा, वह मारा जाएगा। राजेश जोशी ने अपनी कविता में यह भाव व्यक्त किया है।

मानवीय सम्बन्धों और संवेदनशीलता पर छाये इस संकट के वातावरण में बार-बार प्रश्न उठ रहा है कि उपाय क्या है? यों लेखक कह सकते हैं कि उपाय बताना और समाधान बताना उनका काम नहीं है। बात ठीक है, समाधान देना, निष्कर्ष निकालना और उपदेश देना लेखक का काम नहीं है, ऐसा करने से रचना की कलात्मकता क्षतिग्रस्त हो जाती है। लेकिन हमारे समकालीन समाज के संकट

का जो स्वरूप है, समाज में परस्पर विरोधी प्रवृत्तियों और शक्तियों का जो द्वन्द्व चल रहा है, उन प्रवृत्तियों और शक्तियों का जो चरित्र है, उनके द्वन्द्व के कारण समकालीन यथार्थ की गतिशीलता की जो दिशा है, उन सबका वस्तुगत चित्रण तो अवश्य अपेक्षित है। कोई चाहे तो इस अपेक्षा को भी नजरअन्दाज कर सकता है, लेकिन ऐसा करने वाली रचना समय की जीवन्तता को समर्थ ढंग से चित्रित नहीं कर पाएगी। रचनाकार की चेतना में कम से कम यह तो स्पष्ट होना चाहिए कि वह जिस समाज से घटनाओं और चरित्रों तथा उनके आपसी सम्बन्धों को ग्रहण कर रहा है, उसका भविष्य क्या है? वह इसी अमानुषिक वातावरण में पड़ा रहेगा या इससे उबरने का रास्ता बनेगा? क्या पाठक को यह जानने का हक नहीं है कि समाज में जो संघर्ष चल रहा है, उसमें लेखक की चेतना और सहानुभूति पीड़ा देने वाले के साथ है या पीड़ित के साथ? यह सवाल पूछते ही आज कुछ लोग कह बैठेंगे कि अब तो मार्क्सवाद अप्रासंगिक हो चुका है और समाजवाद विफल हो गया है, फिर यह द्वन्द्व और दिशा की बात क्यों की जाए? पक्षधरता का प्रश्न क्यों उठाया जाए? ऐसे लोग यह भूल जाते हैं कि रचनाकार के लिए यह प्रश्न हमेशा, आदि कविता के समय से ही बेहद प्रासंगिक रहा है। वाल्मीकि की सहानुभूति क्रौंच के प्रति, व्यास की पांडवों के प्रति, कालिदास की शकुन्तला के प्रति, कबीर की 'दुखिया संसार के प्रति', तुलसी की राम के प्रति और भारतेन्दु की देश की पराधीन जनता के प्रति रही है और उनके अपने-अपने काव्य से सहानुभूति का जो स्वरूप है, उसके बिना क्या उनका काव्य उस ऊँचाई पर पहुँच जाता, जहाँ पहुँचा है? यदि उन महान कवियों और रचनाकारों का दुखी एवं पीड़ित पक्ष के प्रति सहानुभूतिशील होना गलत नहीं है तो आज कैसे गलत हो जाएगा? और पीड़ितों के प्रति सहानुभूति की परम्परा ने ही तो आधुनिक युग में विकसित होकर सामाजिक स्तर पर समाजवाद का रूप ग्रहण किया है। समाज के विकास और उसमें चलने वाले द्वन्द्व को समझने के लिए मार्क्सवाद से बेहतर कोई विचार पद्धति अब तक किसी ने नहीं बतायी है। समाजवादी व्यवस्था जिन देशों में असफल हो गयी, उनके बारे में अब तक काफी विचार-विमर्श हो चुका है, आगे भी होता रहेगा, लेकिन अब तक घनघोर पूँजीवादियों के सिवा शायद ही किसी ने कहा हो कि समाजवाद की जरूरत अब समाज को रह ही नहीं गयी। समाजवाद को एकदम मुक्त व्यवस्था समझने की भूल तो सबने की और उसमें कई प्रकार की समस्याएँ पैदा हुईं। माल या वस्तुओं की गुणवत्ता तुलनात्मक रूप से कम हो गयी, सार्वजनिक सम्पत्ति के प्रति उदासीनता, उत्पादन-वृद्धि और तकनीकी प्रगति के प्रति पहल की कमी, व्यवस्था और सत्ता के संचालन में जनता की समुचित शिरकत का अभाव, असहमति या विरोध को दबाने की कार्रवाई आदि बातों को आज आमतौर से स्वीकार किया जा रहा है, लेकिन उन त्रुटियों के बावजूद, समाजवाद चाहे पूर्व सोवियत संघ में हो या पूर्वी यूरोप के देशों में रहा हो

अथवा चीन, वियतनाम और क्यूबा आदि में, उसकी सबसे बड़ी विशेषता तो यह है कि उसने पहली बार मनुष्य को मनुष्य के शोषण से मुक्त कर दिया, अत्यन्त पिछड़े हुए समाज को कुछ दशकों में सैंकड़ों वर्षों से दूसरे देशों को लूटकर सम्पन्न एवं विकसित बने पूँजीवादी देशों के मुकाबले ला खड़ा किया, समस्त जनता को अशिक्षा, बीमारी, बेरोजगारी और अभाव आदि से मुक्त करके उन्नत आधुनिक जीवन दिया। समाजवाद के सिवा किसी भी व्यवस्था ने यह ऐतिहासिक और मानवीय काम अब तक नहीं किया है। यदि सामाजिक समानता, शोषण-उत्पीड़न से मुक्ति, महँगाई और बेरोजगारी से उबार नहीं चाहिए, तो समाजवाद भी बेकार है, अन्यथा उसका कोई विकल्प नहीं है, और मनुष्य की नियति पूँजीवाद से बँधी तो रह ही नहीं सकती। हाँ, अब तक के मूल्यवान अनुभवों से लाभ उठाकर अवश्य आने वाले दौर में मनुष्य समाजवाद को उपर्युक्त त्रुटियों से मुक्त करने का प्रयत्न करेगा। कोई भी विवेकशील, स्वतन्त्रता प्रेमी, जनतान्त्रिक और सामाजिक न्याय चाहने वाला यह तो नहीं मान सकता कि अब मानव जाति को अमरीकी साम्राज्यवाद का ही रास्ता अपना कर रहना पड़ेगा। आज अपनी राष्ट्रीयता स्वतन्त्रता की पैंतालीसवीं वर्षगाँठ के अवसर पर हम स्वदेशी और आत्मनिर्भरता के स्थान पर विदेशी पूँजी और विदेशी कम्पनियों का स्वागत गान सुन रहे हैं, पर निर्भरता के पक्ष में तर्कों का जाल देख रहे हैं, फलतः दुनिया के सबसे बड़े जनतन्त्र भारत को अमरीका की धमकी सुननी, सहनी पड़ रही है। यह तो विश्व समाजवादी व्यवस्था के टूट जाने के बाद के दौर का ही कटु अनुभव है। ऐसी हालत में हमें क्या यह कहने का अवसर नहीं है कि हम पीड़ित हैं समाजवाद से नहीं, पूँजीवाद और साम्राज्यवाद। से इसलिए हमें तलाश है पूँजीबाद और साम्राज्यवाद के विकल्प की। यह तलाश केवल समाज व्यवस्था की ही नहीं है, जीवन पद्धति की भी है, लेकिन वास्तव में उससे भी आगे बढ़कर जीवन-मूल्य और जीवन के आदर्शों की तलाश है। जो लोग सामाजिक यथार्थ को ठीक से नहीं समझते, वे यह देखकर चौकेंगे कि यथार्थ के प्रसंग में जीवन के कारण वे समझते कि गतिशील यथार्थ को मानवीय परिप्रेक्ष्य से जोड़ने का प्रयत्न किसी बड़े आदर्श से ही प्रेरित होता है। यह बात लेखकों के लिए अत्यन्त महत्त्वपूर्ण है।

आज वैज्ञानिक और तकनीकी क्रान्ति रोज नयी ऊँचाई प्राप्त कर रही है। इसने उत्पादन-पद्धति के साथ ही जीवन-पद्धति को भी अभूतपूर्व ढंग से प्रभावित किया है। यह सब देखकर कुछ लोग इसे भी ऐसी क्रान्तिकारी शक्ति समझने लगे हैं, और दूसरों को समझाते हैं कि यदि शक्ति समाज को नया रूप दे देगी, पूँजीवाद को भी बदल देगी। इस प्रकार अब मनुष्य को मशीन बनाने के सिवा और कुछ नहीं करना है। यह विचार बहुत ही नुकसानदेह है। मशीन मानव-सम्बन्धों को मानवीय बनाने की, मनुष्य को शोषण मुक्त करने की कार्रवाई नहीं कर सकती। यह ध्यान में रखना जरूरी है।

यह बात अवश्य उल्लेखनीय है कि आज के सामाजिक माहौल में सर्जनात्मक कर्म बहुत कठिन है क्योंकि सृजन के लिए उत्प्रेरित होने का मतलब है अभिव्यक्ति की स्वाधीनता का वास्तविक उपयोग। सृजन का मतलब है दबाये और सताये जा रहे लोगों के प्रति संवेदनशील होना और अन्ततः दबाने और सताने वालों का प्रतिरोध क़रना उनके प्रति नफरत का भाव व्यक्त करना। इसलिए सृजन कर्म एक खतरनाक संघर्ष हो गया है। संघर्ष तो यह पहले भी रहा है, तुलसीदास मानस को पोंगा-पंडितों के हमले से बचाने के लिए उनके विषय में उसे स्वयं महादेव के द्वारा वेदों के भी ऊपर रख दिये जाने की कथा प्रचारित की। आज स्पष्ट और निर्भीक लेखन-कर्म बहुत कठिन हो गया है। सिर्फ पंजाब प्रीत लड़ी के सम्पादक सुमित सिंह मारे गये। विख्यात पत्रकार और स्वतन्त्रता सेनानी लाला जगतनारायण मारे गये, प्रखर पंजाबी कवि अवतार सिंह पाश की हत्या कर दी गयी। असम में खाइदम मैमू सिंह और गाजियाबाद में सफर हाशमी को मार दिया गया, और भी कितने बुद्धिजीवी मौत के मुँह में धकेल दिये गये। ये घटनाएँ बता रही हैं कि लेखन-कर्म कितना खतरनाक है, लेकिन तब भी लिखा जा रहा है। इसलिये यदि कोई यह समझता है कि आज का माहौल लेखन या सृजन के अनुकूल नहीं है तो यह गलत है। गुलामी से खराब माहौल और क्या होगा, लेकिन उस माहौल ने हमें प्रेमचन्द, जयशंकर प्रसाद, निराला, रामचन्द्र शुक्ल, बंकिमचन्द्र, रवीन्द्रनाथ ठाकुर, सुब्रह्मण्य भारती आदि दिया। आज का हिंसक और आतंकपूर्ण माहौल इस माने में गुलामी से भी खराब है कि आज हमें विदेशियों से नहीं, अपने ही लोगों से लड़ना है, और जान की कीमत पर लड़ना है। मैं जो कहना चाहता हूँ वह यह है कि कोई भी माहौल लेखन के अनुकूल या प्रतिकूल नहीं होता। मुख्य बात है कि जीवन और समाज के माहौल के प्रति आपका रुख क्या है? यदि आप सन्तुष्ट हैं, तो कोई सृजन या लेखन नहीं कर सकते, क्योंकि सृजन की प्रेरणा असन्तोष से मिलती है। दूसरे यदि आप भयभीत हैं, तो लिखने या सृजन करने का खतरा नहीं झेल सकते, तो लिखने या कुछ भी रचने को प्रवृत्त नहीं होंगे। लेखक या कलाकार के रचना करने का मतलब यह है कि वह अपनी कृति में समाज की, मनुष्य के व्यक्तित्व या चरित्र की, मनुष्य के आपसी सम्बन्धों की पुनर्रचना करता है। वह पुनर्रचना की जरूरत क्यों महसूस करता है? यह केवल अनुकरण नहीं है, क्योंकि साहित्य अथवा किसी हस्तकला रूप का यथार्थ एकदम समाज जैसा नहीं होता। इसलिए पुनर्रचना करने की जरूरत के पीछे कहीं न कहीं सामाजिक यथार्थ से असन्तोष का भाव है। लेखक के विचारों, आदर्शों और मूल्यों की दृष्टि से यह समाज घटिया है। इसलिए वह समाज, मनुष्य और मानवीय सम्बन्धों के बारे में अपनी परिकल्पना को आमतौर से अपनी सर्जनात्मकता का अंग बनाता है।

आज के सामाजिक सन्दर्भ में लेखकों के लिए आवश्यक है कि वे साहित्य

और साहित्यिकता की रक्षा के लिए प्रयत्नशील हों, अन्यथा व्यवस्थायिकता और लम्पटीकरण की बढ़ती हुई असामाजिक प्रवृत्तियों के प्रभाव से लेखन-कर्म समाज के लिए अप्रासंगिक हो जाएगा। आज भी समाज का बहुत छोटा-सा हिस्सा है जो साहित्य और लेखन की चिन्ता कर रहा है। दूसरी ओर हम देखते हैं कि लेखक अपनी रचना-प्रक्रिया में तो समाज और सामाजिकता को महत्त्व देते हैं, लेकिन लेखन को समाज तक ले जाने में, साहित्य के प्रचार-प्रसार में समाज की मानसिकता बदलने में बहुत कम रुचि लेते हैं। इस स्थिति को भी बदलने की जरूरत है। लेखन-कर्म एक सामाजिक कार्य है, तो उसे समाज तक ले जाने से ही वह सामाजिक कार्य पूरा होता है।

हिन्दी कहानी का नया दौर

बीसवीं सदी के प्रारम्भ से चलकर सदी की अन्तिम यात्रा में हिन्दी कहानी जहाँ पहुँची है वहाँ उसके वस्तुगत और व्यावहारिक विश्लेषण एवं विवेचन की जरूरत महसूस की जा रही है। बहुत कोशिश के बावजूद कोई कहानी को जीवन से अलग नहीं कर सका है। इसलिए कहानी का विश्लेषण किसी न किसी तरह जीवन का विश्लेषण बन जाता है। प्रायः पिछले पन्द्रह वर्षों से चलकर अभी तक हिन्दी कहानी के नये उठान का दौर है इसे समझने के लिए कहानियों को आधार बनाकर बात की जा रही है। इस दौर के प्रस्थान बिन्दु के रूप में तीन कहानियों का जिक्र करते हुए मैं कुछ उपशीर्षकों के अन्तर्गत अन्य महत्त्वपूर्ण कहानियो की चर्चा करूँगा।

बीसवीं सदी के पहले दशक में जन्मी हिन्दी कहानी सदी के अन्तिम दशक आते-आते अनेक उतार-चढ़ाव से गुजरते हुए उस विस्तार और ऊँचाई पर जरूर पहुँच गयी है कि हिन्दी पाठक यदि उसी के आधार पर अपनी चेतना का गठन करना चाहे तो अवश्य उसकी चेतना अनुभव, संवेदना, विचार और सौन्दर्य की विविधता से सम्पन्न दिखाई पड़ेगी। इसके बावजूद यह सही है कि इसके विकास का दौर समान रूप से समृद्धि या महान उपलब्धियों का नहीं रहा है। लेकिन यह उल्लेखनीय है कि हिन्दी कहानी का वर्तमान दौर उसके नये उठान का दौर है। इस दौर ने हिन्दी कहानी को नयी और उल्लेखनीय रचनात्मक सिद्धि हासिल हुई है। यद्यपि इस दौर में चार पीढ़ियों के कहानीकार रचनाशील हैं, लेकिन मैं इसी दौर में उभरकर आये हुए रचनाकारों की उपलब्धियों का जिक्र करना चाहता हूँ। हाँ, इस दौर की पृष्ठभूमि के रूप में अथवा प्रगति की निरन्तरता को समझने की दृष्टि से मेरे ध्यान में तीन ऐसी कहानियाँ आती हैं, जिनके रचनाकार वास्तव में आज के दौर से पहले हुए हैं। इन कहानियों को मैं नये दौर का प्रस्थान बिन्दु समझता हूँ। ये कहानियाँ हैं—इब्राहिम शरीफ़ की 'ज़मीन का आख़िरी टुकड़ा', मधुकर सिंह की 'दुश्मन' और काशीनाथ सिंह की 'सदी का सबसे बड़ा आदमी'। स्वतन्त्रता संग्राम, सामन्त विरोधी संघर्ष, औद्योगीकरण, आधुनिकीकरण आदि के प्रारम्भिक दौर में जन्मी हिन्दी सदी के नौवें दशक में आकर पूँजीवादी संकट, सामन्ती व्यक्तियों के पूँजीवादीकरण, राजनीतिक

पाखंड, जीवन जीने के नये संकट के अहसास के बीच खड़ी हो गयी।

ये कहानियाँ वास्तव में कहानियों की उस विकासधारा का प्रतिनिधित्व करती हैं, जिनका गहरा लगाव आम जनता के जीवन की कठिनाइयों से, उससे उपजी चेतना से है। इस प्रवृत्ति का अत्यन्त सकारात्मक पक्ष यह है कि हिन्दी-कहानी ने अपने पूरे इतिहास में जो कुछ महत्त्वपूर्ण उपलब्ध किया, उनका लाभ उठाने की कोशिश की गयी, जिससे हिन्दी-कहानी नयी कहानी की वैयक्तिकता व कहानी के फूहड़पन और अतिक्रान्तिकारिता की फार्मूलाबाजी से बचकर कहानी कला का सन्तुलित विकास किया गया। ऐसा नहीं है कि इस दौर में व्यर्थ व नुकसानदेह प्रवृत्तियाँ नहीं रही हैं, वे हैं लेकिन महत्त्वपूर्ण कहानियाँ उनसे बचकर ही बनी हैं।

इब्राहिम शरीफ़ की कहानी 'ज़मीन का आखिरी टुकड़ा' जीने के पुराने आधार जमीन के क्रमशः समाप्त होते जाने और अन्ततः पूरी तरह खत्म हो जाने की कहानी है। इस सामाजिक प्रक्रिया के घटित होने के पात्र बनने को मजबूर हैं। मध्यवर्ग के वे लोग, जिनका जीवन-यापन बिना नौकरी के नहीं हो पाता। ज़मीन नयी जीवन-व्यवस्था के अनुकूल नहीं रह गयी है, नये दौर में वह अप्रासंगिक हो गयी है। इसीलिए नयी पीढ़ी के सदस्य लगातार ज़मीन बेचते जा रहे हैं।

ज़मीन परिवार की एकजुटता का आधार है। अब वह आधार भी समाप्त हो रहा है। इसलिए परिवार टूट रहा है। इसका दर्द सिवा माँ के और किसी को नहीं है। इस भूमिका के कारण माॅ कहानी में केन्द्रीय पात्र बन गयी है। परिवार की परम्परा और भावनात्मकता का स्रोत भी माँ ही है, लेकिन अब इस स्रोत के प्रति बहुत सम्मान का भाव नयी पीढ़ी के सदस्यों में नहीं है। यह असल में सामाजिक विकास की प्रक्रिया का तकाज़ा है। माँ पुरानी निशानी के मिटने का दर्द व्यक्त करती है यह कहकर—"तुम्हारे पिताजी की यह आख़िरी निशानी थी...वह भी चली गयी।" नया यथार्थ यह है कि पुत्रों के जीवन में पिताजी की निशानी की जरूरत नहीं है। इस प्रकार लेखक ने परिवार के टूटने-बिखरने की घटना को व्यक्तियों के टकराव अथवा व्यक्तियों की महत्त्वाकांक्षा का परिणाम नहीं बताकर सामाजिक प्रक्रिया का, जीवन के नये यथार्थ की चोट का परिणाम बताकर अन्तर्वस्तु यानी सच को अधिक विश्वसनीय और कलात्मक बना दिया है। यही इस कहानी का महत्त्व है। छोटा बेटा माँ को समझाता है—"निशानी-विशानी कुछ नहीं होती माँ.... पिताजी ने हमारी जरूरतों के लिए ही तो ज़मीन रखी थी।" नयी पीढ़ी का यह सदस्य माँ से टकराता नहीं है, बल्कि जीवन को समझने की पूँजीवादी दृष्टि देता है, जिसके मूल में है जरूरत यानी उपयोगिता। पुरानी निशानी भावुकता मूलक होती है और नया जीवन है उपयोगिता मूलक। इस बात को लेखक ने जीवन-सन्दर्भों के जरिये चित्रित किया है। बड़े भाई के इस कथन में व्यवस्थागत सच्चाई है कि—"आधी (ज़मीन) तो सूद पर ही चली गयी...साल भर गुजरा नहीं कि कर्ज़े की रकम दुगुनी हो जाती

है...जरूरतमन्द करे भी क्या..?'' ध्यान दें पुरानी पीढ़ी भावुक होकर भी जीवन के पुराने आधार को बचा नहीं पाती। उसे बचाने का उपाय छोटा भाई बताता है—''आप अपने इब्बू (महाजन) हरामज़ादे का कलेजा फाड़ दीजिए....मैं अपनी फैक्टरी के मालिक की बोटियाँ नोच लूँगा और ये अपनी सरकार की गर्दन काट देंगे...तभी हम अपने पिताजी की ज़मीन वापिस कमा सकते हैं।'' उपाय यह है कि सभी शोषित अपनी-अपनी जगह पर शोषण के खिलाफ उठ खड़े हों। यह बात अत्यन्त प्रासंगिक ढंग से कही गयी है, इसलिए उससे कहानी की कलात्मकता क्षतिग्रस्त नहीं होती। इस कहानी के भीतर एक और छोटी-सी कहानी राजा के ऊँट खरीदने की संयोजित कर के लेखक ने अपनी बात को और अधिक अनुभवगम्य बनाने का प्रयत्न किया है। उसी प्रयत्न के कारण यह कहानी चरित्र सम्पन्न होते हुए भी चरित्र-प्रधान नहीं है। सन्देशगर्भित होते हुए भी सन्देश प्रधान नहीं है और सामाजिक होते हुए भी सामाजिक रूढ़ियों से मुक्त है। यही कारण है कि 'ज़मीन का आख़िरी टुकड़ा' कहानी की नयी ज़मीन का साक्षात्कार कराती है और पाठक कहीं भी किसी प्रकार से मानसिक दबाव महसूस नहीं करता।

मधुकर सिंह की कहानी 'दुश्मन' हमें यथार्थ के एक दूसरे धरातल पर ले जाती है और अत्यन्त सूक्ष्म और मर्गबन्धी कलात्मकता का दृष्टान्त प्रस्तुत करती है। यह एक राजनीतिक कहानी है। क्योंकि हमारे समाज में विकसित राजनीतिक यथार्थ के एक खास पहलू का साक्षात्कार अत्यन्त कुशलता से कराने में समर्थ है। खूबी यह है कि कहानी हमारे सामाजिक यथार्थ और राजनीतिक यथार्थ के टकराव का खुलासा करने में समर्थ है। यथार्थ के दोनों रूप एक ही सामाजिक आधार पर टिके हैं, लेकिन परस्पर विरोधी सामाजिक लगाव के कारण दोनों एक-दूसरे के विरोधी हो गये हैं। इस विरोध और टकराव के प्रसंग में हम देखते हैं कि परम्परागत सामाजिक लगाव टूट जाता है। परम्परागत सामाजिक धरातल की समानता यह है कि सामाजिक यथार्थ को व्यक्त करने वाले भीखम आदि हरिजन तथा राजनीतिक यथार्थ को व्यक्त करने वाले जगेसर दोनों ही हरिजन हैं। दलित-पीड़ित हैं, लेकिन जगेसर राजनीति में गया और मन्त्री बन गया। उसकी राजनीति सरकार की राजनीति है और सरकार की राजनीति उस वर्ग की है जिस वर्ग के ठाकुर साहब हैं। यही कारण है कि जगेसर अपने वर्ग को छोड़कर, अपने सामाजिक धरातल से हटकर गाँव का जमींदार बनकर साहब के साथ बैठता है। वहाँ भीखम को बैठने के लिए कुर्सी नहीं दी जाती। जगेसर के मन्त्री बनाने से जो उल्लास भीखम और अन्य हरिजनों में आया था, वह जगेसर के सामने में ही सामन्ती राजनीति की माटी में मिल गया। हरिजनों ने अपने टोले के जगेसर को अपना आदमी समझा और उम्मीद की कि गाँव का राजनीतिक सन्तुलन बदलेगा लेकिन ऐसा कुछ नहीं हुआ। वर्गीय रिश्ता, खून के रिश्ते से ज्यादा मजबूत

साबित हुआ। इसीलिए तो जगेसर का भोजन भी ठाकुर साहब के यहाँ ही हुआ। इस वर्गीय आधार पर छुआछूत भी गायब हो गया। यह ध्यान देने की बात है।

कहानी का सामाजिक यथार्थ एक विशेष सामाजिक प्रक्रिया की उपज है। मधुकर सिंह ने उस प्रक्रिया को ठिकाने से पकड़ा है और इस कहानी में उसे सटीक ढंग से प्रस्तुत किया है। बिहार में सातवें दशक में चौथे आम चुनाव के बाद बनी गैर-कांग्रेसी सरकार ने खेत मजदूरों को राजनीति का पर्चा दिलाने का अभियान चलाया। बाद में यह खेत मजदूर-आन्दोलन का मुख्य नारा बना और आन्दोलन के प्रभाव से अभियान चलता रहा। फलतः खेत मजदूरों में नया जागरण आया, नयी आकांक्षा जगी। यह तबका एक राजनीतिक व्यक्ति बनकर उभरने लगा। उसी सामाजिक-राजनीतिक परिघटना की उपज है भीखम तथा अन्य हरिजन। उनके विपरीत जगेसर हरिजन होकर भी एक राजनीतिक प्रक्रिया का अंग है जिसका विकास स्वातन्त्र्योत्तर काल में पूँजीवादी विकास के साथ हुआ है और सामन्ती व्यक्तियों में उसकी साठगाँठ है। इसीलिए जगेसर और ठाकुर साहब एक हैं। यह सामाजिक-राजनीतिक विकास के नये लक्षणों की रोशनी में जीवन के यथार्थ का चित्रण सधे हुए शब्दों में लेखक ने किया है। चित्रण की खूबी यह है कि लेखक स्वयं कहता नहीं है। वह स्थितियों, पात्रों और उनके आपसी सम्बन्धों के आधार पर ही कथ्य को व्यंजित करता है। यह हिन्दी कहानी की शिल्पगत परिपक्वता है जो उसे इतिहास से मिली है।

कहानी का कथ्य यह है कि शोषित वर्ण के आधार पर उठी हुई राजनीति भी वर्ग-शोषण का माध्यम बन जाती है। वर्णगत शोषण का इस्तेमाल भी शोषक वर्ग ही कर लेता है, तभी तो भीखम को जगेसर के होते हुए भी जमीन पर बैठना पड़ता है और जगेसर हरिजन टोले की तैयारी को ठुकराकर ठाकुर साहब के साथ खाता है। इसी अनुभव के आधार पर भीष्म कहता है—"जो दुश्मन होगा वही हमारे साथ नहीं खाएगा।" इस ऐतिहासिक निष्कर्ष के साथ ही एक और निष्कर्ष यह भी है कि "आदमी भी ज़मीन की तरह पराया हो जाता है।" गरीब हरिजनों के साथ वर्ण भेद है, हरिजन मन्त्री के साथ नहीं, यह निष्कर्ष भी इतिहास के नये दौर का है। वैचारिक रुप से पुष्ट यह कहानी कहीं भी विचार-प्रधान नहीं मालूम पड़ती है। इसका कथ्य अनुभव सिद्ध और कलात्मक है।

काशीनाथ सिंह अपने संग्रह 'सदी का सबसे बड़ा आदमी' की भूमिका में कहते हैं—"यह वक़्त है सबके संज़ीदा होने का, फिर-फिर सोचने का, अपने बारे में भी, इनके बारे में भी, उनके बारे में भी।" यह मानसिकता एक बदले हुए आदमी की है, जो सोचने का आग्रह कर रहा है। अपने से लेकर पूरे परिवेश तक पर संज़ीदगी से यानी वस्तुगत ढंग से सोचने का आग्रह कर रहा है। उस आग्रह का उद्देश्य है हर पुरानी चीज़ को तोड़ना—"सदियों से पड़ी-पड़ी जमकर पत्थर बन चुकी मिट्टी

को तोड़ना—अन्तर्निहित अर्थ है नयी गतिशीलता पैदा करना, नव निर्माण करना।'' इस सोच से प्रेरित अपनी नयी कहानियों को काशीनाथ ने 'सुरंग' कहा है, जिसमें उतरकर उसमें मिलने वाले झरोखे से देखना कि दुनिया कैसी दिखाई पड़ रही है। समाज को बेहतर बनाने का सपना पालना एक बात है और अच्छी बात है, लेकिन उससे अधिक महत्त्वपूर्ण है, आज के आदमी को उस दुनिया का साक्षात्कार कराना जिसमें जीने को वह विवश है। जिस समाज को बदलना है, पहले उसकी कुरूपता और विभीत्सता को महसूस करना जरूरी है। इसके बिना बदलने, तोड़ने और नया बनाने की रचनात्मक शक्ति में जग नहीं सकती। काशीनाथ की इस दौर की कहानियाँ इसी अर्थ में सर्जनात्मक हैं। 'सदी का सबसे बड़ा आदमी' न केवल काशीनाथ की बल्कि इस पूरे दौर की, एक प्रतिनिधि कहानी है और हिन्दी भी महत्त्वपूर्ण कहानियों में जगह पाने की क्षमता से सम्पन्न है। उल्लेखनीय बात यह है कि वैचारिकता से भरपूर होने और सामाजिक परिवर्तन की प्रेरणा से युक्त होने के बावजूद यह कहानी भी अपनी शर्तों और आन्तरिक अनुशासन की जरूरतों का पालन पूरी निष्ठा से करती है।

कहानी में वर्णन और वृत्तान्त है, तनाव है, उत्सुकता है और यह सब है बहुत कम घटनाओं के बावजूद। कहना चाहिए कि घटनाओं की शृंखला एकदम नहीं है। समय बीतता है, लेकिन घटना स्थल नहीं बदलता है। समय भी ठहरा हुआ लगता है क्योंकि स्थिति बदलती नहीं है। ध्यान देने की बात है कि समय का बोध जीवन की स्थिति में जुड़ा हुआ है। स्थिति नहीं बदलेगी तो समय के बदलने का बोध कैसे होगा? समय केवल सुबह-शाम या रात-दिन नहीं है, वह जीवन-बोध का भी अंग है। यों कहानी में समय को चुनौती भी दी जा रही है और देने वाला है गली का एक अदना आदमी, मरियल आदमी। लेकिन यथास्थिति को चुनौती देने वाला वह मरियल आदमी अपनी स्वार्थहीनता, चुस्ती और गतिशीलता के कारण ऐतिहासिक व्यक्ति से सम्पन्न बनकर अपराजेय बन जाता है। उसे 'कुछ नहीं चाहिए' इसलिए वह सदी का सबसे बड़ा आदमी बन जाता है। उसके बड़प्पन को सिद्ध करते हैं वे तमाम लोग जो शौक साहब की पीक अपने कपड़े पर लेने के लिए कतार लगाये रहते हैं, और साहब पुराने सामन्तवाद और नये पूँजीवाद के सामंजस्य से बनी समाज व्यवस्था के अलम्बरदार हैं। उनके पास हाथी-घोड़े के साथ कार भी हैं। देहात में सैकड़ों एकड़ के फार्म भी हैं, लेकिन खुद रहते हैं यहाँ में। वे पूँजीवादी जमींदार हैं।

इस नयी व्यवस्था का मालिक सारी जनता को भ्रष्ट और अपना अनुवर्ती बनाने पर तुला हुआ है। उसकी पीक अपनी देह पर लेने वाले को नये कपड़ों का सेट परिणामस्वरूप देने का मतलब यही है। भारत के वर्तमान राजनीतिक सन्दर्भ और स्वरूप को कहानी में सटीक ढंग से प्रस्तुत किया गया है। ध्यान दीजिए शौक साहब कायरों पर नहीं थूकते। जो गाली नहीं देता उस पर नहीं थूकते। ऐसे लोग किसी

काम के नहीं होते। वे पीक फेंकते हैं उन पर जो पीक लेने को तैयार नहीं, जो पीक के बदले गालियाँ दे सकते हैं। ऐसे लोगों को भ्रष्ट और निःसत्त्व बना देने से शोषणकारी व्यवस्था को जीवन मिलता है। लेखक ने ऐसे शब्दों का कहीं इस्तेमाल किये बिना अपनी बात कह दी है, यही तो खूबी है। शौक साहब की निशानेबाजी इतिहास की एक धारा बन जाती है, जिसमें डुबकी लगाने के लिए लोग आने लगते हैं। जनता को भ्रष्ट बनाने की प्रवृत्ति बढ़ जाती है, लेकिन एक दिन ऐसा भी आया जिसकी उम्मीद और जरूरत शौक साहब को नहीं थी, जब एक-एक मरियल नौजवान ने उनके इतिहास को ठेंगा दिखा दिया। यह समकालीन यथार्थ का दूसरा पहलू है। जब उस नौजवान ने पीक लेने को तैयार आदमी को दो-दो बार धक्का देकर हटा दिया, पीक से बचा दिया तो भ्रष्ट जनता उस पर क्रुद्ध होती है, उसे लोभी समझती है, लेकिन शौक साहब समझ लेते हैं कि ''एक मुद्दत लम्बी इन्तज़ारी के बाद उन्हें कोई मर्द का बच्चा मिला था, जिसने अपनी चुस्ती और चालाकी से उनकी निशानेबाजी को चुनौती दी थी।'' वह पीक लेने के बड़े से बड़े इनाम को एक छोटे-से कथ्य से ठुकरा देता है—''मुझे कुछ नहीं चाहिए।'' उसकी आँखों में कहीं लालच नहीं था। लड़ाई अनवरत चलती है, चलती रहती है, और शौक साहब की जो हालत बन जाती है उसे देखिए—''मुझे क्यों लगता है कि तेरी गर्दन लम्बी होकर खिड़की के सामने आ रही है, मेरी आँखों में तेरी आँखें घुसी जा रही हैं, मेरी पीक ऊपर ही ऊपर पड़ी जा रही है।'' यह कोई जादू नहीं है। ऐसा इसलिए लगता है कि वह नौजवान इतिहास की नयी शक्ति का, निःस्वार्थ चरित्र की ऊर्जा का प्रतीक है। उसमें संघर्षशील जनता, नयी व्यवस्था लाने के लिए लड़ने वाली जनता की सामूहिक शक्ति निहित है। शौक साहब समझ जाते हैं कि वह इन्कलाबी है, क्योंकि वह पूर्व खेत मजदूर और वर्तमान रिक्शा मजदूर का बेटा है, और वह शौक साहब की पकड़ से बच निकलने की शक्ति रखता है। वह नौजवान कुछ नहीं बोलता। वह अपने को इन्कलाबी नहीं घोषित करता बल्कि उसके व्यक्तित्व और कर्म को देखकर शौक साहब समझ जाते हैं कि वह इन्कलाबी है। वर्ग दुश्मन किसी को इन्कलाबी समझे यही बड़ी बात है। व्यक्तित्व और चरित्र के बड़प्पन का जो मानदंड इस कहानी में है, वह धन और वैभव नहीं है, वह निःस्वार्थ संघर्ष, वह सड़ी हुई व्यवस्था को चुनौती देने की अदम्य ताकत है। यही इस कहानी के भी बड़प्पन का ठोस आधार है।

कहानी-कला और प्रतिबद्धता का सम्बन्ध

आज फिर यह बात उठ रही है कि कला में या साहित्य में प्रतिबद्धता जरूरी नहीं है। निर्मल वर्मा जी ने कहा कि कला की स्वतन्त्रता सत्ता के लिए उसे प्रतिबद्धता से मुक्त रखना जरूरी है। दूसरी तरफ कुछ मित्रों ने कहा कि कला और प्रतिबद्धता अलग-अलग नहीं है, बल्कि दोनों को एक-दूसरे से जोड़ना जरूरी है। मैं इन दोनों से अलग हटकर सोचता हूँ। पहले तो यह कहना चाहता हूँ कि जो लोग सदाशयता से कहते हैं कि कला को प्रतिबद्धता से जोड़ना जरूरी है वे भी कला और प्रतिबद्धता के स्वाभाविक सम्बन्ध को महसूस नहीं कर पाते। कला और प्रतिबद्धता का सम्बन्ध ट्रेन के दो डिब्बों जैसा नहीं है। सम्बन्ध जोड़ने में सम्बन्ध तोड़ना भी शामिल रहता है। अतः यह जोड़ने वाली बात या समझ दोनों के सम्बन्ध की वास्तविकता से मेल नहीं खाती। दोनों में सम्बन्ध जोड़ने की बात वास्तव में निर्मल जी जैसे लेखकों के विचार को बल पहुँचाती है।

मुख्य प्रश्न यह है कि कल या किसी भी साहित्य-विधा से प्रतिबद्धता का सम्बन्ध कैसा है? पहली बात तो यह कि प्रतिबद्धता आरोपित नहीं होती। मैं यह समझता हूँ कि लेखन में, कहानी लेखन हो या कुछ और, कला की शुरुआत वहीं और तभी हो जाती है, जब और जहाँ आप जीवन-प्रवाह से घटनाओं और चरित्रों का चयन करते हैं। लिखते तो बाद में हैं, पहले आप चयन करते हैं। यहीं यह प्रश्न उठता है कि किसी खास घटना या घटनाक्रम का और किसी खास चरित्र का चयन आप क्यों करते हैं और शेष को छोड़ क्यों देते हैं? इस क्यों का उत्तर बाद में मिलेगा। पहले यह देखें कि चयन के साथ रचना की शुरुआत तो होती है, प्रतिबद्धता भी दिखने लगती है। उसी क्षण आपकी प्रतिबद्धता झलकने लगती है जब आप कुछ का चयन करते हैं और शेष को छोड़ देते हैं। इसे स्पष्ट करने के लिए मैं अखबारों की दुनिया के एक सूत्र का उल्लेख करना चाहता हूँ। अखबारों में सम्पादकीय मेज पर समाचारों का ढेर लग जाता है। सबको छापना सम्भव नहीं है, तो सम्पादकीय में काम करने वाले कुछ को चुन लेते हैं, शेष को मिस कर देते हैं, दबा देते हैं या नष्ट कर देते हैं। पत्रकारिता में बूमिंग (ढेर लग जाना), सेलेक्शन (चयन), सप्रेशन

(दबा देना) , ये तीनों काम एक साथ अभिन्न ढंग से एक प्रक्रिया में होते हैं। एक तरह से साहित्य क्षेत्र में भी रचना-प्रक्रिया में ये तीनों काम एक साथ होते हैं। चयन के क्रम में ही रचना की कलात्मकता और प्रतिबद्धता का स्वरूप बनता है। घटनाओं का जो अनन्त प्रवाह चलता रहता है, जीवन में जिससे आपका साक्षात्कार होता है, जीवन की समस्याओं से भिड़न्त होती है, इसी प्रसंग में आप या लेखक घटनाओं, चरित्रों और प्रसंगों को चुन लेते हैं, और शेष को छोड़ देते हैं। इस क्रम में लेख की रचनात्मक आवश्यकता का निर्धारण किसी दृष्टिकोण से होता है। यदि किसी दृष्टिकोण के बिना चयन होगा, जैसा कहीं-कहीं दिखाई भी पड़ता है, तो कहानी (अभी इसी सन्दर्भ में बात कहें) अन्तर्विरोधों से ग्रस्त होगी और मनुष्य-जीवन के भवितव्य से सम्बन्धित कोई स्पष्ट परिप्रेक्ष्य उसमें नहीं होगा। यदि पाठक कहानी पढ़ना चाहता है केवल मनोरंजन के लिए, तब तो कोई बात नहीं, वह उसमें कोई संवेदना या कोई परिप्रेक्ष्य नहीं खोजेगा। लेकिन यदि पाठक कहानी पढ़ता है स्वयं अपने जीवन और समाज के सम्बन्ध को, साथ ही अपनी ज़िन्दगी और उसमें परिप्रेक्ष्य को समझने के लिए, तो वह अवश्य कहानी से जीवन-संघर्ष के लिए कुछ पाना चाहेगा, ऐसा कुछ जो आत्मविश्वास को बल पहुँचाए, अन्तर्विरोध मुक्त अभितव्य का संकेत दे।

इस प्रसंग में प्रेमचन्द की दो प्रारम्भिक कहानियों का जिक्र करना चाहता हूँ। दोनों कहानियाँ 'सोजेवतन' में हैं। एक कहानी है (शीर्षक याद नहीं है) जिसमें एक पात्र बीस साल के बाद विदेश से अपने गाँव लौटा है। कोई उसे पहचानता नहीं। गाँव भी इतना बदल गया है कि वह भी महसूस करता है कि वह गाँव उसका नहीं है। गाँव अपना नहीं लगता है, तो देश भी उसे अपना नहीं लगता है, हालाँकि वह गाँव उसी का है। वह पात्र वहाँ से चलकर गंगा तट पर चला जाता है। वहाँ सब कुछ पहले जैसा ही है—साधु, संन्यासी, स्नानार्थी, मन्त्रोच्चार, पूजा-पाठ आदि। वह प्रसन्नता से कह उठता है, यही मेरा देश है। दूसरी कहानी है, 'दुनिया का सबसे अनमोल रतन' जिसमें एक युवक एक राजकुमारी का प्रेम चाहता है और राजकुमारी कहती है, मेरा प्रेम चाहते हो, तो दुनिया का सबसे अनमोल रतन मुझे लाकर दो। वह युवक एक बार सती की राख लेकर गया। दूसरी बार एक अपराधकर्मी के पश्चात्ताप के आँसू और तीसरी बार आज़ादी की लड़ाई में शहीद हुए बहादुर का खून। राजकुमारी ने तीसरी बार कहा—बेशक यह दुनिया का सबसे अनमोल रतन है। ध्यान देने की बात है कि पहली कहानी में घटनाओं, सन्दर्भों और पात्रों का चयन किसी परिप्रेक्ष्य को ध्यान में रखे बिना किया गया है तो कहानी भविष्य की ओर नहीं, अतीत की ओर ले जानेवाली बन जाती है। देश की पहचान है अध्यात्म, आज़ादी नहीं। लेकिन दूसरी कहानी में आज़ादी को देश की पहचान का आधार माना गया है, इसीलिए प्रेमचन्द निर्णय करते हैं कि शहीद का खून सबसे अनमोल है। यह

है ऐतिहासिक यथार्थ पर खड़ा होकर घटना या सन्दर्भ का चयन। प्रेमचन्द के कथाकार का विकास आगे इसी यथार्थ के आधार पर होता है, अध्यात्म के आधार पर नहीं, पुनरुत्थानवादी, अतीतोन्मुख दृष्टिकोण के आधार पर नहीं। हम इस रचनात्मक अनुभव की रोशनी में भी देखते हैं, कि लेखन के लिए घटनाओं, चरित्रों और प्रसंगों का चयन एक प्रक्रिया है, जिससे गुजरकर कला सजृन होता है। रचना में प्रतिबद्धता इस प्रकार घुली-मिली होती है, कि उसकी पृथकता समाप्त हो जाती है, जैसे गंगा-जमुना के संगम के बाद जल का रंग एक ही हो जाता है, दो नहीं। अतः मैं फिर कहना चाहता हूँ कि रचना में जोड़ी गयी प्रतिबद्धता नकली होती है, या फिर अवसरवादी जिसके बारे में बाबा तुलसीदास के शब्दों में कहा जा सकता है, उघरे अन्त न होहिं निबाहू। अवसरवादी प्रतिबद्धता को बेपर्द होते हम लोगों ने देखा है।

प्रतिबद्धता जब मानसिक बनावट का अंग बन जाती है, तब उसकी सक्रियता अलग से नहीं दिखाई पड़ती। जाहिर है कि, जहाँ पर मानसिक बनावट का अंग नहीं बन पाती, वहीं वह अलग-सी दिखाई पड़ती है। मानसिक बनावट का अंग बन जाने का मतलब यह है कि लेखक या कोई भी मनुष्य ऐसी हालत में वस्तुओं को, जीवन को और समाज को सम्भवतः इस तरह देखता है कि जीवन और समाज के यथार्थ को वह अनायास ही अपनी चेतना के अनुकूल ग्रहण करता है, वैसे ही, जैसे वर्षा का पानी नदी में प्रवाह बन जाता है, तालाब में घिरकर ठहर जाता है और कटोरे में कटोरे का आकार ग्रहण कर लेता है, या जैसे सूर्य का प्रकाश मिट्टी पर मटमैला दिखता है, हरियाली पर हरा और फूलों पर उसके विविध रंगों जैसा। यह है यथार्थ का तकाजा। 'यथार्थ' सुनकर कुछ लोग नये सिरे से भड़कने लगे हैं, लेकिन यथार्थ की दृष्टि से ही जब हम कहानी का विश्लेषण करत हैं, तो समझ पाते हैं कि निर्मल वर्मा या राजेन्द्र यादव या अमरकान्त में जो फर्क है, उसका कारण क्या है? क्यों निर्मल जी आज भी 'सूखा' जैसी कहानी लिखते हैं जिसमें जीवन यान्त्रिक और नीरस मालूम पड़ता है, और क्यों अमरकान्त आज भी 'कुहासा' जैसी कहानी लिखते हैं जो जीवन के संकट का बोध कराने के साथ ही उससे मुक्ति की तड़प दिखाती है? यथार्थ का ही गतिशील रूप हमें यह समझने की सामग्री देता है, कि क्यों आज की कहानी अपने ढाँचे को तोड़कर नया रूप ग्रहण कर रही है? यथार्थ किस प्रकार बहुआयामी है, यह समझना बहुत जरूरी है।

रचना या प्रतिबद्धता के सम्बन्ध या सामंजस्य की समस्या कहानी के आन्तरिक अनुशासन की सीमा में रहकर लेखक कैसे हल करता है, इस पर उसकी ऊँचाई या श्रेष्ठता बहुत हद तक निर्भर करती है। कहानी के आन्तरिक अनुशासन का मतलब है उसकी संरचना के विभिन्न पहलुओं और तत्त्वों की मर्यादा का पालन करते हुए उसमें सन्तुलन बनाये रखना। कोई एक पहलू दूसरे को दबोच न ले।

यथार्थ की चर्चा के प्रसंग में एक और बात ध्यान देने की है कि जीवन का सत्य और कहानी का सत्य एकदम एक नहीं होता। दोनों में अटूट सम्बन्ध है, अनिवार्य सम्बन्ध है, लेकिन दोनों में फर्क भी है। जीवन का सत्य ही कहानी का सत्य (कह सकते हैं कि अन्य विधाओं में भी ऐसा होता है) बनता है लेकिन हू-ब-हू नहीं क्योंकि जीवन का सत्य रचनाकार की मानसिक प्रक्रिया से गुजरकर भाषा के जरिये नया रूप ग्रहण करता है और तब हम देखते हैं कि कहानी का सत्य जीवन के सत्य से अधिक शक्तिशाली, अधिक प्रभावशाली हो गया है। इस बात को इस तरह समझिए—जीवन में शोषण है, उत्पीड़न है; शोषित पीड़ित पात्र हैं, उनसे कोई एतराज नहीं, लेकिन वे ही जब कहानी में (या साहित्य के किसी भी रूप में) चित्रित हो जाते हैं, तो उन लोगों को एतराज होता है जो यथास्थिति के पक्षधर हैं। क्यों ऐसा होता है? इसलिए कि कहानी में चित्रित घटना, चरित्र आदि के जरिये संवेदना और चेतना भी खास रूप ग्रहण करती है तथा पात्रों और चरित्रों के जरिये संक्रमित होती है। रचना में व्यक्ति संवेदना और चेतना संक्रामक होती है, दूसरों को प्रभावित करती है। यह संक्रामकता लोगों को शोषण-उत्पीड़न के खिलाफ खड़ा होने की प्रेरणा दे सकती है, देती भी है। अब सोचिए, कौन यथास्थितिवादी इस तरह की संक्रामकता को पसन्द करेगा, लेकिन जो जीवन को बदलना चाहते हैं, वे मानवीय संवेदनशीलता को व्यापक बना देना चाहते हैं। यही है ऐसे रचनाकार की प्रतिबद्धता का राज और जो बदलाव के खिलाफ हैं वे ही कहते हैं, कि विचारधारा और प्रतिबद्धता सब कला के लिए झूठ है।

ऐसे लोग यानी यथास्थितिवादी लोग क्यों विचारधारा और प्रतिबद्धता को झूठ कहते हैं? बात यह है कि हमारा यह समाज आज भी जिस रूप में है, वह झूठ पर चलता है। आप देख रहे हैं, कि हमारा पचास वर्षों का अनुभव है और हम आज़ादी की स्वर्ण जयन्ती मना रहे हैं। इस लम्बी अवधि में हमारे नेताओं ने वादा किया जनवादी ढाँचे का समाज बनाने का, लेकिन उन्होंने बनाया पूँजीवाद और उसमें भी मुट्ठी भर इजारेदारों का विकास हो गया। अस्सी प्रतिशत जनता गरीबी से तबाह है। इजारेदारी के कारण ही आज बहुराष्ट्रीय कम्पनियाँ हमारे देश को अपना क्रीड़ा-क्षेत्र बना रही हैं। यही पूँजीवादी व्यवस्था का नियम है, ऐसा होगा ही। कोई मौजूदा सामाजिक ढाँचे के रहते इसे रोक नहीं सकता। वादा किया गया गरीबी हटाने का, गरीबी बढ़ती गयी है। वादा किया गया स्वर्ण क्रान्ति का, भ्रष्टाचार मुक्त समाज का लेकिन हो गया घोटालों का राज। वादा किया गया सामाजिक न्याय का, लेकिन सामाजिक न्याय के हकदार भौंचक्के हैं कि 'घर तो रखवालों ने लूटा।' वादा किया गया हिन्दू राज का लेकिन इजारेदारियों और बहुराष्ट्रीय कम्पनियाँ जश्न मना रही हैं। क्या ये तमाम वादा खिलाफी करने वाले अपनी सच्चाई कबूल कर सकते हैं? नहीं, वे तो जनता को भ्रमित करने वाले नारे ढूँढ़ने में लगे रहते हैं, लगे हुए हैं।

यह उनकी राजनीतिक आवश्यकता है। यह तमाम शासकों की जरूरत रही है आज भी है। चाणक्य ने कहा था, कि शासक के लिए यह जरूरी है, कि वह जनता को भ्रमित करके रखे। जनतन्त्र के आधुनिक युग में यह और भी जरूरी है। अपने गढ़े गये 'भ्रम' की रक्षा के लिए वे जीवन और कला दोनों के सच को झूठ साबित करने में लगे रहते हैं।

हम यह नहीं कहना चाहते कि कला का सच कोई विचारधारा है, लेकिन विचारणीय है कि उसमें विचारधारा का स्थान क्या है? कोई भी विचारधारा को, यानी मार्क्सवाद, ब्रह्मवाद या अस्तित्ववाद या अन्य किसी वाद को समझने के लिए कविता, कहानी या उपन्यास नहीं पढ़ता। उनके लिए तो ढेर सारे विशिष्ट ग्रन्थ हैं ही। लेकिन किसी बड़े कला-मूल्य या सौन्दर्य-मूल्य की रचना ऊँचे वैचारिक मूल्य के बिना सम्भव नहीं। ऊँचे वैचारिक मूल्य मानवीय संवेदना को पुष्ट करने वाली विचारधारा की मदद से ही बनते हैं, मानवीय संवेदना को खण्डित करने वाली विचारधारा से नहीं। जातिवाद और सम्प्रदायवाद की मदद से ऊँचे वैचारिक मूल्य नहीं बन सकते। वैयक्तिक चेतना को मूल्य के रूप में प्रतिष्ठित करके भी हम ऊँचे मूल्य नहीं पा सकते। ऊँचे वैचारिक मूल्य के लिए वस्तुगत और निर्वैयक्तिक नजरिया अपनाना कला की जरूरत है।

कुछ लोग विचारों को तो पसन्द करते हैं, लेकिन विचारधारा को नहीं। वे वैचारिक संघर्ष को भी पसन्द नहीं करते, भले ही वैचारिक संघर्ष कर रहे होते हैं। हमारे मित्र प्रेमकुमार मणि ने कहा कि आज दुनिया में जनतान्त्रिक माहोल हो गया है सोवियत संघ के विघटन के बाद। आज दुनिया मध्यकाल की तुलना में जनतान्त्रिक है लेकिन किसी रचनाकार के द्वारा आज के जनतान्त्रिक माहौल का कारण सोवियत संघ के विघटन को मानना आश्चर्यजनक है। समकालीन दुनिया और समाज की वस्तुगत और निर्वैयक्तिक समझ रचनाकार में होना आवश्यक है; क्योंकि यही समझ उसे महसूस करा सकती है कि आज के जनतान्त्रिक माहौल में भी वह क्या चीज़ है जो रचनात्मकता में बाधक बनती है या रचना को बाजारतन्त्र का अंग बना देती है। इसीलिए यह समझना भी जरूरी है, कि सोवियत के बाद रूस में जो जनतन्त्र आया उसमें येल्तसिन ने अपनी सत्ता की रक्षा के लिए रूसी संसद के श्वेत महल को तोपों की वर्षा से काला कर दिया और विपक्षी सांसदों की हत्या करा दी। आश्चर्यजनक यह भी है, कि सोवियत के पतन को जनतन्त्र का स्रोत मानने वाले दुनिया भर के जनतान्त्रिकवादियों ने इस पर कुछ भी बोलना उचित नहीं समझा। समझने की बात यह है कि जनतन्त्र की व्यवस्था सापेक्ष है। सोवियत पतन से दुनिया के माहौल में परिवर्तन तो हुआ ही है, रचनाकारों पर, विचारकों पर, जनता पर सब पर यथोचित् असर तो पड़ा ही है। वह असर किसके हित में है, और किसके खिलाफ, यह गौर करना चाहिए।

हमारे कई रचनाकार इस कदर प्रभावित हुए कि वे उस झाँसे में आ गये कि अब विचारधारा से मुक्ति पायी जा सकती है। ऐसी कहानियाँ भी उस दौर में लिखी गयी हैं, जो मूल्यहीनता या विकृत मूल्य की प्रस्तावना करती मालूम पड़ती है। 'कथादेश' में एक कहानी पढ़ी मैंने 'बूढ़े का उत्सव' जो प्रियंवद की है। कहानी में कारीगर मज़ार पर लगाने के लिए मृत्यु लेख लिखता है। लेख क्या, एक वाक्य में मृत्यु विशेष का सारतत्त्व व्यक्त कर देने में उसे महारत हासिल है। इस अर्थ में वह एक ऐसा सिद्ध कलाकार है, जो वास्तव में मृत्यु नहीं, जीवन का सारतत्त्व ग्रहण करके मृत्यु लेख लिखता है। इस पक्ष तक कहानी बहुत जोरदार है, लेकिन उत्तरार्द्ध में प्रसंग यह है, कि एक ऐसी स्त्री की मृत्यु पर शिक्षा-लेख लिखने उसे बुलाया गया है, जो अपने लकवाग्रस्त पुत्र की सेवा करते-करते एक दिन उसमें उत्तेजना अनुभव करती है, और उसे पूरी तरह उत्तेजित करने के लिए उसे सम्भोग सुख देती है। एक तरफ वह खुश है, दूसरी तरफ ग्लानि में डूबी हुई इतनी कि आत्महत्या कर लेती है। पुत्र के सुख के लिए कुछ भी करने की माँ की मानसिकता की अभिव्यक्ति के लिए ऐसे प्रसंग का निर्माण आज के मनुष्य और समाज को कौन-सा जीवन मूल्य देता है? कहानी को कहाँ ला पटका प्रियंवद ने? इसी प्रसंग में शंकर की एक कहानी याद आ रही है, वह भी हाल ही में 'सबरंग' में छपी है। कथ्य वही पुत्र-प्रेम है। पुत्र के सुख के लिए अपना सब कुछ कुर्बान कर देने की तत्परता। लेकिन प्रसंग एकदम भिन्न है। पुत्र ने बी. ए. पास किया है। एम. ए. पढ़ने के लिए दूसरे शहर में नाम लिखाना है, लेकिन पैसा नहीं है। माँ ने अपना एक कंगन दे दिया, बेचकर नाम लिखाने के लिए। नाम लिखाने के बाद किताबों की समस्या आयी। आज के बाज़ार की महँगी किताबें कैसे खरीदी जाएँ? माँ ने दूसरा कंगन दे दिया, बेचकर किताब खरीदने के लिए। बड़ा तीखा संघर्ष है, चित्रित है कहानी में जो पुत्र को झेलना पड़ा है। प्रियंवद और शंकर की कहानियों में जो फर्क है वह वास्तव में जीवन के प्रति दोनों के रुख में फर्क की कलात्मक अभिव्यक्ति है। सुख में फर्क का भी आधार अलग-अलग सामाजिक दृष्टिकोण है।

कहानी-कला का मुख्य प्रश्न है कि कथ्य को रूप देने या सम्प्रेषित करने के लिए कैसे प्रसंगों का निर्माण लेखक करता है। कोई कह सकता है, शंकर की कहानी की माँ की कुर्बानी में नया क्या है, ऐसा बहुत दिनों से होता आया है। प्रियंवद ने शायद नया उत्तर आधुनिक सन्दर्भ गढ़ा है, लेकिन ऐसा उत्तर आधुनिक सन्दर्भ तो प्रागैतिहासिक युग में भी मिल जायेगा, जब विवाह-संस्था का उदय नहीं हुआ था, या फिर इडीपस का प्रसंग क्या लगभग ऐसा ही नहीं है? सवाल जीवन-मूल्य का है, जिसकी उपेक्षा हमें आज के बाजार-तन्त्र की व्यावसायिकता से ऊपर नहीं उठने देगी। मूल्यहीनता के साथ विचारहीनता से भी सावधान रहना जरूरी है। मणिजी ने किसी खास मनोदशा में 'स्वेटर' जैसी कहानी लिखी जिसमें अनायास ही

विचारधाराहीनता को प्रस्तावित कर दिया गया हो। हालाँकि उनकी कहानियों की मुख्य प्रवृत्ति न मूल्यहीनता है और न विचारधाराहीनता।

मैं समझता हूँ कि विचारधाराहीनता (जो व्यवहार में सम्भव नहीं है) का ही एक रूप विवेकहीनता है, संवेदनहीनता है, और सर्जक होने के नाते लेखकों पर विवेकहीनता के बीच से मानवीय विवेक, संवेदनहीनता के बीच से मानवीय संवेदनशीलता के प्रसंग खोज निकालने का सौन्दर्यात्मक दायित्व है। भीष्म साहनी की अनेक कहानियों का जिक्र इस प्रसंग में किया जा सकता है जैसे 'झुटपुटा', 'पिकनिक' आदि। उदय प्रकाश की 'छप्पन तोले का करधन' पर भी गौर करें। संवेदनशून्यता के बीच इनमें संवेदनशीलता दिख जाती है। 'सर्जक होने के नाते'कहने के पीछे तात्पर्य यह है कि लेखक की सर्जनात्मक ऊर्जा और चेतना संसार को यथावत् नहीं रहने देना चाहती, चाहे प्रकृति हो अथवा समाज या मनुष्य का व्यक्तित्व, सबके स्वरूप के बारे में उसकी अपनी परिकल्पना होती है। यही परिकल्पना उसे सर्जक बनाती है, अपने सामने के बाह्य जगत को बदलने की प्रेरणा देती है। गालिब कहते हैं, "ऐसा होता तो कैसा होता।" इस कथन में रचनात्मक चिन्ता है, बदलने की चिन्ता। यह चिन्ता, यह परिकल्पना नया सौन्दर्य रचने का स्रोत है। इस तरह सोचते हुए हम जहाँ पहुँचे हैं वहाँ हम महसूस कर सकते हैं कि कथानक के लिए घटनाओं और पात्रों का चयन, चयन में काम कर रहा दृष्टिकोण, कहानी की संरचना, उसे नया रूप देने की परिकल्पना और चिन्ता, इनको साकार करने के लिए संयोजित शिल्प-शैली-भाषा और इन सबके समन्वय से उत्पन्न सौन्दर्य से भिन्न या ऊपर कला कुछ भी नहीं है। समन्वय और सन्तुलन का बहुत महत्त्व है, इस पूरी प्रक्रिया में। इनमें अभाव को सौन्दर्य नहीं कहा जा सकता। किसी एक पहलू या किसी एक पक्ष में सौन्दर्य देखना एकांगीपन है। पंडितराज जगन्नाथ ने रसगंगाधर में प्रश्न उठाया है–शरीर में सौन्दर्य कहाँ है? किस अंग में है? आँख में, नाक में, गाल में, सीने में, कहाँ है? अलग-अलग अंगों का अपना सौन्दर्य है जरूर, लेकिन सभी अंगों में सन्तुलित सामंजस्य से जो आकर्षण पैदा होता है, देह यष्टि में वह है वास्तविक सौन्दर्य। यही स्थिति कहानी की, किसी रचना की भी है और कोई आदमी शरीर से बहुत सुन्दर है, लेकिन विचारहीन है, विवेकहीन है, संवेदनशून्य है तो उसके सौन्दर्य को क्या कहेंगे? 'बहिरेव मनोहरा' के अलावा और क्या कहेंगे? या फिर 'विषरस भरा कनक घट जैसे।'

कहानी-कला : साम्प्रदायिकता बनाम मानवीय संवेदना

हिन्दी-कहानी ने अपने विकास के हर दौर में समय के यथार्थ का मुकाबला करके ही गरिमा और ऊँचाई हासिल की है। यह बात आज की कहानी के बारे में भी उतनी ही सच है, जितनी प्रेमचन्द या किसी अन्य के समय की कहानी के बारे में। यद्यपि कुछ लोग राष्ट्रीय-अन्तर्राष्ट्रीय परिस्थिति में प्रतिभागिता के नये दौर से उत्साहित होकर यथार्थ पर ही हमला कर रहे हैं। फिर भी यथार्थ की मुख्यधारा से कटकर कोई 'सूखा पत्ता'(निर्मल वर्मा) जैसी जीवन की हरियाली से वंचित कहानी भले लिख ले, लेकिन उससे कहानी की विकास यात्रा को प्रभावित या पाठकों की चेतना को स्पन्दित तो कतई नहीं कर सकता। मैं कहना चाहता हूँ कि हिन्दी-कहानी में ताज़गी या नयापन, विविधता या संवेदनशीलता की जो शक्तिशाली धारा मिलती है, उसका श्रेय जीवन के मुख्य प्रवाह से उसके गहरे लगाव को ही है। ऐतिहासिक या सैद्धान्तिक रूप से इस कलात्मक सच्चाई की व्याख्या करने की यहाँ जरूरत नहीं है। आज के समय में हमें राष्ट्रीय, सामाजिक और मानबीय स्तरों पर जिन समस्याओं का मुकाबला करना पड़ रहा है, उनमें सम्प्रदायवाद या धर्मान्धता अत्यन्त प्रमुख है। इसने हमारे आपसी सम्बन्धों को जितना झकझोरा है, हमारी संवेदनशीलता को जितना कुछ किया है, उतना शायद किसी दूसरी घटना या घटना-शृंखला ने नहीं। आज यदि इसके द्वारा बनाये गये भयानक और आतंकपूर्ण माहौल में मानवीय संवेदनशीलता के बचे रहने या उसकी पहचान करने की कसौटी की खोज की जा रही है, तो अस्वाभाविक नहीं है। इसी संवेदनशीलता की खोज समकालीन कहानियों में करने के सिलसिले में नासिरा शर्मा की कहानी 'सकीना के चालीस चोर' और चन्द्रकिशोर जायसवाल की कहानी 'मर गया दीपनाथ' ने मेरा ध्यान खींचा। ये दोनों कहानियाँ साम्प्रदायिकता की समस्या पर लिखी गयी ढेर सारी कहानियों के बीच अलग मालूम पड़ती हैं और अपने-अपने ढंग से पाठकों की संवेदनशीलता को छू लेने में, छूकर उसे जगा देने में समर्थ हैं। इन दोनों में एक सामान्य विशेषता यह है कि साम्प्रदायिक दंगे का भयानक वातावरण तो उनमें नहीं है लेकिन दंगे का अवसादपूर्ण प्रभाव और उसका मनोवैज्ञानिक स्वरूप कुशलतापूर्वक चित्रित किया गया है। यों

इन दोनों कहानियों में भी काफी फर्क है। 'सकीना के चालीस चोर' में दंगे का प्रभाव दिखता है, तो 'मर गया दीनानाथ' में पात्र की अपनी मानसिकता की चारित्रिक अभिव्यक्ति मुख्य है। इन दोनों कहानियों के पात्रों के जरिये आज के समाज में इंसानियत की करुण स्थिति और इंसानियत को बचाये रखने की मानवीय चिन्ता हमें व्यवहार में दिखाई पड़ती है। ध्यान देने वाली बात यह है कि दोनों ही कहानियों में इस मानवीय चिन्ता की काँपती दीपशिखा को साम्प्रदायिक उन्माद की आँधी से बचाये रखने को परेशान पात्र वे ही हैं जो इस्लाम को मानते हैं यानी मुसलमान हैं। इसी प्रसंग में ये कहानियाँ सम्प्रदायवादियों और दंगाइयों की हैवानियत को संवेदनशील इंसानियत का कलात्मक उत्तर बन गयी हैं।

'सकीना के चालीस चोर' एक ऐसे मुस्लिम परिवार की कहानी है, जिसे आज़ाद हिन्दुस्तान में भी बार-बार साम्प्रदायिक फसाद झेलना पड़ता है। बार-बार जिसकी बसी हुई गृहस्थी उजड़ जाती है। लेखिका के ही शब्दों में, "हिन्दुस्तान के खुशहाल और पढ़े-लिखे इस वर्ग की ज़िन्दगी की गाड़ी चलते-चलते एकाएक रुक जाती है। एक बार नहीं, कई बार। कभी ज़िस्मानी तौर से और कभी दिमागी तौर से, मगर हर बार अँधेरे में रोशनी की कमन्द पकड़कर वे ऊपर खुले में आन खड़े होते हैं।" ऐसा नहीं कि इस तरह की विपत्ति किसी ऐसे मुस्लिम परिवार को झेलनी पड़ रही हो, जो देशभक्त नहीं रहा, साम्प्रदायिक या मुस्लिम लीग का समर्थक रहा हो, बल्कि ऐसे परिवारों पर मुसीबत का यह पहाड़ टूटा है, जिनमें एक के बाद एक खानदान के मर्दों ने शहादत का ज़ाम पिया, और जब आज़ादी आयी, तो उसके सूरज को देखने के लिए सिर्फ विधवा औरतें और यतीम औलादें बची थीं। इसी तरह के एक परिवार की है सकीना, जिसका एक भाई एक बार फिरोज़ाबाद में फसाद में गुम हो गया था, और फिर वह जिन्दा-मुर्दा किसी तरह नहीं मिला। उसके पिता शब्बीर साहब आई. ए. एस. अधिकारी थे, अन्त में फिरोज़ाबाद का मकान बेचकर दिल्ली में बस गये। अब सकीना को हैदराबाद छोड़कर पूरे परिवार के साथ दिल्ली आकर पिता के मकान में शरण लेनी पड़ी है। सकीना के परिवार को भी पहली बार ऐसा नहीं करना पड़ा है। लेकिन हैदराबाद छोड़ने का मतलब यह है, कि जिस दक्षिण भारत में पहले कभी फसाद नहीं हुआ, वह भी उसकी चपेट में आ गया है, लगभग पूरा देश इस भयानक आग की चपेट में है।

सकीना के पिता शब्बीर साहब के सामाजिक सम्पर्क आज भी मजहबी घेरे को तोड़कर इंसानियत के धरातल पर हैं। वे सक्सेना साहब के बेटे की चिन्ता करते हैं, जो अलीगढ़ में है। उनके एक दोस्त अमजद साहब मिश्रा जी के एस. टी. डी. टेलीफोन का इस्तेमाल कर हैदराबाद पहुँचे अपने बेटा-पतोहू का हाल जानना चाहते हैं, और यह भी कहते हैं कि मिश्रा जी भले आदमी हैं। खुदा भलों का भला करे। आज भी एक बर्थडे पार्टी में रंगास्वामी, मिश्रा जी, घोष बाबू, माथुर, शब्बीर साहब

आदि एक साथ बातें करते हुए देश की हालत पर समान रूप से चिन्तित हैं। हालाँकि ऐसे प्रेमपूर्ण भाईचारे के माहौल में दूरदर्शन में प्रसारित समाचार उन्हें परेशान कर देता है।

सकीना के पति शाहरुख की चिन्ता ध्यान देने लायक है। सकीना कोशिश करके भी, बहुत चाहकर भी, 'घर और सामान के कई बार उजड़ने और शहर छोड़कर भागने के भय से', अपने को निकाल नहीं पाती। बच्ची सकीना की चिन्ता अपनी उम्र के मुताबिक स्वभावतः यह है कि 'गुड़िया तो वहीं लॉन में छूट गयी' लेकिन शाहरुख की चिन्ता यह है, कि कैसे बच्ची सकीना को साम्प्रदायिक माहौल के असर से अलग रखा जाए। यह चिन्ता वास्तव में देश, समाज और इंसानियत के भविष्य की चिन्ता है, क्योंकि हर साम्प्रदायिक फसाद बच्चों को भविष्य का दंगाई बनाने की कोशिश करता है, जो देश, समाज और इंसानियत के भविष्य को खतरे में डालने का ही भयानक और गन्दा काम है। इस बात की रोशनी में शाहरुख की चिन्ता की मानवीयता समझ में आती है, लेकिन इस प्रसंग में यह भी अनुभव होता है कि समाज की भावी पीढ़ी को साम्प्रदायिक रूपी हैवानियत के असर से बचाये रखना मुश्किल काम है। यह काम मुश्किल इसलिए है, कि उन्माद के कारण वक़्त ही मुश्किल हो गया है। सकीना का दिमाग साम्प्रदायिक माहौल के असर में नहीं आये, इसके लिए हर तरह की एहतियाती कार्रवाइयाँ की गयी हैं। सकीना, उसके माँ-बाप और पति शाहरुख आदि अपनी बातचीत में दंगा या, इससे जुड़े शब्दों का इस्तेमाल नहीं करते। दंगाई को वे चोर-लुटेरे कहते हैं। बच्ची सकीना को शहर छोड़ते हुए यह कहकर बहलाया गया है, कि वह नानी के घर जा रही है। जब कभी वह कुछ-कुछ समझकर ज्यादा समझने के लिए सवाल करती है, तो उसे फिर दूसरी बात कहकर बहलाया जाता है। इतने परहेज, सावधानी और एहतियात के बाद भी आँखें बन्द किये शाहरुख के दिमाग में सवाल उभर रहे थे, कि इस नन्हे-से दिमाग में यह माहौल किस तरह की बुनियाद डाल रहा है? जो बात बच्चों को बतायी और सिखायी नहीं गयी, उससे उनको अलग रखा, आज वही किस तरह अपने शिकंजे में बाँध रही है? उन्हें किस ज़बान में और कैसे बातें समझायी जाएँ? यह कैसा मुश्किल वक्त आन पड़ा है?

ज़बान या भाषा की समस्या शब्दों के चयन या वाक्यों की बनावट की समस्या नहीं है। यह तो असल में नयी पीढ़ी की चेतना के निर्माण की समस्या है यहाँ और यह समस्या सकीना के पिता शाहरुख की नहीं, वास्तव में लेखिका नासिरा शर्मा की है, इसलिए दंगाइयों को चोर-लुटेरे की संज्ञा दी जाती है, और सकीना के पूछने पर कि, "यह कौन वाले चोर हैं?" उसके नाना कहते हैं—"ईमान के चोर हैं, जो दिलों में सेंध करके मोहब्बत चुराते हैं, ताकि कोई प्यार और भाईचारे की बात न करे और न ही सुकून से रह सके।" इस भाषा के माध्यम से सकीना के नाना शब्बीर साहब

या स्वयं लेखिका नासिरा शर्मा सकीना को दंगे की चर्चा और उसके प्रभाव से अलग रखना चाहती हैं। दूसरी तरफ पाठकों को दंगे के प्रभाव और उद्देश्य से अवगत करा देने में कामयाब होती हैं। भाषा की यह दोहरी भूमिका बहुत महत्त्वपूर्ण है, लेकिन कहानी के प्रसंग हमें यह अनुभव कराते हैं, कि एक बच्चे की चेतना को भी वातावरण के प्रभाव से बिल्कुल अलग नहीं रखा जा सकता। सकीना अभी छोटी है, इतनी कि उसे लॉन में छूटी हुई गुड़िया की ही चिन्ता है। उसे लगता है उसे रात में डर लगता होगा या टॉमी उसके बाल नोंच लेगा या, यह कि चोर उसे अपनी बेटी को दे देगा'। लेकिन बड़े लोगों की बातें सुन-सुनकर उसके मन में तरह-तरह के सवाल भी उठते हैं, जैसे–"वह चोर हमारे घर पर निशान तो नहीं लगाएँगे न? (क्योंकि दंगाइयों ने उन घरों को निशान लगाये थे, जिनके लोगों को मारना था और सामान लूटना था।) इंसान क्या होता है? यह हिन्दू क्या होता है और मुसलमान किसे कहते हैं? यह हिन्दू-मुसलमान दोनों देखने में कैसे होते हैं? हम लोग क्या हैं?" इन सवालों के जवाब कुछ न कुछ देकर सकीना को बहलाने की कोशिशें बेकार हो गयी हैं क्योंकि सकीना एक दिन कहती है–"अब्बू, मुझे पता चल गया है, कि हम लोग कौन हैं? मुसलमान और गुप्ता अंकल हिन्दू हैं और गोपाल अंकल हरिजन हैं, और जिनके घर खाना खाने जा रहे हैं वह सरदार जी हैं।" इतना सुनते ही शाहरुख सिर पकड़कर बैठ गया। जाहिर है कि भाषा का छद्म न तो वातावरण को बदल सकता है, और न एक बच्चे तक की चेतना को वातावरण के प्रभाव से अलग कर सकता है।

यों ध्यान देने की बात यह भी है कि दंगा वातावरण का एक पक्ष मात्र है। उसका अत्यन्त महत्त्वपूर्ण पक्ष यह है, कि उसके माँ-बाप, नाना-नानी और उन लोगों के दोस्तों की चेतना दंगे के खिलाफ इंसानियत एवं भाईचारे के हक में है, इसलिए सकीना भी कहती है–"मैं मरजीना बनूँगी, तुमको मरने नहीं दूँगी। किसी को मरने नहीं दूँगी, न गोपाल अंकल को और न ही रमेश अंकल को।" मरजीना 'अलीबाबा और चालीस चोर' में एक लड़की है, जो अलीबाबा को बचाने के लिए दूसरे घरों में भी वही निशान बना देती है, जो चोरों ने अलीबाबा के घर में बना दिये थे। सकीना सबको बचाना चाहती है, गोपाल अंकल और रमेश अंकल को भी। इसी मानसिकता में सकीना कहानी के अन्तिम हिस्से में अपने घर और सामने के घरों पर पड़े निशान को मिटा देती है। मिटाने के लिए उसे बाग से स्टूल लाना पड़ा और उस पर चढ़कर अपनी फ्रॉक का भी उपयोग करना पड़ा। इस तरह की शरारत उसने कभी नहीं की थी इसलिए सकीना सोचती है, उसने ऐसा क्यों किया? बात यह है, कि मकानों पर नम्बर देखकर सकीना को लगा कि "वह नम्बर चोर डलवा रहा है, फिर वह आकर हम सबको मार डालेगा।" अलीबाबा और चालीस चोर की मरजीना की तरह उसने दूसरों को बचाने के लिए कार्रवाई की। उसकी शरारत में इंसानियत का भाव भरा

हुआ है। यद्यपि किसी भी तरह जरूरी नहीं था, तब भी लेखिका ने निष्कर्ष के रूप में कह दिया—"शाहरुख को महसूस हुआ ना उम्मीदी, थकान और गम के बादल एक साथ छँट रहे हैं और रोशनी की शक्ल में नयी नस्ल अपने अन्दाज़ से इंसानियत, मोहब्बत और ईमानदारी का परचम लेकर अँधेरे में दाखिल हो रही है।" यह सकीना की नम्बर मिटाने की कार्रवाई का अर्थ है और यह अच्छे भविष्य का संकेत भी है। शाहरुख की नयी समझ के रूप में यह निष्कर्ष इसलिए भी महत्त्वपूर्ण है कि इससे शाहरुख के चरित्र में आ रहा निराशाजनक परिवर्तन रुक जाता है। जो शाहरुख बुरी तरह डर गया था सकीना के यह कहने से कि हम लोग मुसलमान हैं या सरिता से फोन पर यह सूचना पाकर कि किसी ने मुसलमान समझकर हैदराबाद के पड़ोसी रमेश की हत्या कर दी, वही सकीना के द्वारा घरों पर लगाये गये निशान मिटाने पर भविष्य के भय से मुक्त हो जाता है।

कहानी में ध्यान देने योग्य महत्त्व की बात केवल सकीना के माध्यम से देश और समाज के भविष्य की चिन्ता ही नहीं है, बल्कि कहानी का पूरा विकास जिस तरह हुआ है, वह भी महत्त्वपूर्ण है। साम्प्रदायिक फसाद में पीड़ित और परेशान परिवार की यह कहानी है। फिर भी कहीं कहानी में उत्तेजना नहीं है, किसी तरह की हलचल नहीं है, जबकि उत्तेजना के कारण तात्कालिक रूप से भी मौजूद हैं। 'पड़ोसियों पर भी एतबार नहीं रह गया' 'दिन तेजी से भाग रहे थे, दंगा-फसाद नये शहरों और मोहल्लों को निगल रहा था।' कर्फ्यू हटने के बाद कहीं कन्धा देना है, तो कहीं गमी में जाना है। आज उठावनी है, तो कल तीजा है। सोक में डूबा इंसान रोज बढ़ते तनाव से टूटने लगा था। हालत यह है कि कफन और लकड़ी बेचने वालों का धन्धा भी खूब चल पड़ा। ऐसे माहौल में भी इस कहानी के पात्र संजीदा बने रह जाते हैं, उत्तेजित नहीं होते, आवेश में नहीं आते, तो इसलिए कि कहानी के पात्र शब्बीर साहब, चन्द्रशेखर, मिश्रा जी और रंगास्वामी आदि को चिन्ता है देश की, नयी नस्ल के भविष्य की, समाज की प्रगति और सामाजिक बराबरी की। उनके पास इतिहास का अनुभव है' इसलिए वे इतिहास को तोड़ते-मरोड़ते नहीं। वे समझते हैं कि आज हमको सामाजिक आजादी और बराबरी अगर चाहिए, तो उसको गुजरे कल में नहीं बल्कि मौजूदा और आने वाले कल में ढूँढ़ना चाहिए। यह इतिहास की दृष्टि से मनुष्य के जीवन को सही रास्ता दिखाती है। यह उत्तेजना और आवेश से मुक्त कहानी अपने प्रभाव में भी संजीदा और विवेकसंगत है। यही बात इस कहानी को साम्प्रदायिकता सम्बन्धी दूसरी कहानियों से अलग विशिष्टता प्रदान करती है।

कहानी के कथ्य के सम्प्रेषण के लिए लेखिका ने जिन प्रसंगों को गूँथा है वे समीचीन और सार्थक हैं। कहानी का आरम्भ और अन्त अत्यन्त प्रभावशाली है। आरम्भ सकीना की गुड़िया छूट जाने की चिन्ता से और अन्त उसी के द्वारा मनुष्य को बचाने के लिए मकान के नम्बर मिटाने से होता है। आरम्भ का एक कथन

पाठकों को पकड़ लेने में समर्थ है और अन्तिम दृश्य उसे आश्वस्त करता है। हिन्दी कहानी में अपनी पूरी विकास यात्रा में जो शिल्पगत सिद्धि हासिल की है उससे नासिरा शर्मा ने लाभ उठाया है। कहानी के प्रसंगों में कोई खास घटना नहीं है, फिर भी कई खंडों में लिखी गयी यह कहानी घटनापूर्ण होने का अहसास देती है। यह इसकी शिल्पगत विशेषता है। शाहरुख, सकीना आदि का हैदराबाद छोड़कर दिल्ली आना, दिल्ली में दिल बहलाने के लिए बाजार जाना, एक बर्थडे पार्टी में शरीक होना, सकीना का अस्वस्थ होकर अस्पताल में भर्ती होना, शब्बीर साहब का अपने दोस्तों से गपशप करना, जनगणना वालों का मकानों पर नम्बर लिखना, सकीना का उन्हें मिटा देना और अन्त में शाहरुख का सकीना को गोद में भर लेना, ये ही घटनाएँ तो हैं और इनमें हैदराबाद से दिल्ली आने तथा सकीना के अस्पताल में भर्ती होने को छोड़कर कोई ऐसी घटना नहीं है जो मनुष्य को बहुत क्रियाशील बना दे। लेकिन मनुष्य की चेतना को गतिशील और बेचैन कर देने की क्षमता सभी घटनाओं में है, क्योंकि सारी घटनाओं पर देश का अशान्त साम्प्रदायिक माहौल छाया रहता है।

एक और उल्लेखनीय बात यह है कि कहानी में कोई राजनीतिक पात्र नहीं है जबकि देश की एकता और समाज के भविष्य की चिन्ता कहानी के पात्रों को है। यह चिन्ता सात्विक इसलिए है कि उनके लिए जनता का मतदाता रूप प्रासंगिक नहीं है। शायद इसलिए कोई पात्र साम्प्रदायिक सद्‌भाव कायम करने के लिए सक्रिय नहीं है। वे अपनी-अपनी चिन्ताओं और सद्‌भावना के फलित होने वाली आशा करते हैं, प्रतीक्षा करते हैं। उसका एक कारण यह भी है कि कहानी के मुख्य पात्र साम्प्रदायिक उन्माद से बार-बार पीड़ित एवं आहत होते रहे हैं। ये ऐसे पात्र हैं जो मन्दिर-मस्जिद के लिए या उस जगह की खुदाई के लिए चिन्तित नहीं हैं, बल्कि वे समझते हैं कि, "खोदने में वह धरती के गर्भ से निकले ढाँचे और खोपड़ियाँ किसी बागी, किसी वतनपरस्त, किसी आशिक की होंगी। इसलिए नयी लाशों और ताज़ा बहे खून के लिए दुख कैसा? रोना तो उस यकीन, उस विश्वास का है जो हमारे बीच से कहीं गुम हो गया है, जिसके सहारे आज तक हम खड़े थे।" इस संज़ीदा चिन्ता से सम्पन्न पात्रों को संज़ीदगी के साथ प्रस्तुत करने के कारण यह कहानी उल्लेखनीय और महत्त्वपूर्ण है। कहने का अर्थ यह है कि 'सकीना के चालीस चोर' कहानी बड़ी कुशलता से उस यकीन और विश्वास पर आये खतरे का साक्षात्कार कराती है, जो मनुष्य समाज के अस्तित्व के लिए, स्वयं मनुष्यता के अस्तित्व की रक्षा के लिए जरूरी है, साथ ही उस खतरे को दबा देने वाली इंसानी ताकत भी अनुभव करती है।

चन्द्र किशोर जायसवाल की कहानी 'मर गया दीपनाथ' साम्प्रदायिक माहौल की एक ऐसी कहानी है जो मुख्यतः मनोजगत में घटित होती है, क्योंकि वह एक खास किस्म के सामाजिक आधार की मानसिकता की कहानी है। वह सामाजिक

आधार है हिन्दू समाज की सदस्यता, इसलिए इस पर जो मानसिकता भयानक उभर उठी है, वह है हिन्दू मानसिकता। इस मानसिकता का पात्र है दीपनाथ। वह हिन्दू है, लेकिन हिन्दूवादी नहीं, हिन्दू उन्मादी तो हरगिज नहीं। मैं यह कहना चाहता हूँ कि जीवन का प्रत्यक्ष अनुभव बताता है कि हिन्दू होना, हिन्दू मानसिकता का उभर आना, हिन्दूवादी होना और हिन्दू उन्मादी होना एक ही नहीं है जबकि हिन्दू सम्प्रदायवादी हिन्दुत्व या हिन्दू मानसिकता में और हिन्दू उन्मादी में फर्क को मिटाकर हिन्दू-उन्मादी को ही असली हिन्दू साबित करना चाहते हैं। कहानी में कहीं हिन्दूवाद या हिन्दू उन्माद नहीं है। देखने की बात यह है, कि एक खास परिस्थिति और वातावरण में एक हिन्दू युवक दीपनाथ कैसे हिन्दू मानसिकता का शिकार हो गया है। भीष्म साहनी के मशहूर उपन्यास 'तमस' में मिर्ज़ा साहब इंसानी भाईचारे के बेहतरीन नमूना हैं। अपनी जान को ज़ोखिम में डालकर अपने हिन्दू मित्रों को बचाते हैं, लेकिन एक ख़ास स्थिति में एक मुसलमान की लाश उठते देखकर अचानक उनके भीतर का मुसलमान जग उठता है, वे मुस्लिम मानसिकता के शिकार हो जाते हैं और अपने हिन्दू मित्र के नौकर को मार देते हैं और फिर तुरन्त इस मानसिकता से मुक्त भी हो जाते हैं, लेकिन यही मानसिकता घनीभूत और उग्र हो उठती है, तो मनुष्य सम्प्रदायवादी बन जाता है। सैद्धान्तिक सम्प्रदायवादी दोनों तरफ लगातार यही प्रयत्न करते रहते हैं कि मानसिकता साम्प्रदायिक बनकर वहाँ उग्र और उन्मादी हो जाए।

'मर गया दीपनाथ' में लेखक ने उस मानसिक प्रक्रिया का विस्तार से वस्तुगत चित्रण किया है, जिसमें दीपनाथ जैसा व्यक्ति हिन्दू मानसिकता के चुंगल में फँस जाता है। अपने सामान्य जीवन में उसे यह ध्यान रखने की जरूरत नहीं पड़ती कि वह हिन्दू है। वह साइकिल मरम्मत कराने जाता है मिस्त्री के पास और मिस्त्री की दुकान कहाँ है तो 'मियाँ जी की ठाकुरबाड़ी के पास।' ठाकुरबाड़ी है मियाँ जी की। इन बातों से समाज का जो स्वरूप दिखाई पड़ता है, उसे कोई धार्मिक संज्ञा नहीं दी जा सकती। इसी समय हल्ला होता है कि 'दंगा हो गया—हिन्दू-मुस्लिम दंगा।' मिस्त्री जो केवल मिस्त्री है वह अपने ग्राहक दीपनाथ की रक्षा को चिन्तित हो उठता है और उसे राय दी है—अब आप यहीं रुक जाइए। आगे भी खतरा है और पीछे भी। उधर उस घर में चले जाइये।" यहाँ तक इस जगह का वातावरण ठीक है लेकिन तेजी से असामान्य हो जाता है। पूरी बस्ती में भाग-दौड़ और हंगामा मच गया। इस मुसलमान बस्ती में लोग हथियार ले लेकर निकलने लगे। जाहिर है कि दीपनाथ के पास यह समझने के सिवा कोई विकल्प नहीं है कि ये हथियार हिन्दुओं के कत्ल के लिए ही हैं। साइकिल मिस्त्री ने जिस घर की ओर इशारा किया था वह यासीन शेख का था। दीपनाथ मन में देवी-देवताओं से अपनी रक्षा की प्रार्थना करता हुआ शेख के घर की तरफ दौड़ गया। शेख साहब नेकदिल इंसान हैं। हिन्दुओं के लिए

उनमें ममता है। मियाँ जी की ठाकुरबाड़ी इन्हीं की है। सर्वधर्म समभाव का इससे अच्छा उदाहरण और क्या हो सकता है? दीपनाथ का हाल यह है कि ईश्वर को याद करते हुए भी उसे कल पर पूरा भरोसा नहीं है क्योंकि दंगों में मारे जाने वाले सभी नास्तिक नहीं होते। शेख साहब के प्रांगण में भी चहलकदमी शुरू हो गयी। अब दीपनाथ भाग भी नहीं सकता। तभी शेखसाहब ने उसे देखा परिचय पूछा। यहीं से मानसिक ऊहापोह शुरू हो जाता है। दंगा छिड़ जाने पर एक मुसलमान के घर में शरण लेते हुए हिन्दू परिचय देना खतरनाक हो सकता है, सुलेमान बन जाए, लेकिन भेद खुल जाने पर और भी खतरा हो सकता है। सोच-समझकर अपना परिचय देते हुए नाम बता दिया—दीपनाथ विश्वास। शेख साहब ने उसे एक कमरे में ले जाकर बन्द कर दिया, लेकिन अब तक उसकी हिन्दू मानसिकता जाग गयी है, इसलिए सुरक्षित महसूस करने के बजाय अपने को असुरक्षित महसूस करने लगता है। दंगे का वातावरण आदमी को तो पीछे मारता है, आदमी पर आदमी के विश्वास और भरोसे को पहले मार देता है। अपने आश्रय वाले कमरे को दीपनाथ कैद समझने लगता है। वह भागने की सोचता है लेकिन कोई उपाय नहीं। उसके प्राण सूखने लगे। इस परिस्थिति में दीपनाथ की एकमात्र इच्छा, एकमात्र लालसा है—प्राण रक्षा। उसे अपनी मौत कमरे के इर्द-गिर्द दिखाई पड़ने लगती है। कैसे उससे बचा जाए? वह चित्र में अंकित मस्जिद के सामने हाथ जोड़कर प्रार्थना करने लगता है, जरूरत पड़ने पर मुसलमान बन जाने का निश्चय कर लेता है। उसके पक्ष में समाज और इतिहास से तर्क जुटाने लगता है। बचाव के लिए भीतर से अर्गला लगता है, लेकिन विश्वास नहीं करने का कसूर पकड़े जाने के भय से फिर खोल देता है। जाहिर है कि दीपनाथ उद्विग्न मनोदशा में है। यह उसके अपने संस्कार और वातावरण दोनों के मेल का परिणाम है। वह लोगों की आहट सुनता है और उसे लगता है कि कोई उसे मारने आ रहा है, शेख साहब ओसारे पर चढ़ते हैं, तो लगता है कि ज़ंजीर खोलकर कमरे में घुसेंगे और उसे खत्म कर देंगे। जिस शेख पर भरोसा करके वह आया था, जिसने उसे छिपाकर रखा था, उस पर भी विश्वास नहीं रह गया। ऐसा क्यों हो गया? शेख और उसका बेटा दंगे की स्थिति के बारे में बातें करते हैं। वह बात दीपनाथ कान लगाकर सुनता है। इस बातचीत से यह भी पता चलता है कि शेख साहब उत्तेजना को शान्त करने की कोशिश करते हैं। अफवाहों को यह कहकर काटते हैं कि 'सच-झूठ' का पता भी तो लगे। यह भी मालूम होता है कि दंगे का माहौल बन गया यह हल्ला उड़ा देने से कि हनुमान जी के पास एक मुसलमान बच्चे ने पखाना कर दिया। जाहिर है कि कुछ सम्प्रदायवादी दंगा फैलाने की ताक में रहते हैं और छोटा-सा भी बहाना धार्मिक उन्माद फैलाने का मिलते ही वे सक्रिय हो जाते हैं। शेख के गाँव में शरणार्थी बनकर आये मुसलमानों के लिए शेख इन्तज़ाम करने की हिदायत देते हैं। हथियारबन्द लोगों को तैनात करने को कहते हैं, तो दीपनाथ को लगता है कि

शेख भी दंगाइयों के साथ हो गया। हालाँकि यहाँ दंगाई कोई नहीं है और जो हैं, वे शरणार्थी हैं। इस गाँव में जो हिन्दू हैं, जैसे मुसहर टोली के लोग, वे मुसलमानों पर भरोसा कर यहीं रह गये हैं, भागे नहीं। यह कम से कम शेख साहब के गाँव में कायम सौहार्द्र का सबूत तो है ही, फिर भी, दीपनाथ का अविश्वास छँटता नहीं है।

इस हालत में दीपनाथ अपने को मरा हुआ ही जानकर सोचने लगता है कि शेख मारने आयेंगे तो उन्हें कैसे समझाएगा, अपने को मुसलमानों का दोस्त साबित करेगा, हिन्दुओं के खिलाफ़ बोलेगा लेकिन वह नहीं मानेगा, बेचारा बदकिस्मत दीपनाथ मारा जाएगा। ईश्वर, देवी-दुर्गा आदि पर से भी विश्वास उठने लगता है। पीर बाबा से माँगी गयी मन्नत बेकार। हाँलाकि जान बचाने की प्रार्थना फिर करने लगता है। मौत को स्वीकार करना आसान नहीं है। क्यों कोई मरने को तैयार हो जाएगा? दीपनाथ का यह मानसिक उतार-चढ़ाव उसकी मानसिक परेशानी और उद्विग्नता इस मानी में स्वाभाविक है कि उसे यकीन हो गया है, कि वह मारा जाएगा। बावजूद इसके कि उसे मारने की दिशा में कोई प्रयत्नशील नहीं है। उसके बारे में कोई पूछताछ भी नहीं है। लेखक ने अनेक प्रासंगिक संकेतों से बता दिया है कि शेख तो क्या, कोई दूसरा भी उसके छिपे होने के बारे में कुछ बोल नहीं रहा है, फिर भी वह अपनी मनोदशा के अधीन होकर जो सोच रहा है, सो एक हिन्दू के रूप में उसे अपनी गलतियाँ याद आती हैं। अयोध्या में राम मन्दिर के लिए चन्दा नहीं दिया, मन्दिर से बेहतर धर्मशाला को कहा। काशी-विश्वनाथ मन्दिर में पुजारी को पूरी दक्षिणा दिये बिना चला आया था। इन सबका दंड उसे मिलने वाला है। ईश्वर नाराज हैं तो क्या खुदा नहीं बचाएँगे? इस मानसिक ऊहापोह में इस तरह के प्रसंगों का गुम्फन अत्यन्त स्वाभाविक और मर्मस्पर्शी बन पड़ा है। अर्थ साफ है कि यदि ईश्वर और खुदा हिन्दू-मुसलमान हैं तो ईश्वर विरोधी हिन्दू की रक्षा खुदा करें। उसने तो बहुत बार मुहर्रम में ताजिया बनाये हैं, लोगों को शरबत पिलाया है। उसे अपने बाल-बच्चों की, पत्नी की याद आती है, और फिर उसमें जिन्दा रहने की इच्छा जोर मारने लगती है, लेकिन बचने की स्थिति नहीं है तो सोचता है कि शेख साहब को चीख कर कहे कि जान लेनी है, तो ले ही लीजिए। मृत्यु की प्रतीक्षा बहुत देर तक करना मुश्किल काम है। उसके परिवार में पत्नी बेचैन होगी। कल्पना करने लगता है। कल्पना घर तक जाती है। वह मारा जाएगा। गाँव के लोग समझ लेंगे कि वह सगीर मियाँ के बगीचे में भूत बनकर रहने लगा है; क्योंकि यह भूत दंगे के बाद प्रखर हुआ है। पत्नी नहीं मानेगी इसे और बारह साल तक उसके लौटने की प्रतीक्षा करेगी। अन्ततः गाँव वाले श्राद्ध कर देंगे। इस तरह की जाने कितनी बातें उसके खाली दिमाग में आती जाती हैं। वास्तव में उसका दिमाग अभी खाली है और वह भूत का डेरा बन गया है। वह पत्नी की तरफ से भी कल्पना करने लगता है कि उसने उसे मरा हुआ मानने के बदले वैरागी या साधु बनकर कहीं चला गया हुआ

मान लिया है। फिर गाँववालों की तिकड़म का ध्यान आता है जो उसकी पत्नी को बरगलाना चाहते हैं।

इसी तरह की कल्पनाओं से कहानी का आकार लम्बा हो जाता है। ऐसा नहीं है कि कल्पना के सारे प्रसंग सच ही हैं, लेकिन इस कहानी के लेखक ने 'हंस' के धारावाहिक कॉलम आत्मतर्पण का लाभ उठाकर अपनी मौत और अपने पात्र की मौत और उसके प्रभाव की कल्पना यहाँ की है। इन प्रसंगों की मनोवैज्ञानिक संगति एवं उपयोगिता तो कहानी में है, लेकिन कुछ संक्षिप्त करने से कहानी के मध्य का कुछ बिगड़ता नहीं लेकिन कथा गढ़ने में कुशल जायसवाल जी ने कथानक की लम्बाई को भी निभा लिया है। सोचते या कल्पना करते हुए दीपनाथ फिर यथार्थ प्रसंग पर भी आ जाता है, जहाँ उसका शंकाग्रस्त मन पहले की तरह सक्रिय दिखता है। गाँव के कुछ हिन्दू कोई-न-कोई बहाना बनाकर चले गये हैं। एक प्रभुदयाल है जो कुछ बताए बिना चुपके से चला गया है, शेख को चिन्ता है कि कहीं बाहर में उसके साथ कोई दुर्घटना न हो जाए, इस कथन का अर्थ दीपनाथ यह लगाता है कि शेख को अफसोस है कि वह बचकर निकल भागा।

आशंका, भय, कल्पना, स्मृति, मोह आदि से घिरा दीपनाथ ज़ंजीर खुलने की आवाज सुनता है। फिर देखा शेख उसके कमरे में दाखिल है। उसे लगता है मौत आ गयी। शेख कहते हैं–"आपको तकलीफ हो गयी। ऐसी मजबूरी हो जाती है कि कभी-कभी आदमी मेहमान की खातिर तक करने से चूक जाता है। अब देखिए कि हमें इतना खयाल तक नहीं रहा कि आपको भूख-प्यास....." यह पूरी तरह इंसानियत की भाषा है लेकिन दीपनाथ का मन इतना दूषित और शंकाग्रस्त हो चुका है कि इस पर भी उसे भरोसा नहीं होता। शेख ने उसे हलवा नाश्ता कराया, उसके गाँव सिसवन में कोई वारदात नहीं होने की खुशखबरी भी दी, फिर भी, शेख पर से विश्वास जो टूट गया था वह वापिस नहीं हुआ। यहाँ ऐसा लगता है कि दीपनाथ की हिन्दू मानसिकता को कुछ ज्यादा ही खींचा गया है। यों दीपनाथ के इतना कठोर हो जाने के कारण उसका एक मुसलमान गाँव में होना ही है। इस स्थिति में वह सारी बातों का उलटा ही अर्थ लगाता है।

फिर शेख खाने के लिए कहने आया और पूछा, आप मैदान भी जाएँगे? तो उसे लगा कि ईश्वर ने सुन लिया। यहाँ पर खुदा याद नहीं आते, यह स्वाभाविक ही है। उसने समझ लिया कि मुक्ति का मार्ग मिल गया। वह बगीचे में पखाना जाने के लिए निकला और टार्च वहीं छोड़कर भाग निकला।

गाँव तक पहुँचने के लिए रातभर उसे कैसे भटकना पड़ा, कितना कष्ट झेलना पड़ा, कितनी दुर्दशा उसकी हो गयी इसका लम्बा वृत्तान्त कहानी में है। कहानी के पहले खंड की लम्बाई मौत की कल्पना या मौत के साक्षात्कार से उत्पन्न प्रसंगों के वर्णन से बढ़ी है जो प्रायः स्वाभाविक है लेकिन दूसरे खंड में शेख के यहाँ से भागकर

रात भर भटकने के बाद भोर में अपने गाँव पहुँचने तक का सारा वृत्तान्त कथानक का स्वाभाविक या आवश्यक अंग नहीं है। इसे छोटा भी किया जा सकता था।

यह तो ठीक है कि उद्विग्न और अशान्त मनोदशा और अँधेरे के कारण वह अब भी असामान्य है, फिर भी लेखक वृत्तान्त को छोटा कर देता, तो मूल कथ्य का कोई नुकसान नहीं होता। मूल कथा तो पहले ही खंड में है। दूसरे खंड की विशेषता दो बातों को लेकर है—एक तो यह कि अपने गाँव पहुँच वह जिस घर को रूदल याह का घर समझकर आश्वस्त होता है, वह एक मुसलमान का घर निकला। एक मुस्टंड मुसलमान को अपने सामने देखकर जो धक्का उसे लगा, उसे वह सह नहीं सका और बेहोश हो गया। मुसलमान सकूर के पास अपने को पाकर वह हिन्दू मानसिकता से ग्रस्त होने तथा भागने में असमर्थ होने के कारण समझ लेता है, कि अब तो वह मारा गया, उसके बेहोश होने का कारण यही है, लेकिन साम्प्रदायिक माहौल से परे सकूर उसे मारता नहीं, घर पहुँचाने का इन्तज़ाम करता है। जब होश आया तो उसने अपने को अपने घर में पाया, पत्नी के पास। उस मुसलमान सकूर ने गाँव में लोगों को ख़बर की और लोग उसे घर ले आये। मुसलमान पर अविश्वास कर भागे दीपनाथ को एक मुसलमान ने ही घर पहुँचाया, मार नहीं दिया। इससे भी जाहिर है कि दंगे का माहौल वास्तव में वैसा नहीं था जैसा दीपनाथ के मन में बैठ गया था। दूसरी महत्त्वपूर्ण बात यह है कि सुबह होते-होते शेख साहब के गाँव मुरादपुर से दो आदमी पहुँचे, एक चौकीदार तथा एक और। दोनों हिन्दू, यह भी साम्प्रदायिक सद्भाव का ही सबूत है। शेख साहब ने भेजा था देखने के लिए कि दीपनाथ भागकर घर ही गया अथवा मार दिया गया। शेख साहब को दीपनाथ पर भरोसा था इसलिए वे उसके भाग जाने की बात को मानने के लिए तैयार नहीं थे। वे समझ चुके थे कि उनके बेटे आदि ने मार दिया। उन्हें ग्लानि थी कि कैसे लोगों को मुँह दिखायेंगे; आदि-आदि। इन दोनों घटनाओं की योजना कहानी को ऊपर उठाती है। पाठकों को नयी समझ देती है। उसकी चेतना को साफ करने की भूमिका अदा करती है।

शेख साहब का चरित्र और व्यक्तित्व इंसानियत के अडिग होने का प्रमाण है। दीपनाथ का चरित्र परिस्थिति और वातावरण के दबाव में पड़कर, बहक जाने का उदाहरण है। शेख साहब के यहाँ पूरी तरह सुरक्षित होने के बावजूद उसका मौका पाते ही भाग जाना सामान्य विश्वास से उसका पलायन है। शेख साहब और दीपनाथ के संयोग से यह कहानी महत्त्वपूर्ण बन गयी है।

कहानी के अन्त में दीपनाथ में एक परिवर्तन और घटित होता है। उसके भागने के बाद शेख साहब की प्रतिक्रिया सुनकर, उनकी बेचैनी का वर्णन सुनकर, चौकीदार का उन पर अखंड अटूट विश्वास देखकर दीपनाथ अपनी गलती के लिए आत्मग्लानि महसूस करने लगा। ऐसे शेख साहब पर अविश्वास करने वाला दीपनाथ

मर गया हुआ महसूस करता है। इसीलिए चौकीदार से कहता है—"वह दीपनाथ जिन्दा नहीं है, वह मर गया। उसकी लाश शेख साहब के कमरे में ही वहीं पड़ी होगी। तुम उस पीर से कहना कि वह उस लाश को दफ़न कर दे या जला दे, शेख साहब ने हिन्दू दीपनाथ को नहीं मारा, लेकिन अपनी इंसानियत से दीपनाथ की हिन्दू मानसिकता को मार दिया। दीपनाथ ने आत्मग्लानि महसूस की, यही उसका ज़िन्दा रहना है।

इस प्रकार घटनाओं का संयोजन और चारित्रिक विकास का निदर्शन उल्लेखनीय है। शेख साहब और दीपनाथ दोनों ही यथार्थवादी चरित्र हैं। कल्पना और फैंटेसी की योजना के बावजूद कहानी और उसके मुख्य चरित्र का यथार्थ स्वरूप बना रह जाता है। साम्प्रदायिक माहौल पर लिखी गयी ढेर सारी कहानियों के बीच यह कहानी साम्प्रदायिक मानसिकता के रहस्योद्घाटन तथा इंसानियत का पता देने के कारण महत्त्वपूर्ण है, अलग पहचान बनाने वाली है। आज की हिन्दी कहानी की प्रौढ़ता का दृष्टान्त भी है यह कहानी।

कहानी कहने की जो कला चन्द्रकिशोर जायसवाल के पास है, वह उन लोगों को शायद न जँचे, जो कहानी में घटनाओं के वर्णन को पुराना शिल्प मानते हैं, लेकिन ध्यान देने की बात यह है कि जायसवाल ने घटनाओ के वर्णन और मानसिक उतार-चढ़ाव यानी वस्तुजगत् और मनोजगत् दोनों का सामंजस्य कुशलतापूर्वक किया है। हिन्दी कहानी ने अपने इतिहास में जो शिल्पगत विविधता विभिन्न धाराओं के लेखकों के द्वारा हासिल की है उनसे यह लेखक परिचित है और उसने उससे लाभ भी उठाया है।

'सकीना के चालीस चोर' और 'मर गया दीपनाथ' दोनों ही कहानियों में अलग-अलग ढंग से कहानीपन का कुशल निर्वाह किया गया है। कहानीपन कहानी का वह अनिवार्य तत्त्व है, जिसका सम्बन्ध जीवन-सन्दर्भ और कथन-शैली दोनों से है। नासिरा शर्मा की कहानी में घटनाएँ कम हैं। उनमें स्थूलता और भी कम है, फिर भी कथनशैली कहानीपन का स्वाद देती है। जायसवाल की कहानी में घटनाएँ अधिकतर मनोजगत् में हैं लेकिन गतिशील कहानीपन है इसमें। मुझे ऐसा लगता है कि हिन्दी कहानी के विकास के इस नये दौर में जो श्रेष्ठ कहानियाँ लिखी गयी हैं उनमें इन कहानियों की गणना तो की ही जाएगी, अपने कहानीपन तथा उसमें निहित मानवीय चिन्ता और संवेदना के कारण कहानी और पाठकों के बीच सम्बन्ध को घना बनाने की भूमिका अदा करने में भी समर्थ हैं ये कहानियाँ।

कहानी और पाठकों के सम्बन्ध को मजबूत करने वाली इन कहानियों में केवल कहानीपन नहीं, और भी हैं; जैसे एक यह कि ये कहानियाँ जीवन और समाज में विश्वास पैदा करती है। मैं यह नहीं कहता कि कहानियाँ इसके लिए लिखी गयी हैं, लेकिन उनमें ऐसा कर पाने की क्षमता है, जो बड़ी बात है आज

के भारतीय समाज में। आज के भारतीय समाज में ऐसा विश्वास पैदा करने की क्षमता रचना को इतिहास के विकास क्रम की अगली अवस्था से, सामाजिक, मानवीय सम्बन्धों के भावी स्वरूप से जोड़ देती है। यह अन्तर्दृष्टि और परिप्रेक्ष्य रचना को महत्त्वपूर्ण बना देते हैं। यह सच्चाई इन दोनों कहानियों के प्रसंग में भी देखने योग्य है। सकीना के 'अलीबाबा और चालीस चोर' में शाहरुख अपनी बेटी के माध्यम से जीवन के प्रति विश्वास और अन्तर्दृष्टि एवं परिप्रेक्ष्य को व्यक्त करता है तो 'मर गया दीपनाथ' में शेख साहब यह काम दीपनाथ के माध्यम से करते हैं। दोनों ही कहानियाँ अनुभव कराने में समर्थ हैं कि सामाजिक एवं मानवीय सम्बन्ध धार्मिक सम्बन्धों से ऊपर है।

यथार्थ का नया धरातल और हिन्दी कहानी–एक

हिन्दी-कहानी की चर्चा होने पर आज भी कुछेक विद्वान मिलते हैं, जो हिन्दी-कहानी की मौजूदा स्थिति को निराशाजनक बताते हैं, ज्यादा से ज्यादा अपनी रुचि के दो-एक कहानीकारों का जिक्र करके असन्तोष के साथ मौन हो जाते हैं। इसका मतलब यह है कि ऐसे विद्वानों के मन में हिन्दी कहानी के बारे में जो अपेक्षा है, आज की हिन्दी-कहानी की उपलब्धि उसके अनुकूल नहीं है। इस अपेक्षा और उपलब्धि के बीच खाई है या नहीं और यदि है, तो उसका स्वरूप और पैमाना क्या है, यह तभी समझा जा सकता है, जब हिन्दी कहानी से निराश विद्वान अपनी अपेक्षा की लिखित व्याख्या और उसकी उपलब्धियों की समीक्षा करें। यदि ऐसा हो पाता तो आज के कहानीकार भी उससे लाभ उठाकर प्रबुद्ध पाठकों या विद्वानों की अपेक्षा पूरी करने को सक्रिय होते। वैसे तो मैं यह भी मानता हूँ कि विकास की किसी भी अवस्था से सन्तुष्टि हो जाना हितकर नहीं है। सन्तुष्टि का भाव विकास में बाधक होता है, लेकिन मैं कहना चाहता हूँ कि समकालीन हिन्दी कहानी की उपलब्धियाँ उत्साहवर्द्धक हैं, उसके विकास की नयी अवस्था पर पहुँचने के प्रमाण हैं। हिन्दी कहानी के इस नये दौर के पहले अवश्य हिन्दी-कहानी एक प्रकार के ठहराव के दौर में थी। उस दौर में शायद ही कोई शक्तिशाली और महत्त्वपूर्ण कहानीकार सामने आया हो। उस दौर में जो उल्लेखनीय कहानियाँ लिखी गयीं उनके लेखक भीष्म साहनी और अमरकान्त जैसे कहानीकार हैं या फिर उनके बाद की पीढ़ी के काशीनाथ सिंह आदि। हिन्दी कहानी के ठहराव के दौर में पत्र-पत्रिकाएँ नयी सामाजिक, राजनीतिक घटनाओं की रिपोर्टों से भरी रहती थीं। उन दिनों वे रिपोर्टें भी लेखकों की गोष्ठियों में चर्चा का विषय बनती थीं। उन रिपोर्टों में उस समय के सामाजिक उथल-पुथल ग्रामीण क्षेत्रों में शोषकों और शोषितों के टकरावों, सामाजिक-राजनीतिक यथार्थ के उलटते-पलटते रूप आदि कुशलतापूर्वक सार्थक ढंग से वर्णित हैं। रिपोर्टें पत्रकारों के द्वारा नहीं, साहित्यकारों के द्वारा लिखी गयीं। उनमें वर्णित समकालीन नये यथार्थ की प्रशंसा लेखक-मंडली में होती रही। शायद इसलिए कि उस समय उनकी नजर में वर्णित यथार्थ के प्रत्यक्ष तथ्य ही अधिक महत्त्वपूर्ण थे। यह एक

कारण है कि—वे रिपोर्टें कहानी की जगह ले बैठीं। हालाँकि यह समझाने की जरूरत नहीं है कि वे कहानी नहीं थीं। प्रत्यक्ष और आक्रामक यथार्थ के अतिरिक्त आग्रह के कारण वे कथात्मक रिपोर्टें लिखी गयीं, जिनसे कहानी के रास्ते में थोड़ी देर के लिए गतिरोध पैदा हुआ, लेकिन उन कथात्मक रिपोर्टों के अल्पकालिक प्रभाव ने फिर एक बार संवेदनशील पाठकों और लेखकों का ध्यान कहानी की ओर मोड़ा। इस पृष्ठभूमि में समकालीन हिन्दी-कहानी का विकास और उसकी उपलब्धि नया आनन्द देती है। इसके अलावा हिन्दी-कहानी की पूरी परम्परा और इतिहास के आलोक में देखने पर भी इस दौर की अनेक कहानियाँ नया स्वाद देती हैं। जीवन और समाज के उभरे नये लक्षणों से साक्षात्कार कराती हैं, उनको समझने की चेतना देती हैं, और उन नये लक्षणों को पेश करने का नया अन्दाज़ भी दिखाती हैं। कुल मिलाकर इस दौर में हिन्दी-कहानी आगे बढ़ी है, ऊपर उठी है।

आज भी हिन्दी कहानी पर विचार के प्रसंग में यथार्थ के चित्रण को नये सिरे से विवाद का विषय बनाया गया है। इसी प्रसंग में एक विचार यह सुनने को मिला कि यथार्थ के आतंक ने हिन्दी-कहानी का बड़ा नुकसान किया है। मेरे विचार से तो यथार्थ का आतंक जैसी कोई चीज़ नहीं होती। आतंक यदि होता होगा तो वह यथार्थ की समीक्षा करने वाले सिद्धान्त, संगठन और समीक्षक के व्यक्तित्व का होता होगा। वह भी तब, जब यथार्थ को मनोवादी रूप देने का प्रयत्न होता हो। अतः कहानीकार का यथार्थ के आतंक से मुक्त होना श्रेयस्कर था लेकिन वह या उसकी कहानी यथार्थ से मुक्त हो जाएगी तो उसमें बचेगा ही क्या?

यथार्थ चित्रण का मतलब है विषय-वस्तु का अनुभव सिद्ध चित्रण और चरित्रों, घटनाओं एवं तथ्यों को सामाजिक परिवेश में, मनुष्य और समाज के गतिशील आपसी सम्बन्धों की रोशनी में चित्रात्मक ढंग से पेश करना। इस तरह से चित्रित यथार्थ न तो किसी तरह का आतंक पैदा करता है और न ही किसी आतंक का शिकार होता है। इस रूप में यथार्थ जीवन का न केवल वस्तुगत चित्रण करता है, बल्कि जीवन की अनेक अन्तर्निहित सच्चाइयों के रहस्य खोलकर उसे समझने में मदद करता है। जीवन की सच्चाई सन्दर्भों के साथ प्रस्तुत होकर पाठकों की भी अनुभूति का विषय बन जाती है, साथ ही वह विषय-वस्तु और चरित्रों के सामाजिक सम्बन्धों का भी स्पष्टीकरण करती है। मेरे आलोच्य दौर की कहानियों में यथार्थ की नयी अवस्था, उनके नये सन्दर्भों और नये स्वरूप का साक्षात्कार होता है।

मेरा ध्यान पहले स्वयं प्रकाश की ताज़ा कहानियों पर जाता है जो 'अगली किताब' में संकलित हैं। उन कहानियों में कुछ ऐसी विशेषताएँ हैं जो केवल इनमें हैं। पहली बात तो यह है कि हम आज के समाज में जीवन की जिस प्रक्रिया से गुजर रहे हैं, और जिन चरित्रों से मिलजुल रहे हैं या टकरा रहे हैं वे स्वयं प्रकाश

की इन कहानियों में भी मिलते हैं, लेकिन वे सब कहानी में आकर अधिक जीवन्त, अधिक असरदार हो जाते हैं, और कुल मिलाकर हमें समाज की बेहतर समझ देते हैं। इनमें लेखक के अपने रचनात्मक विवेक से उठायी गयी घटनाएँ, पात्र और उनकी समस्याएँ इतनी मामूली हैं कि आमतौर से लोग उन पर ध्यान नहीं देते। यह स्वयं प्रकाश की सृजनशीलता की खूबी है कि उन्होंने समकालीन सामाजिक प्रक्रिया के भीतर चल रहे घात-प्रतिघात के सन्दर्भ में इन मामूली समस्याओं, घटनाओं और पात्रों के महत्त्व को समझा। उनके महत्त्व को वही समझ सकता है, जो आज के समाज में मामूली लोगों की जनतान्त्रिक भूमिका को समझता और महसूस करता है।

स्वयं प्रकाश ने इन बातों को इतने सहज भाव से अनुभव सिद्ध रूप में प्रस्तुत कर दिया है कि वे हमारी चेतना को समृद्ध करने और संवेदना को तीव्र करने का माध्यम बन जाती हैं। अपनी इसी भूमिका के कारण स्वयं प्रकाश की कहानियों के प्रसंग और चरित्र साधारण होकर भी असाधारण बन जाते हैं। वे बड़े ही स्वाभाविक ढंग से, बिना किसी दबाव के वर्तमान समाज, जीवन और व्यक्ति के अन्तर्विरोधों एवं असंगतियों को खोलकर रख देते हैं।

'बर्डे' कहानी में एक परिवार द्वारा अपने बच्चे के दो बर्थ-डे मनाने के बिल्कुल अलग-अलग प्रकार के अनुभवों का चित्रण करके लेखक ने मध्यवर्गीय चरित्र के असंगत ओछेपन को बेपर्द किया है। सुधीर जब इन फोर्समेंट इंसपेक्टर था, तब अपने बच्चे स्वीटु का बर्थ-डे मनाने पर उपहारों से उसका ड्राइंगरूम भर गया था लेकिन सुधीर जब लेक्चरर हो गया तब उसी बच्चे का बर्थ-डे मनाने पर निराशा ही हाथ लगी। स्वीटु की माँ श्रीमती बैजल छोटे-छोटे उपहारों के पैकेट खोलकर देखती जाती थीं और उनका दुख बढ़ता जाता था क्योंकि उनमें मामूली चीज़ें थीं। मध्यवर्गीय समाज में इन दिनों बहुत प्रचलित बर्थ-डे आयोजन के पीछे जो मनोविज्ञान होता है उसका खुलासा बड़े ही स्वाभाविक ढंग से किया गया है। श्रीमती बैजल का चरित्र उसका माध्यम बना। उनका चरित्र चरम सीमा पर तब पहुँचता है जब स्वीटु का रिक्शेवाला वहाँ पहुँच जाता है। श्रीमती बैजल ने जूठे प्लेटों में से गुलाब-जामुन उठाकर उसे प्लेट में खाने को दे दिया। बच्चे के प्रति वास्तविक सद्भावना से भरे रिक्शेवाले ने गेंदे के फूलों की माला स्वीटु के गले में और प्लेट का गुलाब-जामुन उसके मुँह में डाल दिया। इस बात ने श्रीमती बैजल को अन्तिम रूप से यह समझने का प्रमाण दे दिया कि उसकी किस्मत ही खराब हो गयी है।

यह कहानी मध्यवर्ग में बढ़ती हुई व्यावसायिकता, उपभोक्ता संस्कृति का उद्घाटन करती है। ऐसी संस्कृति में लेक्चरर जैसा मर्यादित काम और फूलों की माला में मूर्त की गयी शुभकामना का कोई मोल नहीं है। लेखक ने अपने कथ्य को प्रेषित करने के लिए जिन स्थितियों और चरित्रों का निर्माण किया है, उनसे उसकी प्रौढ़ कलात्मकता का ही परिचय मिलता है।

'तलबी' शीर्षक कहानी अपने ढंग की है। इसकी विशेषता यह है कि उसे पढ़ते हुए मुझे महसूस हुआ कि मैं अपने ही जीवन की कुछ घटनाओं की कथात्मक रिपोर्ट पढ़ रहा हूँ। रिपोर्ट का अन्यथा अर्थ नहीं बल्कि आत्मीय विश्वसनीयता है।

आज की कहानी की यह विशेषता है कि वह हमारे जीवन की या हमारी ही नज़र के सामने की घटनाओं और चरित्रों को तराशकर सजा, सँवारकर हमारे सामने बेधड़क रख देती है। इस कहानी के मुख्य चरित्र हैं एक कस्बे में संस्कृत के प्रोफेसर रामदीन जी। वे 'शाखा' के अनुकूल प्रवचन दिया करते हैं। कहानी में बड़ी कुशलता से एक कस्बे के वैचारिक और राजनीतिक वातावरण को मूर्त कर दिया गया है। लेखक ने बिना प्रत्यक्ष कथन के सन्दर्भों के माध्यम से दिखाया है कि जो लोग संस्कृति की बात करते हैं, उनकी संस्कृति अवरुद्ध होकर सड़ गयी है, जो लोग चरित्र की बात करते हैं वे चरित्रहीन हैं और जो लोग ज्ञान की बात करते हैं उनके दिमाग में नये ज्ञान के प्रवेश का मार्ग सदा के लिए बन्द कर दिया गया है। वे वैज्ञानिक प्रश्नों का उत्तर बाहुबल के माध्यम से देते हैं या फिर षड्यन्त्र करते हैं। इन बातों को लेकर जो संघर्ष होता है, वह अत्यन्त रोचक है। कलात्मक खूबी यह है कि कहीं वैचारिक दबाव महसूस नहीं होता। इस कहानी का विषय वास्तव में विचारात्मक संघर्ष है। प्रगतिशील और प्रतिगामी, आधुनिक और रूढ़िवादी विचारों के बीच संघर्ष, जो जीवन प्रसंगों में पड़कर मानवीय और अमानवीय मूल्यों के बीच संघर्ष भी बन जाता है।

'इनका ज़माना' शीर्षक कहानी में ध्यान देने की बात यह है कि आज भी छुआछूत जैसा गैर कानूनी और अमानुषिक व्यवहार समाज में चल रहा है, सिर्फ इसलिए नहीं कि कुछ सवर्ण लोग उसे मान रहे हैं बल्कि इसलिए भी कि छुआछूत के शिकार लोग भी उससे सहमत हैं। केवल राम ऐसे ही सहमत लोगों का प्रतिनिधि है। शोषित जब शोषकों की विचारधारा से सहमत होता है तो शोषण सुविधापूर्वक चलता रहता है। पिता-पुत्र सम्बन्ध अथवा परिवार की पुरानी पीढ़ी बनाम नयी पीढ़ी के विषय पर हिन्दी में कई कहानियाँ लिखी गयी हैं लेकिन स्वयं प्रकाश की कहानी 'मूलचन्द बाप तथा अन्य' परिवार के उपर्युक्त सम्बन्ध का नया पहलू खोलती है। मूलचन्द को अपने बाप से शिकायत है कि बाप ने उसकी एक भी इच्छा या महत्त्वाकांक्षा पूरी नहीं होने दी लेकिन आगे चलकर जब मूलचन्द खुद परिवार का प्रधान बन गया और बाप इतना बूढ़ा हो गया कि हस्तक्षेप करने लायक नहीं रह गया तो स्वयं मूलचन्द के संस्कार प्रकट होने लगे और एक दिन नाश्ते के समय कहानी के 'मैं' को महसूस हुआ कि मूलचन्द की गर्दन पर उसके बाप का सिर रख दिया गया है। यह वास्तव में प्रभुत्व की मनोवैज्ञानिक परम्परा है। इसलिए अपने बाप के प्रति मूलचन्द का विद्रोह किसी नयी चेतना अथवा नये मूल्य पर आधारित नहीं है। वह निजी स्वार्थ और निजी प्रभुत्व के लिए विद्रोह करता है।

जाहिर है कि पीढ़ियों का द्वन्द्व हमेशा प्रगति का कारक नहीं बनता। स्वयं प्रकाश ने पूरी परम्परा और उसके नये सन्दर्भ को भी जनतान्त्रिक मूल्यों की नयी रोशनी में देखकर कहानी को नया बना दिया है।

स्वयं प्रकाश की कहानियों की विशेषता यह है कि उनमें समाज की प्रगतिशील व्यक्तियों की ओर रूढ़िवादी एवं प्रतिगामी शक्तियों के खिलाफ वैचारिक और मूल्यगत संघर्ष चलता रहता है। दूसरी बात यह है कि उनकी बुनावट में सादगी है, और भाषा में पूरी सम्प्रेषणीयता और प्रवाहपूर्णता है। सन्दर्भ का नयापन इन सबको प्रभावशाली बना देता है। ध्यान देने की बात यह है कि सन्दर्भों में विविधता भी है और वे हमें आज की सामाजिक प्रक्रिया का बोध कराते हैं।

हाल के वर्षों में हिन्दी-कहानी में उदय प्रकाश का उदय सबसे अधिक चर्चा का विषय बना है। उदय प्रकाश के दूसरे संग्रह की 'तिरिछ' और 'छप्पन तोले का करधन' शीर्षक कहानियों ने पाठकों से आलोचकों तक का ध्यान खींचा है। वास्तव में उदय प्रकाश की ये कहानियाँ हिन्दी कहानी के विषय की एक महत्त्वपूर्ण अवस्था का सबूत पेश करती हैं। इसलिए इनकी चर्चा होना स्वाभाविक है।

'तिरिछ' पर चर्चा के प्रसंग में यथार्थ और विश्वसनीयता के सम्बन्ध का सवाल भी नये सिरे से उठाया गया है और इस तरह उठाया गया है जैसे यथार्थ का चित्रण करने वाली कहानी से विश्वसनीयता की माँ करना गलत है लेकिन मैं यह पूछता हूँ कि कोई भी रचना यदि विश्वसनीयता से परे होगी तो वह पाठकों को ग्राह्य कैसे होगी? लेकिन यथार्थ के विश्वसनीय होने का यह मतलब थोड़े ही है कि उसे जीवन की घटनाओं की हू-ब-हू यथा तथ्य की तरह पेश करना चाहिए। अन्तर्विरोधों और द्वन्द्वों से भरा गतिशील यथार्थ कोई स्थिति मात्र तो नहीं है। उसकी गतिशीलता के सहारे लेखक उसकी किसी आगामी या भावी स्थिति की कल्पना तो कर ही सकता है। यह कल्पना भी यथार्थ का ही अंग है, क्योंकि यथार्थ से एकदम विच्छिन्न कल्पना सम्भव ही नहीं है। मैं तो यह समझता हूँ कि यथार्थ का कल्पना-प्रसूत अंश कहानी की विश्वसनीयता को सन्तुष्ट ही करता है, क्योंकि वह लेखक के कथ्य और उद्देश्य के सम्प्रेषण की क्षमता में वृद्धि करता है। अतः यथार्थवादी कहानियों में जीवन की एक प्रत्यक्ष घटना से भिन्न कोई घटना दिखाई पड़े तो उसे अविश्वसनीय और अस्वाभाविक नहीं मानना चाहिए। देखना यह चाहिए कि कल्पित घटना कहानी की मूल दिशा में है या नहीं।

इसी प्रसंग में और एक बात यह है कि प्रत्यक्ष हमेशा सच ही हो कोई जरूरी नहीं। अन्तर्विरोध ग्रस्त एवं जटिल जीवन तथा समाज में प्रत्यक्ष और वास्तविकता अथवा सच्चाई में कई बार फर्क होता है, कभी-कभी दोनों में विरोध भी होता है। अतः प्रत्यक्ष और वास्तविकता के सम्बन्ध को समझने के लिए, विश्वसनीयता को महसूस करने के लिए पाठकों को भी यथार्थ की गतिशीलता और रचनाकार की कल्पना-प्रवणता

के साथ चलने की कोशिश करनी चाहिए। इन बातों की रोशनी में ही 'तिरिछ' के यथार्थ को ग्रहण किया जा सकता है।

'तिरिछ' में लेखक ने एक खास तरह के 'पिता' की कथा लिखी है, लेकिन लिखने का उद्देश्य अथवा कहानी का कथ्य पिता का जीवन नहीं है। पिता के जीवन के माध्यम से समाज की पर-पीड़ा निरपेक्षता, संवेदन शून्यता और अमानुषिकता व्यंजित की गयी है। इसके लिए 'पिता' के स्थान पर कोई और भी हो सकता था। लेखक ने पिता के चरित्र का विकास नहीं किया है, और यह कोई त्रुटि नहीं है, क्योंकि लेखक का उद्देश्य मौजूदा समाज के चरित्र को उजागर करना है। 'तिरिछ' (विषखप्पर) प्रतीक बन गया है समाज में फैले ज़हर का। देखने की बात यह है कि 'तिरिछ' के काटने से पिता को कुछ नहीं हुआ शायद इसलिए कि उन्होंने 'तिरिछ' को मार डाला, लेकिन समाज के काटे से बचाव नहीं हो पाता और पिता की मृत्यु हो जाती है। आखिर तिरिछ की तरह समाज को तो मारा नहीं जा सकता। समाज में फैले ज़हर के कई रूप हैं, जैसे शहर जाने के रास्ते में मिले ट्रैक्टर के लोगों के द्वारा यह अन्धविश्वास पिता के दिमाग में भर देना, कि तिरिछ कहीं जीवित हो गया हो तो ठीक चौबीस घंटे पर उसका ज़हर शरीर में चढ़ने लगता है। फिर उन्हीं लोगों ने इलाज के लिए धतूरा पीसकर पिला दिया, जो किसी तरह इलाज नहीं था। अन्धविश्वास और धतूरे ने पिता की मानसिक और शारीरिक स्थिति बिल्कुल बिगाड़ दी। एक बात यह भी थी कि पिता संवेदनशील थे और समाज संवेदनहीन। ऐसे में गला सूखने पर भी पानी नहीं माँगना घातक तो होगा ही। शहर तो यों भी व्यावसायिक जगह है। वहाँ किसी को किसी की प्यास बुझाने से क्या लाभ होने वाला है? वहाँ तो अपने काम में डूबा आदमी (जैसा कैशियर अग्निहोत्री है) किसी मनुष्य की असामान्य स्थिति को समझने की कोशिश करने के बदले डर जाता है। होटल, बैंक, थाना, इतवारी कॉलोनी आदि जगहों में से कहीं भी कोई एक आदमी की जरूरत समझने का प्रयत्न नहीं करता, सभी अपने में व्यस्त हैं, अपनी ही समस्याओं में डूबे हुए हैं, हस्तक्षेप करनेवाले या खलल डालने वाले को वह प्रताड़ित ही करता है। इसी सामाजिक प्रताड़ना से पिता के जीवन का अन्त हो जाता है।

कहानी में रचे गये प्रसंगों अथवा वर्णित घटनाओं में अतिरेक अवश्य है लेकिन वह सार्थक इसलिए है कि इस समाज में एक सीधे-सादे आदमी का जीना बहुत मुश्किल है। इस सामाजिक सच्चाई को यह अतिरेक गम्भीरता से महसूस कराता है। इस कहानी में जो समाज है वह वर्ग-विभाजित नहीं है। पिता को किसी वर्ग शत्रु का हमला नहीं झेलना पड़ता लेकिन व्यक्तिवादियों के समूह के रूप में साधारण लोगों का समाज भी आदमीयत का दुश्मन हो जाता है। आज के इस सामाजिक सत्य को लेखक ने बहुत प्रभावशाली ढंग से प्रस्तुत किया है। यह कहानी हिन्दी कहानी की विकास यात्रा की एक बड़ी उपलब्धि है।

उदय प्रकाश की ही दूसरी उल्लेखनीय कहानी है 'छप्पन तोले का करधन।' परिवार की सबसे पुरानी पीढ़ी के प्रति वह पीढ़ी, जिसकी उपयोगिता वर्तमान और भावी पीढ़ी के लिए खत्म हो चुकी है, परिवार के अन्य सदस्यों का रुख कितना व्यावसायिक, कितना स्वार्थपूर्ण होता है, यह विलक्षण खूबी के साथ उदय प्रकाश ने दिखाया है। उनके बीच जो भी आत्मीयता बची हुई है, वह पारिवारिक सम्बन्धों की भावुकता को व्यक्त नहीं करती, बल्कि दादी के पास छप्पन तोले का करधन होने की आशा और उसे पा लेने की व्यग्रता से जुड़ी हुई है। दादी और परिवार के अन्य पात्रों के आपसी व्यवहार के चित्रण से कहानी में जो वातावरण बनता है, वह बेहद भयानक है। उस वातावरण से दादी को छोड़कर शेष सभी पात्र विद्रूप हो गये हैं।

उदय प्रकाश की यह कहानी प्रेमचन्द की 'बूढ़ी काकी' और भीष्म साहनी की 'चीफ की दावत' की याद दिलाती है। तीनों कहानियों के सन्दर्भ अलग-अलग हैं जो यथार्थ के बदलते हुए रूपों का, समाज की अलग-अलग अवस्थाओं का बोध कराते हैं। उदय का कथ्य प्रेमचन्द या भीष्म साहनी के कथ्य से मिलता-जुलता भले ही हो, लेकिन कथ्य को व्यंजित करने वाले चरित्र, प्रसंग और वातावरण नये हैं और नया है, आज के मनुष्य में लोभ की अतिशयता, जिसने मानवीय अथवा पारिवारिक सम्बन्धों को धन के सम्बन्ध में बदल दिया है। दादी में भी नयापन है। वह धन पर आधारित आत्मीयता को समझती है, तभी तो उसके छप्पन तोले के सोने का करधन होने का मिथक खड़ा कर दिया, जिससे उसे दाल-भात मिलता रहता है।

'हीरालाल का भूत' भी एक उल्लेखनीय कहानी है। हीरालाल का चतुर्दिक शोषण अर्थात् शारीरिक, आर्थिक, मानसिक और नैतिक शोषण होता है। जीवन काल में ही वह भूत या जिन्न की तरह काम करता है। आदमी की तरह रहने, सोचने या आवश्यक सुविधाओं के साथ सम्मानपूर्वक जीने का समय ही उसके पास नहीं है। वह जैसे काम करते हुए सोता है, और सोते हुए काम करता रहता है। हीरालाल मशीन बन गया है। इसी क्रम में हीरालाल को एक रात पागल कुत्ते ने काटा और वह कई दिनों तक लाइलाज रहने के बाद मालिक का पीछा करते हुए एक गड्ढे में गिरकर मर जाता है। लेखक बताता है कि बाद में जमींदार की हवेली नष्ट हो गयी, पूरा परिवार नष्ट हो गया। कहा जाता है कि हीरालाल के भूत ने बदला लिया।

इस कहानी के प्रसंग में भी एक बहस छिड़ी जादुई यथार्थ की। लेखक ने बड़ी कुशलता से समाज में फैले अन्धविश्वास से उत्पन्न जादुई यथार्थ और जीवन के ठोस यथार्थ को समन्वित करके जादुई यथार्थ के ऊपर ठोस यथार्थ को स्थापित किया है। 'गाँव का हर आदमी जानता था कि हीरालाल का सब कुछ लूट लिया गया है, ज़मीन, ज़ायदाद, ज़िन्दगी, पसीने से लेकर औरत की इज़्ज़त तक', हीरालाल लाचार था, वह इससे मुक्त नहीं हो सकता था। वह बस काम करता था। काम करते हुए हीरालाल हर जगह प्रकट होता फिर वह अदृश्य हो जाता। हवा से चीजें पैदा कर देता, पूरी

हवेली में उसकी साँसें गूँजती थीं, हर जगह उसके पैरों की आहट होती थी। हर अँधेरे कोने में उसकी आँखें वनबिलाव-सी जलती रहतीं। ये अवस्थाएँ या यह कहें कि यह सर्वव्यापकता और अविश्वसनीय कार्यशीलता मृत हीरालाल की नहीं, जीवित हीरालाल की है। ऐसा हीरालाल जब मर गया, तो पूरा जमींदार परिवार मनोवैज्ञानिक रूप से अपने अपराधबोध के कारण, साथ ही जीवित हीरालाल की सर्वव्यापकता के कारण इस विभ्रम से परेशान हो गया कि हीरालाल उसके सामने से गुजर गया। उनके मन में मृत हीरालाल भूत बनकर घुस गया और गाँव की औरतों ने देखा कि फुलिया (हीरालाल की पत्नी) के गर्भ से एक काला झबरैला, पीली आँखों वाला कुत्ता बाहर निकला और हवेली की ओर भाग गया। जमींदार के पटवारी ने फुलिया से बलात्कार किया था और एक कुत्ते ने हीरालाल को काट लिया था। इन दोनों बातों के मेल से उपर्युक्त झबरैला कुत्ता फुलिया के गर्भ से पैदा हुआ और बदला लेने हवेली की ओर भागा। उस लोकापवाद और हवेलीवालों की मानसिकता ने हीरालाल को भूत बना दिया। मृत हीरालाल जीवित हीरालाल से अधिक ताकतवर हो गया और उसने हवेली को नष्ट कर दिया। इस पूरी प्रक्रिया में अन्य बातों के साथ लेखक की चेतना में अन्याय और जुल्म का बदला लेने की भावना भी काम करती रही है। इस प्रक्रिया में जादुई यथार्थ कथा-शैली का एक अंग बनकर रह जाता है। लोक चेतना के इस अंश का ऐसा सार्थक प्रयोग कहानी-कला को समृद्ध करता है।

व्यक्ति-चरित्रों के माध्यम से लिखी गयी उदय प्रकाश की कहानियाँ भी प्रतिनिधिकता से मुक्त नहीं हैं। कहानी का व्यक्ति के जरिये लिखा जाना स्वाभाविक है क्योंकि घटनाओं का कर्ता तो मुख्यतः व्यक्ति ही होता है, लेकिन उदय प्रकाश के व्यक्ति चरित्र की सामाजिक सन्दर्भ में ही सक्रिय हैं, इसलिए हमारे लिए वे सामांयीकृत होकर प्रतिनिधि बन जाते हैं। चरित्रों की प्रतिनिधिकता के कारण चित्रित यथार्थ व्यापक विराट, ऐतिहासिक और बेधक बन जाता है।

आलोच्य दौर में हिन्दी-कहानी के मान्य ढाँचे को तोड़ा भी गया है। कहानी के ढाँचे को तोड़ने का मतलब यह है कि कहानी के रूप में ऐसी रचनाएँ भी प्रस्तुत की गयी हैं जिन्हें कहानी का पाठक सामान्यतः कहानी कहने या मानने में दिक्कत महसूस करेगा। इस प्रसंग में असगर वजाहत की कहानी-संग्रह 'स्वीमिंग पूल' की अनेक रचनाएँ उल्लेखनीय हैं। इस संग्रह में 'पागलखाना प्रसंग' तथा 'हरिराम और गुरु संवाद' शीर्षकों के अन्तर्गत जो रचनाएँ हैं, वे अपने ढाँचे के साथ ही अन्तर्वस्तु के मामले में भी नयी हैं। इन रचनाओं को लेखक यदि अलग से कविता कहकर प्रस्तुत कर देता तो पाठक ही नहीं आलोचक भी उन्हें कविता मानकर उन पर विचार करते। ऐसा कहकर मैं प्रबुद्ध पाठकों और विद्वान आलोचकों के बारे में कुछ भी नहीं कह रहा हूँ। मेरा कहना यह है कि असगर वजाहत की इन रचनाओं के स्वरूप और आज की ढेर सारी कविताओं के स्वरूप में समानता है। आज भी कविताओं में, एक

नये प्रकार की इतिवृत्तात्मकता पायी जाती है और असगर वजाहत की उपर्युक्त रचनाओं में कहानी वाली घटना परकता नहीं है, बल्कि भावना और चिन्तन की प्रधानता है। इस स्थिति में कहानी और कविता के पार्थक्य के स्वरूप पर भी विचार किया जाना चाहिए। कवि सम्बन्धी जो रचनाएँ हैं, उन्हें तो प्रचलित लघु कथा के आसपास माना जा सकता है। 'पागलखाना प्रसंग' और 'हरिराय संवाद' शृंखला में जो रचनाएँ हैं, उनमें समाज और राजनीति की वर्तमान स्थितियों पर व्यंग्य है, कहीं-कहीं तो बहुत तीखा। उदय प्रकाश के संग्रह 'तिरिछ' में भी प्रारम्भ में जो तीन कहानियाँ हैं, वे भी कहानी के प्रचलित ढाँचे को तोड़ती हैं। नेलकटर प्रतीक है पुरानेपन को नये के अनुसार सुघड़ बनाने की साधना का। डिबिया प्रतीक है जीवन को आकृष्ट करने वाली रोशनी के टुकड़े को सुरक्षित रखने वाली वस्तु का। इन दोनों में भावनात्मकता अधिक है लेकिन 'अपराध' में कहानीपन ज्यादा है, जीवन अधिक ठोस है और संवेदना अत्यधिक मर्मस्पर्शी लेकिन असगर वजाहत की ये कहानियाँ उदय की उपुर्यक्त कहानियों की तरह भावनामयी नहीं हैं।

उपर्युक्त रचनाओं के अतिरिक्त असगर वजाहत ने अन्य कहानियों में भी कहानी के लिए नयेपन का द्वार खोला है। 'गवाही' और 'खूँटा' कहानियों में लेखकों और अन्य बुद्धिजीवियों के कार्यक्षेत्र और उनके आपसी व्यवहार को कहानी का विषय बनाया गया है। पहली कहानी में एक शोध-संस्थान की तिकड़मों का वर्णन रिपोर्ट की शैली में किया गया है और दूसरी में लेखकों के बीच के बनते-बिगड़ते सम्बन्धों और गुटबाजियों का चित्रण किया गया है। कहानी की नयी अन्तर्वस्तु इनमें जरूर है, लेकिन इनके प्रभाव का दायरा बहुत बड़ा नहीं है। इसलिए ये कहानियाँ इस दौर की महत्त्वपूर्ण कहानियों की पंक्ति में जाने से रह गयी हैं। यही हाल 'चन्द्रमा के देश में' शीर्षक कहानी का है। यों इसके लिए कारण दूसरा है। इस तरफ लेखक ने सांस्कृतिक दृष्टि से अंग्रेजी मीडियम स्कूलों का सवाल उठाया है लेकिन सवाल का सन्दर्भ गाँव से लिया है। इससे ऐसा लगता है कि अंग्रेजी मीडियम या अंग्रेजियत से उतना नहीं जितना गाँव में ऐसे स्कूल खुल जाने से है। 'बन्दर' कहानी तो बहुत स्पष्ट नहीं होती है। बन्दर और आदमी के विनिमय के प्रसंग की रचना इस प्रकार की गयी है कि पूरा समाज लेखक के व्यंग्य का निशाना बन जाता है। व्यंग्य का माध्यम सीधा संघर्ष है, इसलिए यह स्पष्ट रहना चाहिए कि व्यंग्य का परिप्रेक्ष्य क्या है, यह समझकर ही निशाना तय होता है। मुझे लगता है कि इस मामले में असगर से चूक हुई है। इस संग्रह में असगर की सबसे अच्छी कहानी 'स्वीमिंग पूल' ही है। स्वीमिंग की कल्पना एक नाले में करना सरकार के प्रशासन का माखौल उड़ाता है जो जीवन के ठोस अनुभव पर आधारित है। विषय-वस्तु की दृष्टि से यह कहानी का एक नया और समकालीन क्षेत्र है। उसकी समस्या भी उसे सामान्य जीवन से जोड़ती है।

अब्दुल विस्मिल्लाह ने मुस्लिम समाज की वास्तविकताओं को अपनी कई कहानियों में चित्रित किया है। यह हमारे भारतीय समाज के यथार्थ का ऐसा क्षेत्र है जिस पर हिन्दी में बहुत कम लिखा गया है। अब्दुल विस्मिल्लाह ने उपन्यास में 'झीनी-झीनी बीनी चदरिया' में ऐसा प्रयास किया है। पुनः 'रैन बसेरा' नामक संग्रह की कुछ कहानियों में मुस्लिम समाज से कुछ प्रसंगों को उठाया है। इस प्रसंग में 'खिलाड़ी', 'विदूषक', 'भूत' और 'काग़ज के कारतूस' आदि कहानियाँ उल्लेखनीय हैं। इन कहानियों में मुस्लिम समाज के सदस्यों की गरीबी, शोषण, उत्पीड़न, अन्धविश्वास आदि का वस्तुपरक चित्रण किया गया है। इसमें एक प्रश्न यह उठता है कि चित्रित समस्याओं की रोशनी में मुस्लिम समाज हिन्दू समाज से भिन्न तो नहीं है, इसलिए व्यापक सामाजिक एवं समस्यागत दृष्टि से मुस्लिम समाज अलग नहीं है। अब्दुल बिस्मिल्लाह की इन कहानियों का कथ्य भी यही है। खाँ साहब शोषण करते हैं बदरू का, बसीउल्ला का। राजनीतिक शोषण मजहरूल हक साहब करते हैं, हालाँकि इन सबका मज़हब एक है। बसीउल्ला साहब अपने नाती के खतना के अवसर पर जरूरी सामान जुटा नहीं पाते। फलतः उनके पूरे परिवार को दामाद के हाथों बेइज्जत होना पड़ता है। परिवार, कागज के कारतूस का धन्धा करता है लेकिन भरण-पोषण मुश्किल है।

मुस्लिम समाज में भी गरीब आदमी में तो मानवीय प्रेम है लेकिन धनी आदमी में नहीं। 'भूत' कहानी के बदरू में प्रेमभाव है लेकिन खाँ साहब में नहीं। 'खुशी' राजनीति के कारण बदलते हुए सम्बन्ध और टूटते हुए मानव-मूल्यों की कहानी है। आज के समाज में राजनीतिक प्रभाव वाले व्यक्ति से लगाव रखना भी प्रतिष्ठा का कारण बनता है। इसलिए ज्यादा नहीं तो विधायक को ही अपने घर में बुलाकर आदमी खुश होता है। श्यामाचरण एम. एल. ए. के आने की सूचना मात्र से श्री बाबू के घर में जरूरत से ज्यादा प्रसन्नता का फैलना, औकात से बढ़कर स्वागत की तैयारी करना, दूसरों को अपने से छोटा समझने लगना और अन्त में एम. एल. ए. के नहीं आने से सबकुछ का उलट जाना और परिवार की असलियत एवं चरित्र की, वीभत्सता का बेपर्द हो जाना ये सब कुछ बड़े ठिकाने से चित्रित किये गये हैं। इन कहानियों में जो घटनाएँ हैं और जो कथ्य हैं उनको मजहब के बिना भी परिवेश और पात्र मिल सकते हैं। इस सच्चाई का स्पष्टीकरण इन कहानियों को विशिष्टता प्रदान करता है। अब्दुल की कहानी 'पुरानी हवेली' प्रतीकात्मक बन गयी है, पूरे समाज में व्याप्त घुटन को व्यक्त करने के लिए। महिलाओं के सुधार के लिए बनी संस्था का भवन है यह पुरानी हवेली लेकिन उसका वातावरण सुधार की भावना के मुताबिक नया नहीं बल्कि पुरानी हवेली के अनुसार सड़ाँध से भरा हुआ है। महिलाओं पर किये जा रहे उत्पीड़न, दमन और अत्याचार के वर्णन के जरिये लेखक ने अन्तेवासी महिलाओं में विकसित भक्ति और विद्रोह की चेतना का स्वाभाविक विकास दिखाया

है। इस कारण अपनी व्यंग्यात्मकता के साथ कहानी महत्त्वपूर्ण बन जाती है।

मानसिक उतार-चढ़ाव, तनाव, उथल-पुथल, भावना और तर्क का द्वन्द्व, समस्या और संवेदना का टकराव आदि हिन्दी कहानी में आमतौर से मध्यवर्गीय अथवा उच्चवर्गीय चरित्रों में दिखाये गये हैं। समझ यह रही है कि भौतिक समस्याओं से मुक्त व्यक्ति ही मानसिक या भावात्मक समस्याओं से उलझते-पुलझते रहा है। लेकिन कर्मेन्दु शिशिर ने यह अनुभव कराया है कि रिक्शेवाले की पत्नी जैसी मामूली औरत का मन भी भावनाओं से उद्वेलित है, प्रेम की पीड़ा अनुभव करता है। उसका मन भी वात्सल्य से ओत-प्रोत है। पति की प्रतीक्षागत व्याकुलता में उत्कृष्ट प्रेम व्यक्त होता है।

जीवन के अनुभव की दृष्टि से यह कोई नयी खोज नहीं, लेकिन यथार्थवादी कहानी में ऐसा चित्रण एक नयी बात है। यह नयापन वास्तव में यथार्थ की नयी अवस्था के कारण है। यथार्थ का नया पहूल यह है कि समाज के शोषित और दलित तबके में जो नया जागरण आया है, उसके कारण उनकी भावनाओं और संवेदनाओं को नयी ऊर्जा मिली है। उनके मन में भी महत्त्वाकांक्षाओं और सपनों की हलचल दिखाई पड़ने लगी है। फलस्वरूप कहानियों में इस सामाजिक तबके के चरित्रों के मन में नयी हलचल दिखाई पड़ती है। प्रेमचन्द के जमाने में इन दलितों को अपने जीवन के उच्चतर विकास की सम्भावना का बोध बहुत कम था, उस समय उससे ऊपर का बोध हो भी नहीं सकता था। लेकिन आज़ादी मिलने के बाद पैंतालीस वर्षों के दौर में जनतान्त्रिक आन्दोलनों में अपनी शिरकत के द्वारा दलितों और शोषितों ने सामाजिक प्रक्रिया में अपनी हस्तक्षेपकारी भूमिका का जो परिचय दिया है उसी के फलस्वरूप उनकी आकांक्षाओं, आशाओं, सपनों और जीवन के विकास की, नयी सम्भावनाओं का उदय हुआ है। सामाजिक वास्तविकता के इस नयेपन से कर्मेन्दु शिशिर के कई चरित्रों में नयापन आया दिखाई पड़ता है।

'फिडरिया' कहानी में नन्हकू और फिडरिया—जैसे चरित्रों का सम्बन्ध गौर करने लायक है। (लेखक का कहानी-संग्रह 'कितने दिन अपने' द्रष्टव्य)। इन दोनों के बीच जैसा सम्बन्ध है, वह ग्रामीण समाज में भी दुर्लभ नहीं है। फिडरिया नन्हकू की परकीया है। गाँव के मजदूर समाज की प्रेम सम्बन्धी नैतिकता सम्भ्रान्त वर्ग से भिन्न होती है। उसमें रूढ़िग्रस्तता के बदले उदार गतिशीलता होती है, इसलिए वहाँ फिडरिया और नन्हकू का सम्बन्ध बहुत संकट नहीं पैदा करता। अतएव शिशिर की इस कहानी की विशेषता नन्हकू और फिडरिया के परकीया प्रेम का चित्रण नहीं बल्कि बिलगाव के बाद भी फिडरिया के लिए नन्हकू के दिल में तड़प और बेचैनी का होना है। नन्हकू की इस तड़प के प्रति फिडरिया के दिल में कोई सहानुभूति नहीं रह गयी है, फिर भी नन्हकू के दिल में तड़प है। नन्हकू और फिडरिया के लगाव का कारण सामान्य मानवीय सम्बन्ध हैं और अलगाव का कारण है समाज में जातीय

रूढ़ि, क्योंकि फिडरिया चमाइन है और नन्हकू उससे ऊपर की पिछड़ी जाति का है। प्रेम और जातीय रूढ़ि का टकराव कहानी में नन्हकू का अन्तर्द्वन्द्व बन जाता है। इस अन्तर्द्वन्द्व के पीछे नन्हकू में प्रेम का निर्वाह करने योग्य साहस का अभाव है। फिडरिया की मृत्यु का समाचार सुनकर वह उसे देखने जाना चाहता है लेकिन अनैतिक कायरता उसे रोकती है। इस द्वन्द्व के कारण नन्हकू का चरित्र ऊपर उठता है और आकर्षक बन जाता है। इससे कहानी भी महत्त्वपूर्ण बन जाती है।

'प्रतीक्षा' कहानी में हम रिक्शेवाले की पत्नी रूपा के दिल में भावनात्मक तड़प देखते हैं। वह प्रतीक्षा में है कि उसका पति रिक्शा चलाकर लौटेगा। प्रतीक्षा का यह स्वरूप, उसमें छिपी प्रेम भावना, उसके हाव-भाव से व्यक्त उसकी भावनात्मक व्यग्रता सहज रूप में मानवीय है, वर्गोपरि है, हालाँकि उसकी वर्गीय स्थिति में फँसकर उसकी भावना दर्दनाक बन गयी है। उसके दिल में व्यग्र वात्सल्य या यह कहें कि उसकी पूरी संवेदनात्मक ऊर्जा जीवन की विवशता से टकराकर टूट जाती है, टूटकर बिखर जाती है। यही कारण है कि अपने बीमार बेटे नन्हकू को गोद लिये खड़ी रूपा की प्रतीक्षा खत्म नहीं होती, आहत की हर आवाज़ परायी ही बनी रह जाती है।

मानवीय प्रेम और संवेदनशीलता जीवन की सच्चाई है, लेकिन वह सच्चाई जीवन जीने के कठोर यथार्थ से अलग नहीं हो सकती। सच्चाई की खोज से प्रत्यक्ष घटना के चित्रण का महत्त्व कम नहीं हो जाता। चूँकि जीवन के सच की कल्पना भौतिक यथार्थ से अलग होकर नहीं की जा सकती, इसलिए दोनों में टकराव या अन्तर्विरोध देखना उचित नहीं। सच की पहचान जीवन के व्यवहार में भी सम्भव है। वह सच मनोवैज्ञानिक और सामाजिक दोनों होता है। ध्यान देने की बात यह है कि कर्मेन्दु शिशिर की कहानियों में मनोवैज्ञानिकता की यथार्थ को नया धरातल मिला है।

'डाँगर' भी शिशिर की एक उल्लेखनीय कहानी है। पहली बात तो यह है कि इसमें हरिजनों की एक उपजाति चमारों के जीवन का नया सन्दर्भ चित्रित किया गया है, वह मृत जानवरों की खाल उतारने के उनके पुश्तैनी कर्म का वर्णन। दूसरी बात यह कि आज के जमाने में उस पुश्तैनी कर्म के प्रति उनका रुख। लोटन, उसकी पत्नी बदमियाँ और बेटा देबू के माध्यम से उनका रुख चित्रित किया गया है। इन तीनों के पारिवारिक सम्बन्ध से बने भावनामय वातावरण और जीवन जीने की जरूरत के बीच पुराने पेशे के प्रति नया रुख बनता और बिगड़ता है। परिवार की नयी पीढ़ी देबू के प्रति ममत्व में लिपटी बदमियाँ की आकांक्षा है कि उसका बेटा इस घृणित कर्म से मुक्त हो जाए। लोटन वैसा सपना नहीं देखता, क्योंकि वह खाल तैयार करके ही परिवार चलता है और कोई विकल्प उसे सूझता नहीं है। बदमियाँ के साथ झगड़ा और प्रेम के द्वन्द्व में पड़कर आखिर वह भी नयी पीढ़ी के नये भविष्य की बात मान लेता है। लेकिन भविष्य का यह सपना बीमार बदमियाँ की अचानक मौत से

टकराकर चूर हो जाता है। खेदू से वह कर्ज़ लेता है, यह कहकर कि 'पैसे वह अगले डाँगर की खाल से जरूर चुका देगा।' यह वाक्य परम्परागत पेशे से चिपके रहने की विवशता का ऐलान है। वास्तव में यह कहानी समाज में बदलाव की प्रक्रिया की जटिलता और कठिनाई के चंगुल में फँसे मनुष्य की कथा है। इसी रूप में यह कहानी हमें सामाजिक और मानवीय विकास की समस्या का नया बोध देती है। इसी तरह 'चेंगड़ा', 'हाथ', 'सगुन' आदि कहानियों में लेखक ने समाज के घिनौनेपन जीवन के विकृत संघर्षों का चित्रण नये सन्दर्भों और नयी घटनाओं के प्रसंग में किया है।

इस दौर के एकदम ताजा कहानीकारों में एक प्रमुख नाम है अखिलेश। जीवन और समाज के यथार्थ के नये पहलुओं और उनको व्यक्त करने वाले नये चरित्रों को पहचानने और पकड़ने की प्रशंसनीय क्षमता अखिलेश में है। अखिलेश के दूसरे कहानी-संग्रह 'मुक्ति' की पहली और उल्लेखनीय कहानी है–'हाकिम कथा।' औपन्यासिक ढाँचे की इस लम्बी कहानी में शुरू में ऐसा लगता है कि लेखक पुनीत, गायत्री और मन्दिर के माध्यम से आज के जीवन की कोई नयी समस्या पेश करेगा, मानवीय सम्बन्धों की कोई नयी पेचीदगी खोलेगा, लेकिन न केवल पुनीत, गायत्री और मन्दिरों बल्कि अपवर्ग, परीक्षित, सन्ध्या आदि के प्रसंगों से भी एक ही कथ्य चित्रित हुआ है कि पैसा, प्रोन्नति, ताम-झाम और शान-शौकत ही सब कुछ है, जीवन के सारे सम्बन्धों से ऊपर है। आज के इस व्यावसायिक और उपभोक्तावादी समाज में सारे सम्बन्धों की कसौटी है धन, जीवन की सफलता की पहचान है विलास-सामग्री का संचय आदि, प्रेम की मर्यादा या स्त्री-पुरुष सम्बन्ध की मर्यादा बिल्कुल समाप्त है। पुनीत ने गायत्री से विवाह किया धन के लोभ में लेकिन जैसे ही गायत्री के नैहर में धन का उत्तराधिकारी पैदा हो गया वैसे ही गायत्री से पुनीत को अरुचि हो गयी क्योंकि पुनीत के सपनों की इमारत चूर-चूर हो गयी। पुनीत और गायत्री की बेटी अर्पणा अपने प्रेमी परीक्षित से उदासीन थी, लेकिन जब वह आई. पी.एस. की परीक्षा में उत्तीर्ण हो गया तो अर्पणा को उसका प्रेम अर्थवान् लगने लगा।

एक और प्रसंग देखें–अर्पणा ने अपनी माँ के गहने चुरा लिये। उसकी बहन सन्ध्या उससे नफरत करने लगती है, लेकिन जैसे ही अर्पणा ने उसे बताया, कि हमारे यहाँ का रूरल एस. पी. अनूप कुमार बेचारा कुँआरा है, और उससे सन्ध्या की शादी हो सकती है वैसे ही सन्ध्या सारी नफरत और गुस्सा भूलकर बहन की चापलूसी करने लगती है। इससे भी अधिक परेशान करने वाला प्रसंग यह है कि अर्पणा का पति दूसरी औरतों में रुचि लेने लगा है। वह अपने पिता से शिकायत करती है तो पिता कहता है–"लोअर क्लास और मिडिल क्लास की औरतों की तरह ऐसी चीजों पर ध्यान दोगी तो तुम्हारी लाइफ चौपट हो जाएगी" लेकिन अर्पणा इस बात को नहीं समझती है, तो वह कहता है–"परीक्षित का ट्रांसफर होमगार्ड में करा देता हूँ। वहाँ न पैसा रहेगा, न पावर। अपने आप दिमाग दुरुस्त हो जाएगा।" इस पर अर्पणा

घबराकर कहती है—"नहीं पापा! ऐसा मत कीजिएगा। परीक्षित ठीक है। बहुत अच्छा है।" यों यह प्रतिक्रिया यान्त्रिक जैसी लगती है, लेकिन आज के माहौल में अस्वाभाविक नहीं है। अब से पहले तक तो यही माना जाता था कि औरत सब कुछ सह सकती है लेकिन पति की खंडित निष्ठा किसी तरह बर्दाश्त नहीं कर सकती, लेकिन आज की उपभोक्तावादी संस्कृति में पति के प्रेम से भी अधिक बड़ा प्रेम है पति के द्वारा कमायी गयी दौलत। विचित्र बात यह है कि बेटी का बाप भी ऐसे पति को बर्दाश्त करने की बेटी की मानसिकता पर सन्तोष व्यक्त करता है। यही इस कहानी का नयापन है, जो कहानी को उल्लेखनीय बना देता है।

व्यावसायिक और उपभोक्तावादी संस्कृति के वातावरण में मूल्यहीनता, चरित्रहीनता और मर्यादाहीनता ने मनुष्य को उस जगह पहुँचा दिया है, जहाँ बेटी माँ की चरित्रहीनता को, माँ बेटी की चरित्रहीनता, बाप बेटी की और बेटी बाप की चरित्रहीनता को, और पति पत्नी की तथा पत्नी पति की चरित्रहीनता को नज़र अन्दाज़ करने को तैयार है, पैसे की ख़ातिर, विलासिता की ख़ातिर, प्रमोशन की खातिर। ऐसी बातें कभी यूरोप और अमेरिका के बारे में सुनी जाती थीं, अब भारत में भी देखी जा रही हैं। यह है हमारे पूँजीवादी समाज में विकसित नव धनाढ्य वर्ग की संस्कृति। अखिलेश ने इस वर्ग के घिनौने, मूल्यहीन और वीभत्स चरित्र को बेपर्द करके उल्लेखनीय काम किया है। लेकिन कथ्य को चित्रित करने वाले प्रसंग इतने संक्षिप्त हैं कि वर्णन के माध्यम से उनमें चेतना को झकझोरने की जो क्षमता आ सकती थी, वह नहीं आ पायी।

अखिलेश की एक और उल्लेखनीय कहानी है—'बड़ी अम्मा।' इस चरित्र-प्रधान कहानी में चरित्र और जीवन की स्थितियों में परस्पर घात-प्रतिघात होता रहता है जिसके फलस्वरूप चरित्र में उतार-चढ़ाव और बदलाव की प्रक्रिया चलती रहती है। लेखक का उद्देश्य चरित्र का चित्रण मात्र नहीं, बल्कि उसमें घटित होते हुए परिवर्तन को महसूस करना भी है।

जीवन की स्थिति कोई बेजान चीज़ नहीं होती। वह वास्तव में जीवन्त परिवेश है जिसके सबसे महत्त्वपूर्ण घटक हैं मनुष्य। वे मनुष्य जो सामाजिक संगति में, पारस्परिक लगावों के बीच रहते हैं। इसलिए किसी मनुष्य का चरित्र अपना होते हुए भी एकदम स्वायत्त नहीं होता। उसके साथ रहने वाले लोगों का रुख, उनके विचार, व्यवहार आदि के प्रभाव भी शामिल हो जाते हैं। इसलिए चरित्र-निर्माण में आत्मगत और वस्तुगत यानी परिवेशगत तत्त्व भी निर्णायक भूमिका अदा करते हैं। जीवन की स्थिति में भी गति अन्तर्निहित होती है। यह विज्ञान सम्मत बात सभी जानते हैं कि टकराव या घर्षण से गति पैदा होती है, फलस्वरूप परिवर्तन होता है। 'बड़ी अम्मा' के चरित्र और व्यक्तित्व में भी परिवर्तन की प्रक्रिया इसी तरह दिखाई देती है। लेखक ने इस प्रक्रिया को मूर्त्त करने के लिए जिन स्थितियों की शृंखला

का निर्माण किया है, वह बहुत स्वाभाविक है लेकिन एक-आध जगह पर कुछ आरोपित जैसा भी लगता है जैसे बड़ी अम्मा में हुए परिवर्तन को वहाँ पहुँचा देना जहाँ वे कहती हैं–''संगम की जगह मुझे अजायबघर, हाथी पार्क, खुसरो बाग, किला और जहाँ चन्द्रशेखर आज़ाद अंग्रेजों को मारकर अपने को दाग दिये थे...दिखा दो।'' यह लेखक के अपने मन की दिशा है, जिधर वह हर मनुष्य को ले जाना चाहता है। यों कहानी की स्थितियों और लेखक के उद्देश्य में कोई प्रत्यक्ष टकराव नहीं है। बड़ी अम्मा जैसी रूढ़िग्रस्त, शिक्षा विरोधी और कुटिल स्वभाव वाली महिला में जो परिवर्तन दिखाये गये हैं, वे सम्भव हैं। कुछ तो नयी परिस्थिति और नयी वस्तुओं के सम्पर्क और कुछ नयी बातों की जानकारी के प्रभाव से बड़ी अम्मा रूढ़िवादी, कुटिल और अमानवीय दुर्गुणों से मुक्त होकर प्रगतिशील, सहज और मानवीय गुणों से सम्पन्न हो जाती हैं। कहानी के प्रारम्भ में जो बड़ी अम्मा शिक्षा और ज्ञान को मनुष्य की बुराई की जड़ मानती हैं, वही अन्त में अपनी बेटी को पढ़ाने के लिए पुस्तकें चुराकर ले जाती हुई दिखती हैं। कुल मिलाकर यह वातावरण का प्रभाव है, लेकिन वातावरण के प्रभाव की मानसिक प्रक्रिया का भी चित्रण किया जाता तो बड़ी अम्मा का चरित्र-विकास और भी आकर्षित होता। मानसिक प्रक्रिया से मेरा मतलब यह है कि वातावरण के नयेपन के प्रभाव से बड़ी अम्मा के मन में मन्थन और अन्तर्द्वन्द्व जरूर हुआ होगा, इसका चित्रण कहानी को और असरदार बनाता।

'मुक्ति' शीर्षक कहानी के नायक सुभाष के चरित्र में आये मोड़ का भी वस्तुगत कारण नहीं चित्रित किया गया है। वह बेरोजगार युवक कैसे क्रान्तिकारी कार्यों से जुड़ गया, यह दिखाना अपेक्षित है। इसके अभाव में यह चारित्रिक मोड़ लेखक का मानसिक प्रतिबिम्ब मालूम पड़ता है। 'घालमेल' कहानी में धन का दम्भ, फैशन परस्ती, प्रेम, परिस्थिति की दासता यथार्थ की होकर आदि का घालमेल सुशील कुमार के बेरोजगार जीवन में दिखाई पड़ता है। इस कहानी का कथ्य यह है कि निम्न मध्यवर्गीय परिवार के नौजवान के लिए आदर्शवादी भावुकता का चक्कर बड़ा महँगा साबित होता है। इस कहानी में सुशील कुमार के जीवन में आये एक मोड़ का स्पष्टीकरण एकदम अनगढ़ लगता है। जैसे इंजीनियर साहब के घर से नृत्य की आवाज सुनकर सुशील कुमार का यह समझ लेना कि वे लड़की से वेश्यावृत्ति कराते हैं। इस तरह का मोड़ थोपा हुआ लगता है।

अखिलेश ने अपनी कहानियों में अक्सर नव-धनाढ्य वर्ग के नकलीपन और फूहड़पन को चित्रण का विषय बनाया है। कहीं-कहीं निम्न मध्य वर्ग के चरित्र को लाकर लेखक ने दोनों वर्गों का तुलनात्मक अन्तर स्पष्ट करने की कोशिश की है।

आलोच्य दौर की कहानियों में आज के सामाजिक यथार्थ के विभिन्न स्तरों, आवामों और प्रक्रियाओं का चित्रण विविधतापूर्ण सन्दर्भों, चरित्रों और रूपों में मिलता है। इन कहानियों से गुजरने का पाठकीय अनुभव हिन्दी कहानी के वर्तमान और

भविष्य के प्रति आश्वस्त कराता है।

मणि की 'उस रात की बात' भी अपने ढंग की उल्लेखनीय कहानी है। गोस्वामी तुलसीदास के जीवन प्रसंगों को लेकर बड़ी सहानुभूति के साथ लेखक ने उनके व्यक्तित्व को प्रस्तुत किया है। तुलसी का काव्य-मन्थन सामाजिक धरातल पर बड़ी ही संवेदनशीलता के साथ चित्रित किया गया है। यह परम्परा जीवन्त तत्त्वों को आधुनिक जीवन-प्रसंग से जोड़ने का एक सार्थक प्रयास है।

यहाँ चर्चित लेखकों की अनेक कहानियों में स्वाभाविक और आवश्यक प्रतिरोध का चित्रण किया गया है। वह दौर बीत चुका है जब कहानियों में अचानक बिना किसी तैयारी और पृष्ठभूमि के कोई पात्र मुक्का तानकर खड़ा हो जाया करता था। हिन्दी कहानी के विकास के इस दौर में यथार्थवादी लेखक यह अच्छी तरह समझते हैं कि कोई पात्र अचानक लड़ाकू मुद्रा अपना ले या मुक्का अथवा पिस्तौल तानकर खड़ा हो जाये, उससे ज्यादा अच्छा और महत्त्वपूर्ण है कि कहानी पढ़ते-पढ़ते पाठक बेचैन हो उठे, वह प्रतिरोध करने के अनुभव और चेतना से लैस हो और तनकर खड़ा हो जाये। यथार्थ चित्रण की यह प्रौढ़ कला जीवन के यथार्थ के इस दौर की कहानियों में मिलती है तो स्वाभाविक ही हैं क्योंकि प्रतिरोध का स्वर आज हमें जीवन में हर जगह सुनाई पड़ता है। यह ठीक है कि जीवन के यथार्थ और कहानियों के यथार्थ एकदम एक नहीं होते लेकिन दोनों के यथार्थ की अवस्था में एकता है। ध्यान रखें, एकता का अर्थ एकरूपता नहीं हैं। हमारे समाज में यह जीने के नये रास्ते की, व्यवस्थागत विकल्प की खोज का दौर है। इसी से यथार्थ का नया धरातल बनता है, समाज में और साहित्य में भी। चर्चित कहानियाँ हिन्दी कहानी के आधार पर भविष्य के प्रति आशान्वित करती हैं। हिन्दी कहानी से निराश लोग विचार करें।

यथार्थ का नया धरातल और हिन्दी कहानी–दो

हिन्दी कहानी के स्वरूप को लेकर इन दिनों एक प्रकार का शीतयुद्ध चल रहा है। कहानी की सृजनशीलता के विकास और उसमें नयेपन के समावेश की दृष्टि से एक तरफ से एक विचारक कह रहा है कि हिन्दी कहानी तो अब भी पिछड़ी हुई है क्योंकि वह अब तक 'रूढ़िवादी रूपाकार' में बँधी हुई है या आदि, अन्त, मध्यवाली यथार्थवादी संरचना ही बनी हुई है। दूसरी तरफ से कोई कहानीकार ऐसी कहानी लिखकर पेश कर देता है जिसका रूपाकार कहानी जैसा नहीं लगता जैसे रचनात्मक स्तर पर उसने जवाब दे दिया कि देखो, कहानी का चेहरा-मोहरा बदल दिया कि नहीं। यह तो एक तरह से कहानी के कहानीपन पर किये जा रहे मनोवैज्ञानिक हमले का शिकार हो जाना है।

यह सही है कि हर नये दौर में रचनाकार के सामने, उसके सृजन कर्म के सामने नयी चुनौतियाँ पेश होती हैं और रचनाकारों को उनका जवाब देना होता है। आज के कहानीकारों के सामने कौन-सी चुनौतियाँ दरपेश हैं? इस प्रश्न का उत्तर खोजने से पहले यह देखना जरूरी है कि कोई कहानीकार चुनौती महसूस ही क्यों करता है और क्या सभी तरह के कहानीकार चुनौती महसूस करते हैं? मेरा खयाल है कि वे ही कहानीकार अपने समय की चुनौती महसूस करते हैं जो समाज और जीवन की सच्चाई का चित्रण करने का प्रयत्न करते हैं। ऐसे कहानीकार यथार्थवाद को एक रचना-दृष्टि के रूप में स्वीकार करते हैं। यथार्थवाद कहानीकार या किसी भी रचनाकार को सामाजिक उत्तरदायित्व का बोध कराता है। इस उत्तरदायित्व में कहीं से भी यह बात नहीं आती कि लेखक अपने दृष्टिकोण के आग्रह से घटना या चरित्र गढ़ ले। वास्तव में यथार्थवाद से उत्पन्न उत्तरदायित्व का एक पक्ष है समाज में मनुष्य जीवन की हकीकत का साक्षात्कार कराना और दूसरा पक्ष है उसे मानवीय संवेदनशीलता का विस्तार देकर जीवन को न्यायपूर्ण बनाने के संघर्ष को बल पहुँचाना। मैं समझ रहा हूँ कि कहानी या किसी अन्य रचना के माध्यम से संघर्ष करने की बात आज भी बहुतों को एतराज़ है लेकिन मैं जब संघर्ष की बात कर रहा हूँ तो निश्चय ही मेरा मतलब यह है कि कहानी की घटनाएँ, चरित्र आदि किसी

न किसी प्रकार की चेतना को वहन करते हैं। उनके माध्यम से जीवन के किसी न किसी पक्ष का उद्घाटन होता है और तब उनका टकराव अनायास ही किसी दूसरी तरह की चेतना या पक्ष से होता है। यदि कोई कहानीकार जीवन की अमानुषिकता को बेपर्द कर देता है तो अनायास ही जीवन को अमानुषिक बनाने वाली शक्तियों के खिलाफ पाठकों की चेतना उद्वेलित हो जाती है। पीड़ित और व्यथित के प्रति लेखक की संवेदना मनुष्य को उत्पीड़न की घेराबन्दी को तोड़ने की प्रेरणा देती है, लेकिन इन सबकी पृष्ठभूमि मे है जीवन और समाज को समझने में मदद करना।

इसलिए कहानी की सार्थकता केवल मन को छूने तक सीमित नहीं है, जैसा आज भी कुछ कहानीकार समझते हैं। मन को छूने के लिए कविता की तरलता को आत्मसात करने की भी जरूरत कहानी को नहीं है। यदि कहानी अपने समय के जीवन के नये लक्षणों को, यथार्थ की नयी अवस्था को चित्रित करके समय की नयी चुनौतियों को स्वीकार कर सकी तो अवश्य वह अपने पहले की कहानियों से आगे बढ़ने की कोशिश करती दिखाई पड़ती है। जो लेखक समय के सबसे बड़े प्रश्न, सबसे अधिक व्यापक प्रश्न को सबसे अधिक प्रातिनिधिक रूप से, सबसे अधिक उद्वेलित करने वाले ढंग से प्रस्तुत करने में कामयाब होता है, वह अपने समय का ही नहीं समय की सीमा को लाँघकर इतिहास का अत्यन्त महत्त्वपूर्ण लेखन बन जाता है। लेकिन ऐसा महत्त्वपूर्ण लेखक हर पाँच-दस साल पर नहीं मिलता, जबकि हर पाँच-दस साल पर लेखकों की एक नयी पीढ़ी आती हुई दिखाई पड़ती है। बड़ा लेखक सामाजिक-सांस्कृतिक विकास के एक दौर में आता है, यह दौर वास्तव में ऐतिहासिक क्रम में विकास की एक अवस्था होती है जो अक्सर लम्बी होती है। इसलिए आज की पीढ़ी के कहानीकारों के बीच जो प्रेमचन्द, जैनेन्द्र, यशपाल या फिर भीष्म साहनी, अमरकान्त, मोहन राकेश, राजेन्द्र यादव, रेणु आदि की ऊँचाई खोजते हैं, उन्हें निराश नहीं होना चाहिए, क्योंकि उस तरह की ऊँचाई के बिना भी कहानी का सामान्य स्तर ऊपर उठा है और आज के जीवन के नये पक्षों और पहलुओं की पहचान और उनसे उभरती हुई चुनौतियों को स्वीकार तो आज के ही कहानीकारों ने किया है। मेरा मतलब साफ है कि आज की कहानियों की अन्तर्वस्तु में कई ऐसी बातें हैं जो इससे पहले की कहानियों में नहीं हैं। इससे इतना तो जाहिर होता ही है कि आज के कहानीकार अपने समय को पकड़ने की अपनी भूमिका को निभा ही रहे हैं। इस प्रसंग में यह भी उल्लेखनीय है कि आज की कहानियों में यह काम गाँव-शहर का भेद किये बिना किया जा रहा है। मैं यहाँ कुछ कहानियों को सामने रखकर अपनी बात के दृष्टान्त प्रस्तुत करने की कोशिश करूँगा।

'रामधारी सिंह दिवाकर' काफी दिनों से कहानियाँ लिख रहे हैं लेकिन इसी दौर में उन्होंने लोगों का ध्यान खींचा है। उनकी कहानियों में कथा-तत्त्व बहुत पुष्ट रहता है यानी घटनाओं की शृंखला, पात्रों की भूमिका और उनके अन्तर्सम्बन्धों का

चित्रण, ये तीनों बातें अत्यन्त प्रमुखता से मौजूद रहती हैं। इन्हीं के माध्यम से वे समकालीन यथार्थ के अन्तर्विरोधों और मानवीय असंगतियों को चित्रित करते हैं।

जो आलोचक (जैसे कि कवि-आलोचक अशोक वाजपेयी) कथा-तत्त्व को कहानी के स्वरूप की सबसे बड़ी सीमा और कमजोरी मानते हैं। उनकी दृष्टि से रामधारी सिंह दिवाकर एक पिछड़े हुए कहानीकार घोषित कर दिये जायेंगे। उसी तरह के आलोचक यह भी कह सकते हैं कि स्वयं हिन्दी कहानी के इतिहास में कहानी में जो शिल्पगत परिवर्तन हुए हैं, जो प्रयोग हुए हैं, उनमें इनकी कहानियाँ अलग रही हैं। यह दूसरी बात कुछ हद तक सच है तो भी दिवाकर की कहानियाँ न तो पिछड़ी हुई हैं और न पुरानी या गतानुगतिक। वे आज की कहानियाँ हैं, उनमें नयापन है। उनकी कहानियों का जीवन-सन्दर्भ आज का है, मानवीय रिश्ते आज के हैं। आज के जीवन-सन्दर्भों में मानव-सम्बन्धों की उनकी पकड़ उतनी ही पुष्ट है, जितना उनका कथा-तत्त्व।

वर्तमान समाज में मनुष्यत्व को जो हानि विभिन्न रूपों में हो रही है, उसके प्रति चिन्ता दिवाकर का सर्जनात्मकता का मुख्य स्रोत है। इसी कारण इनकी कहानियाँ आज के समाज में मानवीय रिश्तों के स्वरूप को समझने और अनुभव करने का मार्मिक अवसर देती हैं, पाठकों को गहरे उतरकर छूती हैं, मन को उद्वेलित करती हैं और यह उनकी सफलता है। कहानी में कथ्य के अनुकूल सन्दर्भों का निर्माण, घटनाओं का चयन, पात्रों का गठन आदि कला के ही पहलू हैं। इन दृष्टियों से दिवाकर बहुत प्रभावकारी साबित होते हैं।

यहाँ मैं दिवाकर की 'सरहद के पार' कहानी जो इसी नाम के उनके संग्रह की पहली कहानी है, की चर्चा करना चाहता हूँ। इस कहानी में एक पक्ष तो पुराना लगता है कि नौकरी पेशा वाला पुत्र पिता की उपेक्षा करता है, खासकर रूढ़िवादी पिता की। लेकिन दूसरा आकर्षक पक्ष यह है कि समाज में आत्मीयता और मानवीयता, पारिवारिक सम्बन्धों की सरहद के पार भी मिल सकती है और मिलती भी है। यों तो यह दूसरा पक्ष भी सर्वथा नया नहीं है, लेकिन आज के संकीर्ण और साम्प्रदायिक माहौल में 'सरहद के पार' कहानी सरहद को तोड़कर सघन आत्मीयता और मानवीय संवेदनशीलता का अनुभव प्रस्तुत करती है, यह अत्यन्त प्रासंगिक और महत्त्पूर्ण है।

कहानी में बड़ी कुशलता से सन्दर्भों को गूँथा गया है। कहानी में पुत्र नरेन्द्र ने अपनी एक सरहद बना ली है। उसके भीतर उसकी पत्नी-बच्चों के सिवा और किसी का प्रवेश नहीं है। नरेन्द्र की इस सरहद को कोई तोड़ता नहीं। उसके पिता भी जो उससे मिलने गये हैं, उसकी सरहद के भीतर जाने की कोशिश नहीं करते। बेटे से मिलने, उसके परिवार को देखने के लिए जाकर वे पितृ स्नेह का इज़हार तो करते हैं लेकिन न चाय पीते हैं, न भोजन करते हैं और न अन्य कुछ ग्रहण करते हैं। ऐसा करके एक तरफ बेटे की सरहद की रक्षा करते हैं तो दूसरी तरफ से पिता

होने के नाते 'भितरिया मार' वाला कठोर प्रहार भी उस पर करते हैं। पिता अपनी बेटी किरन यानी नरेन्द्र की सगी बहन का ऑपरेशन कराने शहर में आये और बेटे के यहाँ नहीं ठहरकर अपने दोस्त सुलेमान की बेटी नगमा और दामाद रफ़ीक के यहाँ ठहरते हैं, उनकी मदद लेते हैं और बातचीत के क्रम में जब बेटे को कहते हैं—''सुलेमान भाई का सहारा न मिलता तो मर गयी होती किरन। घर में तो कुछ था नहीं, सुलेमान भाई ने मदद की या दामाद के कारण कोई दिक्कत नहीं हुई'', आदि-आदि तो वे उस पर भीतरी प्रहार कर रहे हैं। गाँव के लिए विदा होने के समय नगमा और रफ़ीक ने 'पूरी विदाई कर दी है धोती, साड़ी, मिठाई, पान-सुपारी।' बेटा नरेन्द्र यह सब तटस्थ भाव से देखता रहता है, उसके लिए कोई काम ही नहीं है। वह बहन से भी दिल खोलकर मिल नहीं पाता।

कहानी में नरेन्द्र की सरहद तो बहुत छोटी है। गाँव में भी एक सरहद है, जो धर्म-जाति आदि के आधार पर बनी है। इस सरहद का दायरा पारिवारिक सरहद से बड़ा होता है, लेकिन मानवीय संवेदनशीलता की दृष्टि से यह भी संकीर्ण ही है। धर्म और जाति के घेरे से अगल सामाजिक लगाव से उत्पन्न आत्मीयता और संवेदनशीलता इस सरहद को भी तोड़ देती है, उसके पार चली जाती है। इस सरहद को तोड़कर पार होनेवाले चरित्र हैं— सुलेमान, उनकी बेटी नगमा और दामाद रफ़ीक।

हिन्दुत्व और इस्लाम गाँव को हिन्दू टोला और मुसलमान टोला में बाँट देते हैं, लेकिन इंसानियत को नहीं। कहानी के बाबूजी और सुलेमान की दोस्ती इंसानियत पर आधारित है और सुलेमान, नगमा और रफ़ीक इंसानियत के प्रतीक हैं। 'सरहद के पार' इंसानियत की धर्मनिरपेक्षता का इजहार है।

इस कहानी के 'बाबूजी' यानी पिता हिन्दी की अनेक कहानियों में चित्रित पिता से भिन्न हैं। यहाँ स्वाभिमानी पिता और आत्मनिष्ठ पुत्र का द्वन्द्व बड़े ही सहज एवं शान्त ढंग से चित्रित है। पिता में एक रूढ़ि भी है विवाह के बारे में, पुराने मूल्यों से लगाव है, लेकिन पुत्र तो मूल्यहीन है। यह आत्मनिष्ठता और मूल्यहीनता आज के पूँजीवादी समाज की उपज है। हालाँकि कहानी की अन्तर्वस्तु में मनुष्य की कमजोरी का व्यवस्थागत कारण स्पष्ट नहीं होता। यदि ऐसा होता तो कहानी का परिप्रेक्ष्य और व्यापक और ऊँचा होता।

'दवी हुई उँगली का दर्द' में भी लेखक ने पारिवारिक दायरे में ही मनुष्य के मूल्यांकन का प्रचलित आधार दिखाया है। तीन भाइयों में दो पढ़े-लिखे और अच्छी नौकरी में हैं, कमाऊ पूत हैं, लेकिन तीसरा थर्ड डिविज़न से इंटर पास और बेरोज़गार है। माँ कहती है—'मेरे लिए तीनों बेटे बराबर हैं और झट से उदाहरण देगी, चाहे यह उँगली कटे, चाहे वह उँगली, पीर तो बराबर होती है, लेकिन व्यवहार में हमेशा फर्क करती है कमाऊ और बेरोजगार बेटों में। दर्द हमेशा एक ही उँगली, दबी हुई उँगली में होता है और परिवार में कम पढ़ा लिखा, तथा बेरोजगार बेटा रघु ही दबी

हुई उँगली है। रघु महसूस करता है कि उसका बेकार होना और कम पढ़ा-लिखा होना ही सारी मुसीबतों की जड़ है।' कहानी की विशेषता यह है कि रघु के अनुभव के उस निचोड़ को प्रमाणित करने के लिए बड़े भाइयों को नहीं, माँ के चरित्र को ही मुख्य आधार बनाया गया है। परम्परागत मान्यता यह रही है कि 'कुपुत्रों जायते क्वचिदपि कुमाता न भवति', लेकिन आज के पैसावादी समाज में मूल्य बदल गये हैं, प्रेम और प्यार के मानदंड बदल गये हैं। माँ का चरित्र भी इससे अप्रभावित नहीं है। इसलिए रघु का अनुभव है—'माँ भी एक नज़र से नहीं देखती। वह भी देखती है कि कमाऊ पुत्र कौन है?' समाज यहाँ पहुँच गया है कि मातृत्व भी अर्थ पर आधारित है। यह है कहानी में जीवन के नये यथार्थ का एक रूप। बस कहानी में भ्रातृत्व की पहचान का भी आधार ही है।

इस प्रसंग में रघु का अनुभव यह है कि बड़े भैया भाभी से बात करते 'मखमल की तरह' की आवाज़ में और रघु से बात करते हैं 'खादी की तरह' की आवाज़ में। भारी काम कराना होता है तो बहुत मुलायम हो जाते हैं। उन्हें उसी समय मालूम होता है कि सहोदर भाई है। बाकी समय में तो वे एकदम पुलिस अफसर की तरह बातें करते हैं। उतना ही नहीं, रघु के खाने में सारी चीज़ें कम पड़ जाती हैं।

रघु अपने उपक्रम से चपरासी की नौकरी पाने की कोशिश करता है तो बड़े भाई इसे परिवार की प्रतिष्ठा के प्रतिकूल कहकर मना कर देते हैं लेकिन घर में उसे चपरासी क्या, नौकर से बेहतर दर्जा प्राप्त नहीं है। जाहिर है कि उसे नौकरी करने की भी आज़ादी नहीं, आखिर घर की नौकरी कौन करेगा? पारिवारिक दायरे में सामाजिक यथार्थ के एक महत्त्वपूर्ण पक्ष को यह कहानी बड़े ही विश्वसनीय ढंग से प्रस्तुत करती है। कहानी रघु के प्रति संवेदना जगाने और भाई ही नहीं, माँ के प्रति भी गुस्सा और वितृष्णा पैदा करने में सफल है।

यह कहानी कम्युनिस्ट घोषणा-पत्र के इस कथन की याद दिलाती है—'पूँजीपति वर्ग ने पारिवारिक सम्बन्धों के ऊपर से भावुकता का पर्दा उतार फेंका है और पारिवारिक सम्बन्धों को केवल द्रव्य के सम्बन्ध में बदल दिया है।' पूँजीवादी समाज का यह निष्कर्ष कहानी के निष्कर्ष से अनायास ही मिल जाता है। भले ही लेखक के ध्यान में कहीं यह बात न हो, लेकिन कोई जरूरी नहीं कि लेखक के ध्यान में जो बात हो, वही कहानी का कथ्य भी हो। कहानी के सन्दर्भ में चरित्र, उनके अनुभव आदि स्वयं किसी न किसी चेतना को वहन करते हैं और उनसे तार्किक निष्कर्ष निकल आता है। इस प्रकार द्रव्य की अतिशय भूमिका अमानुषिक होती है। 'अव्यय अतीत', 'पितृशोक' आदि कहानियों में भी दूसरे सन्दर्भ में यही बात चित्रित हुई है। 'झूठी कहानी का सच' और 'चलो यहाँ से चलें' जैसी छोटी कहानियों में मध्यवर्गीय चरित्रों के स्वार्थी और ओछे चरित्र का स्वाभाविक चित्रण किया गया है।

आलोच्य दौर में ऋषिकेश सुलभ ने भी अपनी कई कहानियों के द्वारा लोगों

का ध्यान अपनी ओर आकृष्ट किया है। उनकी कहानी 'अमली' कई रूपों में चर्चित हुई है, यानी कहानी और नाट्य रूपान्तर के रूप में भी। 'अमली' आज के यथार्थ के कई पहलुओं को जीवन के अनुभवों के साथ व्यक्त करती है। यों इस कहानी की अन्तर्वस्तु गाँव के हिन्दू-मुस्लिम सम्बन्ध की यानी साम्प्रदायिकता की समस्या है। गाँव में दोनों हेलमेल से रहते आये हैं। पहलवान कोई भी हो, जद्द मियाँ के अखाड़े का हो या दवन चौधरी के अखाड़े का, उसे कसरत कुश्ती से पहले सिंगही पोखर में ही नहाने में सुभीता होती थी। यह है साम्प्रदायिक एकता का सामाजिक आधार जो जीने के क्रम में स्वाभाविक रूप से अनायास बनता है। दूसरा पहलू यह चित्रित हुआ है कि देश बँट गया तो कई मुसलमान पाकिस्तान चले गये, लेकिन ज्यादा तो गाँव में रह गये इस समझ के साथ कि 'अपने गाँव की माटी, पुरखों की माटी कहीं छोड़ी जाती है।' यह भी जीवन परम्परा में विकसित स्वाभाविक समझ है लेकिन जो चले गये उन्होंने यह संकेत दिया कि इस परम्परागत स्वाभाविक समझ को धर्म पर आधारित राजनीति खंडित भी करती है। यह घटना क्रम हिन्दी कहानी के लिए अब नया नहीं रह गया लेकिन इस कहानी में यह कथ्य को प्रभावकारी बनाने के लिए पृष्ठभूमि के रूप में ऐतिहासिक स्मृति की तरह प्रयुक्त है। असल बात यह है कि पाकिस्तान चले गये लोगों की ज़मीन सरकार नीलाम करा रही है। इस अवसर का नाजायज लाभ उठाकर महादेव राम ने असली की बाँस की जमीन घर समेत अपने नाम से नीलाम करा ली। महादेव राम के विरोधी अबरार खाँ ने इस मौके का लाभ मुसलमानों को अपने पक्ष में करने के लिए किया। एकजुट होने का असली कारण पुराने दिनों से चली आ रही दुश्मनी है, लेकिन धार्मिक सम्प्रदायवाद इसमें तात्कालिक रूप में सहायक होता है। उधर महादेव राम भी 'जातिधर्म' की रक्षा के लिए हिन्दुओं को जुटाने की कोशिश करता है। यह है व्यक्तिगत स्वार्थ में साम्प्रदायिक तनाव पैदा करने का एक उदाहरण। उसके पीछे न समाज का हित करने की भावना है और न ही धर्म का। वोट की राजनीति भी इस तनाव का इस्तेमाल करती है लेकिन ध्यान देने की बात यह है कि कहानी में वोट की राजनीति के प्रेरित पूर्व एम. एल. ए. साहब के भाई ने फैसला दिया कि अमली को गाँव से भगा दिया जाए और उसकी जमीन में स्कूल खोल दिया जाए। जो अमली इस गाँव को अपना गाँव और इस देश को अपना देश मानकर पाकिस्तान नहीं गयी, जिसने धार्मिक आवेश से अधिक महत्त्व माटी से लगाव को दिया उसी अमली को धार्मिक उन्माद, साम्प्रदायिक राजनीति और व्यक्तिगत स्वार्थ के मिले-जुले खेल ने बेघर बनाकर पागल बन जाने को मजबूर किया।

इस्लाम की रक्षा और हिन्दू जातिधर्म की रक्षा का नारा देने वाले तुरन्त आपस में मिल जाते हैं। अमली के प्रति किसी के मन में सहानुभूति नहीं है क्योंकि वह राजनीतिक स्वार्थ की दृष्टि से महत्त्वहीन है। यह पूरी प्रक्रिया कहानी को प्रभावशाली

बना देती है, समस्या को नया आयाम देती है।

सुलभ की 'श्राद्ध' कहानी 'अमली' से भिन्न धरातल की ओर अधिक ऊँचे स्तर की है। स्वतन्त्र भारत के समाज में शोषण का स्वरूप बदला है, शोषक और शोषित के रूप बदले हैं। शोषण की परम्परा के कायम रहने और उसके रूप में बदलाव आने का चित्रण इस कहानी में अत्यन्त व्यंजक, व्यंग्यात्मक और बेधक ढंग से हुआ है। एक सच्चाई तो यह है कि गुलाम भारत का समाज जिस वर्ग का था, आज़ाद भारत का समाज भी उसी वर्ग का है। ज़मींदार भैरो बाबू बड़का खेतिहर बन गये और उनकी प्रजा मजदूर कहलाने लगी। यह बदलाव की प्रक्रिया है।

कहानी में साँड की योजना और उसकी भूमिका अत्यन्त महत्त्वपूर्ण, सांकेतिक तथा प्रतीकात्मक है। कहानी का व्यंग्य भी साँड के माध्यम से ही स्वरूप ग्रहण करता है। साँड प्रसंग की व्यंजना यह है कि हमारे आज के समाज भी मनुष्य की स्थिति पशु से बदतर है। साँड के साथ अन्धविश्वास की रूढ़िग्रस्त परम्परा लगी हुई है।

अन्धविश्वास धर्म का विकृत रूप है जिससे शोषकों को लाभ होता है और शोषित समुदाय शोषण को अनुभव नहीं कर पाता। धर्म का जो रूप सामाजिक चेतना में है, वह भी पशु को मनुष्य से अधिक महत्त्व देता है। अन्धविश्वास कई रूपों में काम करता है। जमींदार भैरो बाबू के घर में सक्रिय है, जिससे बचने के लिए उनकी पतोहू सोहरईया कहार की मदद से गर्भधारण करके उसे ज़हर देकर मार देती है और भैरो बाबू सोहरईया की बहू के दरवाजे से बछड़ा खुलवाकर उसकी पूजा कराकर साँड बनने के लिए छोड़ देते हैं। एक तरफ बछड़े को पूजा गया, दूसरी तरफ सोहरईया के परिवार को उजाड़ दिया गया। स्वाभाविक ही है कि साँड का आतंक लोगों पर छाने लगा। थाना-पुलिस सब भैरो बाबू की सेवा में हैं और एक दिन जब साँड के प्रहार से मोहना का बाप मँगरू मारा गया तो मोहना और उसके टोले के युवकों ने मिलकर भैरो बाबू के आतंक के प्रतीक साँड को मार डाला। साँड का मारा जाना सांकेतिक रूप के भैरो बाबू के प्रभुत्व का मारा जाना है लेकिन धानुक टोले पर प्रत्याक्रमण होता है। सभी नौजवानों का फरार होना कायरता नहीं बल्कि आत्मसमर्पण करने से इनकार करना है। लेकिन पुलिस ने आकर पूरे टोले को रौंद डाला। कोई भी मार से नहीं बचा। फिर भी साँड यानी जमींदार का आतंक मारा गया तो उसके पोते का भविष्य आशंकाग्रस्त हो गया। इसलिए साँड को मारने वाले राक्षस करार दिये गये लेकिन वास्तव में इस पूरी प्रक्रिया में भैरो बाबू का ही राक्षसी स्वरूप प्रकट होता है।

अन्धविश्वास के साथ ही आधुनिकीकरण की प्रक्रिया भी कहानी में संकेत से मिलती है। जमींदार भैरो बाबू दरोगा से कहते हैं—"हाँ, सराध में आना मत भूलियेगा। जब सराध होगा तो खाली ब्राह्मण खिलाने से काम थोड़े चलेगा।" एक तरफ यह श्राद्ध से साँड का तो दूसरी तरफ आज के युग में ब्राह्मणों के साथ ही

दरोगा को भी खिलाना जरूरी है। ब्राह्मण तो परलोक सुधारने के लिए है, इहलोक का सुख-भोग, शोषण और दमन तो पुलिस के भरोसे ही चलता है।

मजदूरों में आधुनिकीकरण का रूप यह है कि जो बूढ़े रामबिरिछ काका कभी युवकों को सबकुछ भूल जाने का सन्देश दे रहे थे, वही अन्त में ऊबकर कहते हैं—''अब इस ज़िन्दगी में चाहे जो देखना-भोगना पड़े पर मरते दम तक, जुध करना है। जो लोग लुक-छिपकर कर रहे हैं, उनके घर परिवार का बोझ हम सबको मिलकर ढोना होगा। अब ऊ हर हाथ काटना पड़ेगा जो हमरी भाई-बहन की छाती टटोलता है।'' और यह जुर्म की पराकाष्ठा पर धैर्य के टूट जाने का सबूत है। इसलिए लुक-छिपकर काम करने वाले क्रान्तिकारियों के प्रति सहानुभूति रखने के बावजूद रामबिरिछ काका की प्रतिक्रिया अतिक्रान्तिकारिता से प्रभावित नहीं बल्कि स्वाभाविक है। समग्र रूप से यह कहानी गहन संवेदना और प्रतिरोध की स्वाभाविक उत्तेजना को उत्तेजनाहीन लेकिन मर्मबन्धी भाषा में व्यक्त करने में, यथार्थ के जटिल स्वरूप को बिना किसी दबाव के अनुभवों की रोशनी में चित्रित करने में समर्थ है।

'पथकरकट' कहानी जीवन के उस क्षेत्र के अनुभव से बनती है, जिस तरफ लेखक प्रायः नहीं जाते। इस दृष्टि से उसमें ताज़गी है। खानाबदोशों की तरह जीने वाले 'पथकरकट' की जो पत्थर काटकर लोढ़ी-सिल बनाते और बेचते हैं, जीवन-पद्धति और समस्याओं का चित्रण करना इस कहानी की विशेषता है। पीड़ितों और उपेक्षित के प्रति संवेदनशीलता का यह नया सन्दर्भ है। यहाँ भी पुलिस के जुल्म का घिनौना रूप मिलता लेकिन यह बेसहारा समुदाय भी जुल्म को स्वीकार नहीं करता क्योंकि उसमें आत्मसम्मान का भाव किसी से भी कम नहीं है। वे अपने जीवन को जनतन्त्र से जोड़ना चाहते हैं।

'रक्तवन्या' जीवन की व्यापक व्यथा की मार्मिक कहानी है। केयादास जैसी महिला के लिए देश पर हमला करने वाले पाशविक पंजों और अपने समाज में काम करने वाले रेंजर ज्ञान सिंह, ठेकेदार हरसुख गोलछा और सब-इंजीनियर अप्पाराव में कोई फर्क नहीं है। ये सभी दरिन्दे हैं। सभी उसके जीवन में खून की धारा बहाते हैं। यह कहानी जीवन के गहरे दर्द और उसे व्यंजित करने की मर्मस्पर्शी भाषा-शैली के कारण, साथ ही न केवल सुलभ की बल्कि समकालीन कहानी के यथार्थ को विस्तार देने की दृष्टि से भी उल्लेखनीय है।

'बड़े राजकुमार' और 'कोखजली' में मजदूरों के जीवन की विकट स्थितियों का चित्रण कई जटिल सन्दर्भों में किया गया है। ये कहानियाँ महसूस कराती हैं किस लिए मजदूरों पर लिखने के लिए सीधे शोषक और शोषित के विभाजन को देखने की दृष्टि काफी नहीं है। उनके जीवन में भी जटिलताएँ हैं, इच्छाओं एवं आकांक्षाओं का आपसी टकराव है। उनके जीवन का यथार्थ भी विविधतापूर्ण है जिसे आज के कहानीकार चित्रित करने की कोशिश कर रहे हैं।

अभय ने निरन्तर विकास किया है और इसी क्रम में कई ऐसी कहानियाँ लिखी हैं जिनकी चर्चा समकालीन दौर की समर्थ कहानियों में होनी चाहिए। अभय की 'नाव' शीर्षक कहानी इस प्रसंग में सबसे पहले उल्लेखनीय है। इस कहानी में स्वतन्त्र भारत के गाँवों में विकास की समस्या और गाँव के प्रभुताशाली लोगों के स्वार्थ के टकराव को चित्रित किया गया है। गाँव में विकास की सम्भावना को देखकर एक कल्पनाशील युवक विकास के माध्यम से सब के हित की योजना बनाता है, लेकिन यह योजना मुखिया व सरपंच आदि गाँव के प्रभुताशाली लोगों और वी.डी.ओ. की साठगाँठ में फँसकर दब जाती है। वह कल्पनाशील युवक कुंठित होकर गाँव छोड़कर चला जाता है और अपनी योजना वाले कागज की नाव बनाकर पुलिया के नीचे बहते पानी में बहा देता है। सर्वहितकारी योजना का कागज की नाव बनकर बह जाना एक प्रतीकात्मक अभिव्यक्ति है जिसका अर्थ है कि गाँव के विकास को रोकने वाली शक्तियाँ गाँव में भी हैं। इसलिए कि गाँव में भी स्वार्थों की विविधता है, वहाँ भी जटिलता है। यथार्थ के इस जटिल और कुटिल रूप से कहानी महत्त्व की हो गयी है।

'द्वन्द्व' शीर्षक कहानीकार की रचना दृष्टि और सर्जनात्मक क्षमता के विस्तार के साथ ही कथ्य, संवेदनशीलता और शिल्प तीनों की दृष्टि से कलात्मक सामर्थ्य का सबूत पेश करती है। कहानी का स्वरूप माला नाम की कुत्ती, उसके छह बच्चों तथा उसकी देखभाल करने वाले एक आदमी मस्ताना राम के एक साथ होने से बनता है। इसमें लेखक की चित्रण-शैली की विशेषता है कि माला कुतिया की वात्सल्य-भावना पाठक की नज़र में कुतिया की नहीं, बल्कि प्राणिमात्र की वात्सल्य भावना बन जाती है। यह भावना के उदात्तीकरण का अच्छा दृष्टान्त है।

माला का बच्चे जनना, बच्चों का बढ़ना, बच्चों का खेलना, फिर एक बच्चे का कार के नीचे कुचलकर मर जाना और इस पर माला की शोकपूर्ण प्रतिक्रिया आदि अत्यन्त प्रभावशाली ढंग से चित्रित है।

कहानी का मुख्य अंश तब आता है, जब एक दिन मस्ताना राम एक पिल्ले को एक कारवाले के हाथ बेच देता है। कार के नीचे दबकर ही माला का एक बच्चा मरा था, इसलिए दूसरे बच्चे को कार वाले के ही हाथ बेचना उसे हत्यारे के हाथ बेचने जैसा लगा। एक तो बच्चे को बेचना, वह भी एक हत्यारे के हाथ, यह एकदम असह्यय है। पहले तो माला कार वाले पर भौंकती है फिर रात भर रोती है। वह कुछ भी खा-पी नहीं पायी थी, इस तरह लेखक उसके भीतर की संवेदनशीलता को व्यक्त करता है।

कहानी का अन्तिम दृश्य कथा को चरम उत्कर्ष पर ले जाता है। एक दिन वही कार उस तरफ चली आयी। उसमें माला का वह बेचा गया पिल्ला मोती बैठा है। यह बात अत्यन्त प्रतीकात्मक है कि मोती सेठ दासमल गोकुलचन्द लिखा हुआ

बेल्ट गर्दन में पहने गाड़ी की खिड़की से मुँह निकालकर अपनी माँ और बहनों पर भौंकने लगता है जैसे वह उनको काट खायेगा। यह पिल्ला मोती सुविधा परस्ती की हालत में बदली हुई चेतना का और उसके प्रभाव से सम्बन्धों के टूट जाने का उदाहरण है। मोती के भौंकने से पहले शेष चारों बच्चे सहमे फिर कार के पीछे दौड़ते हुए मोती पर भौंकते रहे। यह जैसे मोती के बदले हुए चरित्र के प्रति नफरत भरे गुस्से का इज़हार। अपनी प्रतीकात्मकता और सांकेतिक अर्थभिंता के कारण यह कहानी विशिष्ट बन गयी है।

'आलपीन' में बँधुआ-मुक्ति की आज की योजना को बेपर्द कर दिया गया है। एक तरफ बँधुआ-मुक्ति की घोषणा को कार्यान्वित करने के लिए आते हैं, तो उसी के दरवाजे पर डेरा डालते हैं जो जाल-फरेब करके मजदूरों को बँधुआ बनाता है। दो सांकेतिक घटनाएँ हैं—एक घटना यह है कि चौधरी साहब सरकारी कर्ज़ का वारंट मुँह में डालकर हज़म कर जाते हैं और उन्हें कुछ नहीं होता। दूसरी घटना यह है कि उन्हीं की नकल करके बजना उर्फ बैजनाथ कहार अपने कर्ज़ का कागज-निगलने की कोशिश करता है, लेकिन कागज का आलपीन उसके कंठ में अटक जाता है और वह बेहोशी की हालत में चला जाता है। फलतः वह मुक्त नहीं हो पाता। दरअसल सत्ता का आशीर्वाद गुलाम बनाने वाले को ही प्राप्त है। यह हमारे सामाजिक यथार्थ का नया पहलू है जिसमें मुक्ति संघर्ष की विकटता दिखाई पड़ती है।

अभय ने अपनी छोटी-छोटी कहानियों में जीवन की छोटी-छोटी घटनाओं के माध्यम से आज के समाज के उत्पीड़क चरित्र, समकालीन जीवन के दर्द और इन सब के जरिये पूरी अवस्था की अमानुषिकता जैसा बड़ा सच उजागर करने का कलात्मक प्रयत्न किया है।

'हस्तक्षेप' में पुलिस वालों के द्वारा ट्रेन में उन महिलाओं को परेशान करने की कहानी है जो अनाज एक जगह से दूसरी जगह ले जाकर पेट भरने का इन्तजाम करती हैं। 'उत्तरार्द्ध' में गाँव में नाटक के माध्यम से जमींदार का विरोध करने और उस मौके का भी इस्तेमाल जमींदार के द्वारा धूर्ततापूर्वक कर लेने की कथा है।

'तकाजा' में स्कूल के सेक्रेटरी के द्वारा निजी स्वार्थ के लिए स्कूल के साधनों का दुरुपयोग करने का वृत्तान्त है। इस तरह की कहानियों में 'ठंड' खासतौर से ध्यान खींचती है। यह कहानी 'भूखा क्या न करता', जैसे अनुभव सिद्ध वाक्य का दर्दनाक दृष्टान्त है। एक निर्धन लड़का मुर्गा-मुर्गी बेचने वाली दुकान पर काम करता है। दस मुर्गे-मुर्गियाँ हलाल करने पर उसे पाँच रुपये मिलते हैं। कभी-कभी उस्ताद उसका अप्राकृतिक उपभोग करके भी उसे पाँच रुपये दे देता है। लड़का उससे परेशान रहता है लेकिन उसकी दयनीयता चरम सीमा पर पहुँचकर बेधक करुणा का विषय बन जाती है, जब एक दिन भयानक ठंड थी, उस्ताद उसे ललचाकर देखता है, इतने में एक गाड़ी वाला आकर सारे मुर्गे-मुर्गियाँ खरीद ले गया तो उस्ताद दुकान

बन्दकर जाने लगता है। लड़के के घर में कुछ भी खाने को नहीं है, माँ अस्वस्थ है। मुर्गे बिना कटे बिक गये, उसे पैसे नहीं मिलेंगे। वह चाहता है कि उस्ताद कुछ भी करके, उसका अप्राकृतिक उपभोग करके भी उसे पाँच रुपये दे दे, लेकिन उस्ताद के पास आज अचानक सात सौ रुपये आ गये हैं, वह रिक्शे पर चढ़कर दारू पीने चल देता है। अपने को उस्ताद के सामने परोसने के लिए विवश लड़का दारू और वेश्या के सामने तुच्छ और निरर्थक बन जाता है। ठंड का प्रकोप उस पर बना रह जाता है। हमारे समाज की व्यथा का, हमारे यथार्थ का एक निकृष्ट और घिनौना रूप यह भी है। यह एक ध्यान देने योग्य कहानी है।

आलोच्य दौर में पूरी गम्भीरता से शंकर ने ऐसी कई कहानियाँ लिखी हैं जिनकी चर्चा समकालीन दौर की उल्लेखनीय कहानियों में होनी चाहिए। शंकर ने अपनी कहानियों में आज के समाज और जीवन की विषमताओं और असंगतियों को चित्रित करने के लिए अछूते प्रसंगों की योजना की है, जिनसे उनका कथ्य अत्यधिक प्रभावशाली बन जाता है। बेरोजगारी की विकटता को मूर्त करने के लिए वे सर्वथा नया, लेकिन एकदम स्वाभाविक व्यवहार दिखाते हैं। 'टिकट' कहानी में एक बेरोजगार युवक द्वारा एक संस्थान द्वारा इंटरव्यू के बाद वापसी के लिए दिये गये टिकट को बेचकर पैसा पाने की कोशिश का प्रसंग आता है। यह कोई सामान्य व्यवहार नहीं है लेकिन जीवन की लाचारी मनुष्य को ऐसा बना देती है। यह व्यवहार ही इस कहानी में नयेपन का समावेश करता है। बेरोजगार युवक की व्यथा, मानसिकता और अन्तर्द्वन्द्व का कुशल वर्णन कहानी में किया गया है।

'ध्वजा' शंकर की एक महत्त्वपूर्ण कहानी है। इस कहानी में कथ्य का वाहक है सद्दू उर्फ सदानन्द। कहानी का कथ्य है कि गरीबी के मारे आदमी के लिए धर्म, उसकी घेराबन्दी और उसके बाह्याडम्बर कोई मतलब नहीं रखते। इस कथ्य को व्यंजित करने के लिए लेखक ने जिन प्रसंगों की रचना की है, वे कहानी को प्रभावशाली बना देते हैं। सद्दू एक मजदूर है, जो एक मोटर गैरेज में काम करता था लेकिन एक दिन मालिक ने उसे निकाल दिया और कहीं किसी काम के लिए कोई जमानतदार नहीं मिला तो उसके दोस्त हबीब ने उसे सदानन्द से सादिक बनाकर मस्जिद की मीनार पर रोशनी रखने और पहरेदारी करने का काम दिलवा दिया। वहाँ उसे मिलने लगे सौ रुपये महीने, चार पसेरी चावल और रहने के लिए एक कमरा। उसके जीवन में फिर मोड़ आता है जब महाराज जी उसे पहचानकर पूछ लेते हैं—"तुम सदानन्द हो न?" महाराज जी को लगता है कि यह हिन्दू होकर मस्जिद की नौकरी करता है, यह तो ठीक नहीं है। इसलिए महाराज जी उसे कहते हैं—"सुन, मैं तुम्हें डेढ़ सौ रुपये दूँगा। ऊपर से पूरा मन चावल। तू छोड़ दे मस्जिद। आ जा मेरे चबूतरे पर। शुद्धि स्नान करा दूँगा। औरत-बच्चों के साथ अभी रह गोशाले की कोठरी में।" यह सब सुनकर सद्दू की आँखों में चमक आ गयी। सद्दू फिर

सदानन्द बन गया। चुपचाप मस्जिद से निकलकर यज्ञस्थली पर चला गया। दोनों घटनाओं का सार-तत्त्व यही है कि भावना और आस्था के स्तर पर, विश्वास और मान्यता के स्तर पर धर्म का चाहे जितना ऊँचा और गहन महत्त्व हो लेकिन जीवन के ठोस यथार्थ पर धर्म से ज्यादा ताकतवर वस्तुओं का अस्तित्व है। उन वस्तुओं में महत्त्वपूर्ण स्थान है जीने के साधनों का। जीविका के लिए सदानन्द सादिक बनता है और फिर ज्यादा मँजूरी मिल जाने पर सादिक फिर सदानन्द बन जाता है। मनुष्य की चेतना उसका भौतिक अस्तित्व प्रभावित और प्रेरित करता है, सदानन्द जैसे आदमी का जीवन तो उसे प्रमाणित करता है। सदानन्द न केवल मस्जिद से निकल यज्ञ की ध्वजा लेकर चक्कर लगाता है बल्कि ध्वजा रखकर चर्च मिशन वालों की खड्ड में फँसी हुई जीप को ठेलकर निकाल देता है और मेमों से दस रुपये लेकर पुनः ध्वजा उठाये आगे बढ़ जाता है। उसके हाथ में जो ध्वजा है उसका उद्देश्य है मस्जिद और मिशन के प्रभाव को रोकना लेकिन वह स्वयं जीविका प्राप्ति के लिए मस्जिद, चर्च और यज्ञ सबसे जुड़ता चलता है। लेखक ने बड़े ही विश्वसनीय ढंग से अनुभवों के आधार पर, कहीं विशेष उल्लेख किये बिना अपने कथ्य का चित्रण किया है। जीवन की समस्या और विवशता का इलाज रोजगार में है और धर्म यदि रोजगार दे सकता है तो ठीक है। ध्यान देने की बात है कि जीवन की समस्या का स्वरूप धार्मिक नहीं, धर्मनिरपेक्ष ही होता है।

'ठिकाने' कहानी साम्प्रदायिक उन्माद और आतंक के अँधेरे में डूबे हुए शहर में मनुष्यता के गुम हो जाने की भयानकता में भी मानवीय संवेदनशीलता के न केवल बचे रहने, बल्कि सक्रिय रहने का चित्रण बड़ी कुशलता से करती है। वास्तव में यह साम्प्रदायिक टकराव की नहीं, मानवीय आत्मीयता की कहानी है। जीवन का आवेश साम्प्रदायिक आतंक को, संकीर्णता और परेशानी को भी तोड़ता है। रात के अँधेरे मे गुरमीत बुआ का भैंस खोजने के लिए और जमालुद्दीन का दुकान पर से मशीन ले जाने के लिए निकल पड़ने के सन्दर्भों की योजना करना और फिर दोनों को मिलाकर एक-दूसरे की दिक्कतों को दूर करने का रास्ता निकालने का आश्वासन देने के वर्णन कहानी को अन्तर्वस्तु और शिल्प दोनों ही दृष्टियों से प्रौढ़ बना देते हैं।

निम्न-मध्यवर्गीय चरित्र (जैसे गणपति) की महत्त्वाकांक्षा, उच्च वर्ग की तरह जीने या कम से कम दिखावे और मिथ्या श्रेष्ठता की भावना एवं मानसिकता को चित्रित करने वाली शंकर की एक उल्लेखनीय कहानी है 'बालकनी।' निम्न मध्यवर्ग की सीमा और धनाढ्य वर्ग की ऊँचाई या सम्भ्रान्तता के बीच टकराव का बड़ा ही सजीव और बेधक चित्रण इस कहानी में किया गया है। गणपति अपने समकक्षों से अपने को अलग कर उच्च वर्ग वालों के मुहल्ले में रहने चला जाता है और वहाँ उच्चवर्गीय घरों के बच्चे जब गणपति के बच्चों के पीठ पर सवारी करते हैं, उन्हें

परेशान करते हैं, तब भी वह खुश होता है कि उसके बच्चे बड़े लोगों के बच्चों के साथ खेलते तो हैं। यह पतनशील मानसिकता का अच्छा चित्रण है।

नौकरी की दुर्बलता के इस दौर में नौकरी दिला देने का प्रलोभन श्रमिक मनुष्य के शोषण का आधुनिक तरीका बन गया है। यह 'स्वप्न वृत्त' कहानी में घुरना के शोषण के जरिये चित्रित किया गया है लेकिन आधुनिकता के इस युग में घुरना भी समझ जाता है तभी तो वह कहता है कि "आप नौकरी के सपनों से अपना दाँव चला रहे हैं न, मालिक।" यह नयी चेतना उसे शोषण प्रतिरोध करने की शक्ति देती है।

'पहिये' में समाज में चल रहे व्यापार का एक नया ही रूप, साथ ही सामाजिक चेतना के विकास की नयी अवस्था भी चित्रित है। किसानों के शोषण का जो जाल गाँव से शहर तक बिछा हुआ है, उसका अनुभव इस कहानी में है। गोभी-उत्पादकों को बैलगाड़ी पर गोभियाँ लाद शहर के आढ़त में बेचना पड़ता है, लेकिन ट्रकवालों से पहले पहुँचकर। बाद में पहुँचने पर उन्हें कम दाम मिलेगा। बैलगाड़ी वाले किसान समय पर पहुँच जाते हैं लेकिन उन्हें चेकपोस्ट पर अकारण रोक कर देर कर दी जाती है। आढ़तवाले व्यापारियों, ट्रकवालों और चेकपोस्ट वालों में तालमेल है जिससे किसानों का व्यापारिक शोषण जारी रहे, लेकिन किसान अपने हित और उसके खिलाफ साजिशी जाल को समझ जाते हैं और चेकपोस्ट के बाँस को सामूहिक निर्णय करके एक झटके से तोड़कर शहर की ओर बढ़ जाते हैं। पीड़ितों में, शोषितों में अपने हितों की रक्षा करने के लिए सामूहिक संघर्ष करने की चेतना और उस चेतना को कार्यान्वित करने की शक्ति आज के यथार्थ की यह नयी अवस्था है जो जीवन के साथ स्वाभाविक रूप में विकसित हुई है। यह किसी भी तरह आरोपित नहीं है। आज के यथार्थवादी लेखकों की यह विशेषता है।

हरि भटनागर ने छोटी-छोटी कहानियों में आज के सामान्य मनुष्य के जीवन की तंगी का चित्रण विविध प्रसंगों में किया है। ये विविध प्रसंग अत्यन्त तीखे और मर्मस्पर्शी हैं, मन को उद्विग्न कर देने वाले हैं। हरिभटनागर की इन कहानियों की मुख्य बात है जीवन प्रसंगों की ताज़गी, जो समकालीन जीवन के प्रवाह से प्राप्त अनुभवों पर आधारित है। इनमें अनुभव सिद्ध ताज़गी की मार्मिकता इतनी बेधक है कि इस बात पर ध्यान ही नहीं जाता कि शिल्प और भाषा के मामले में हरि भटनागर ने कुछ नया गढ़ने की कोशिश की है या नहीं।

'सगीर और उसकी बस्ती के लोग' शीर्षक कहानी सगीर और उसके माध्यम से पूरी बस्ती के लोगों के जीवन का निम्नतम स्तर हमें दिखाती है। जीवन के पिछड़ेपन का एकदम नया प्रसंग है यहाँ। यह प्रसंग रचनाकार की सूक्ष्म और प्रखर रचना दृष्टि की खोज का परिणाम है जो समकालीन कहानी की एक उपलब्धि है।

बेसहारा सगीर जीविका के लिए, भूख मिटाने के लिए भटक रहा है। ऐसा

नहीं है कि वह काम नहीं करता, बल्कि काम का हुनर भी उसके पास है लेकिन उसकी बाल-अवस्था उसे कहीं टिकने लायक जगह नहीं देती। बालक सगीर नदी के किनारे पिकनिक करने वाले लोगों को उत्सुकता से देखता है, उसकी आँखों में कौतूहल है। वे लोग कुछ खाने की चीज़ें छोड़ गये हैं, केक, सॉस आदि। सगीर उन चीजों को हाथ में लेता तो है, लेकिन समझ नहीं पाता कि वे क्या चीजें हैं? उसने गाँव के कमउम्र के लड़कों से पूछा, अम्मी से पूछा, जहीर उस्ताद से पूछा, सँजीवन नाई, मल्लू कुम्हार, रईस कबाड़िया और धीरे-धीरे बस्ती के तकरीबन सभी लोगों से पूछा लेकिन बुजुर्ग से बुजुर्ग आदमी भी नहीं पहचान सका केक और सॉस को।

खाद्य वस्तु को भूखा आदमी भी खाद्य नहीं समझ पाता और अन्ततः फेंक देता है। कैसी विडम्बना है यह। सगीर को उनके खाद्य होने का बोध तब होता है जब एक कुत्ता आकर सॉस को चाटने लगता है। यह है बीसवीं सदी के अन्तिम चरण में, इक्कीसवीं सदी की दहलीज पर हमारे समाज के अच्छे-खासे हिस्से के जीवन का यथार्थ कि उसके लोगों को खाद्य संवेदना से अधिक सहज और विकसित एक कुत्ते की खाद्य संवेदना मालूम पड़ती है।

मनुष्य जीवन की हीनता व्यंजित करने के लिए कुत्ते का उपयोग कई प्रसंगों में अनेक लेखकों ने किया है। यहाँ भी कहानी में कुत्ते की यही उपयोगिता है, लेकिन खाद्य पदार्थों की पहचान के प्रसंग में कुत्ते की भूमिका संवेदनशील मनुष्य को विचलित करने वाली है।

'चूहा' एक उल्लेखनीय कहानी है सामाजिक प्रसंग और चरित्र दोनों ही दृष्टियों से। चवन्नी सिंह, संग्राम सिंह और मुलायम सिंह गाँव के जीवन में समय के साथ विकसित नये चरित्र हैं, जो पिछले कुछ ही वर्षों से दिखाई पड़ रहे हैं। गाँव में पढ़े या अधपढ़े नौजवान किसी रोजगार के अभाव में कैसे लम्पटीकरण के शिकार होकर आतंक फैलाते और अपना रौब जमाते हैं, यही इस कहानी का विषय है। धनाढ्य परिवारों के ये बेरोजगार पूरे समाज में संस्कृति के लम्पटीकरण के माध्यम बनते हैं लेकिन ये युवक कितने मूर्ख, खोखले और कमजोर होते हैं, यह लेखक ने कहानी में चूहा मारने का प्रसंग जोड़कर बड़ी खूबी से दिखाया है। वास्तव में कहानी का चूहा ऐसे लम्पट युवकों के व्यक्तित्व का प्रतीक बन गया है। इस प्रकार कहानी में समाज की पतनशीलता और पतनशीलता के माध्यम की कमजोरी दोनों का चित्रण सहजता से हुआ है। समग्र रूप में कहानी समाज में लम्पटों के द्वारा आतंक फैलाने की प्रक्रिया, आतंकपूर्ण वातावरण और आतंक को पकड़कर रास्ता बनाने की सम्भावना, तीनों को समेटकर जटिलता के साथ भी सहज बनी रहती है। यह यथार्थ के नये रूप की ताजा कहानी है।

'मेज, कुर्सी, तख्ता.....' शीर्षक कहानी में जीने के तंग हालात का एकदम नया प्रसंग प्रस्तुत किया गया है। कहानी में दो मुख्य पात्र हैं—खलील और उसका

बेटा जलील। कहानी पहले ऊपर-ऊपर पिता-पुत्र के सम्बन्ध के बारे में दिखाई पड़ती है, लेकिन इस पृष्ठभूमि पर जो बात मुख्य रूप से उभरकर आती है, वह यह है कि जलील को अपने दाम्पत्य जीवन का आनन्द लेने के लिए जगह नहीं मिलता, लेकिन वह अपने बूढ़े और बीमार पिता के अस्तित्व की उपेक्षा करके उसे मेज, कुर्सी, तख्ता और टाट जैसी वस्तु मानकर पत्नी सुख प्राप्त कर लेता है।

यहाँ पिता की उपेक्षा विशेष प्रकार की है। विशेष के बदले असाधारण कहना बेहतर होगा। जीवन की असाधारण तंगी के बीच से पिता की उपेक्षा या पिता-पुत्र के पारिवारिक रिश्ते को नज़र अन्दाज़ करने से भी ज्यादा उल्लेखनीय और ध्यान देने की बात है, भोजन वस्त्र की तरह ही स्वाभाविक और आवश्यक अवसर का अभाव। ऐसी असाधारण परिस्थिति में मनुष्य की स्वाभाविक चेंतना भी असामान्य और अस्वाभाविक ढंग से काम करने लगती है। जलील ऐसा ही व्यवहार करता दिखाई पड़ता है। यह भी निम्न वर्ग के लोगों के जीवन का यथार्थ है। हरि भटनागर ने निम्नवर्गीय जीवन की विवशता से उत्पन्न असाधारणता और अस्वाभाविकता को इतने सहज और स्वाभाविक ढंग से बिना किसी उद्वेग और आवेग के व्यक्त किया है कि इससे उनकी कलात्मक प्रौढ़ता का सबूत मिलता है। यह कलात्मक प्रौढ़ता भाषा-शिल्प में नहीं, बल्कि मनुष्यता की विवशता की पकड़, उस विवशता में जकड़ी संवेदना और फिर पारिवारिक रिश्तों का अवमूल्यन और संवेदनशून्य हो जाने की स्थिति का चित्रण सहजता से करने में दिखाई पड़ती है।

कहानी उस क्षण चरम उत्कर्ष पर पहुँचकर अपना कथ्य व्यक्त करती है जब टाट के भीतर से होती हरकत और उससे उभरते हुए मनुष्य को देखकर लड़की कह उठती है, ''तूने बताया क्यों नहीं। यह देखो, ये कौन हैं.....'' और जलील कहता है, ''कहाँ, क्या है रे? कुछ तो नहीं, मेज-कुर्सी, तख्ता, मेज, टाट ही तो है यहाँ। वह भी कबाड़ का।'' कहानी का अन्तिम वाक्य 'खलील पसीना-पसीना था', जलील की प्रतिक्रिया पर एक मौन टिप्पणी है। दरअसल खलील टाट नहीं हो गया है। वह देख-सुन सकता है भले ही स्थिति में हस्तक्षेप करने की शक्ति उसमें नहीं है इसलिए वह एक तरह से कबाड़ ही है। मनुष्य का यह अवमूल्यन मनुष्य की निजी क्षमता के ह्रास और जीवन की परिस्थिति के कारण हो रहा है।

इसी तरह के असामान्य प्रसंगों के माध्यम से हरि भटनागर ने कहानियों में यथार्थ का नया संसार रचा है, जिससे हिन्दी कहानी समृद्ध हुई है। उनकी ही एक और कहानी है 'मुगालता' जिसमें गुलाबदेई को उसका पति मारपीट कर निकाल देता है और जब वह नैहर चली जाती है तो भाइयों को चिन्ता होने के बजाय खुशी होती है कि अब गुलाबदेई बूढ़े बाप को कमाकर खिलायेगी और उसकी देखभाल भी करेगी। यह आज के अमानुषिक वातावरण की ही अभिव्यक्ति है जिसमें अपना पारिवारिक आदमी भी अपनी सुविधा के अलावा और कुछ नहीं देखता।

गुलाबदेई जहाँ जाती है वहाँ शोषण का शिकार होती है, परिवार में और मालिक के यहाँ भी, जहाँ वह दाई का काम करती है। गरीबी उसे मजबूर करती है लेकिन शोषण को वह अंगीकार नहीं करती। हाँ, एक मुगालता उसे है कि वह मेहनत करके गरीबी से मुक्ति पा सकती है। जीवन की बदलती हुई स्थितियों, उन स्थितियों के प्रभाव से बदलती हुई चेतना और उस चेतना से दीप्त गुलाबदेई। उसके व्यक्तित्व में जो तेज़ और ओज है, उसी का परिणाम है कि उसकी इज्जत लूटने वाले गणेश को पिछवाड़े से भागना पड़ता है। अतिवाद के प्रभाव से इधर कहानियों में जो आरोपित लड़ाकूपन आया है उससे भिन्न है इस कहानी का स्वाभाविक लड़ाकूपन। 'खूंखार लोग' में भी एक ऐसा प्रसंग है जिसे आमतौर से नहीं उठाया जा सकता है और जिसे आमतौर से उठाया भी नहीं जाता है। इसमें बाबूलाल अपने सहकर्मी मजदूरों के द्वारा ही शोषण का शिकार बनाया जाता है। इसमें मजदूरों के चरित्र के भी कई स्तर चित्रित हैं।

बेरोजगारी को कहानी का कोई नया विषय नहीं कहा जा सकता है। बेरोजगारी पर अनेक कहानियाँ समकालीन दौर में लिखी गयी हैं लेकिन यह कहानी का विषय तब तक बना रहेगा, जब तक नौजवान बेरोजगारी की मार खाते रहेंगे, उसकी चुभन महसूस करते रहेंगे। इसलिए इस विषय पर लिखी गयी कहानी एकदम सरपट ढंग से पुरानी नहीं कही जा सकती। बेरोजगारी की अन्तर्वस्तु पर लिखी प्रेम कुमार मणि की कहानी 'सन् उन्नीस सौ चौरासी' में कई दृष्टियों से नयापन है। सबसे पहले कहानी के स्वरूप का गठन नया है। यह कहानी प्रथम दृष्ट्या कहानी की तरह नहीं दिखती हुई भी कहानी है। परम्परागत कहानी की तरह घटनाओं का क्रमबद्ध वर्णन इसमें नहीं है, कहानी जैसी गतिशीलता भी नहीं है इसलिए स्वभावतः चरित्र-चित्रण जैसी चीज भी नहीं है। कहानी डायरी शैली में है और डायरी का एक वाचक भी है। डायरी लिखने वाला बेरोजगार है। डायरी की तिथियाँ क्रमबद्ध नहीं हैं। वाचक इंटरव्यू के लिए शहर जाने के क्रम में बस स्टॉप पर बस की प्रतीक्षा में इधर-उधर करते वह डायरी पाकर पढ़ने लगता है। डायरी में एक बेरोजगार युवक की मनोदशा, मनोवृत्ति और मानसिक प्रक्रिया का उद्घाटन विभिन्न तिथियों में दर्ज नोटिस के जरिये किया गया है।

बेरोजगार नौजवान की आर्थिक तंगी, उसकी आय का स्रोत (माँ से प्राप्त, भाभी से प्राप्त, बस) तंगी में कंजूस समझे जाने का दुख, प्रतियोगिता परीक्षा की तैयारी, बेरोजगारों की दृष्टि में बादशाहों की फिजूलखर्ची और आज की सरकार की फिजूलखर्ची में समानता, उसे फ्रांस की राज्य क्रान्ति का अच्छा लगना, ज्ञान-विज्ञान में उसकी रुचि, नींद के लिए कम्पोज खाना आदि का चित्रण कहानी के कथ्य को व्यक्त करते हैं। इसके साथ ही शहीदे आज़म भगत सिंह का चित्र बनाना, उनका नाम लिखना, किसान सभा की बैठक में जाना, निराशा में तन्त्र-मन्त्र का सहारा लेना,

फालतू सोचने के नाम पर पार्टी से निकाल दिया जाना आदि उसके क्रियाकलाप और मनोवृत्ति को व्यक्त करते हैं। बेरोजगार नौजवान अपने पारिवारिक दायरे में भी अन्याय का शिकार होता है लेकिन अपनी मानसिक प्रक्रिया और समझ के कारण लेखक पारिवारिक अन्याय को भी सामाजिक अन्याय का ही अंग समझता है। अन्त में चुनाव का जिक्र है लेकिन डायरी लेखक वोटर नहीं है जिसका सांकेतिक अर्थ यह है कि बेरोजगार युवक की नागरिकता अधूरी होती है। इस तरह यथार्थवादी कथ्य को प्रस्तुत करने का, निम्न मध्यवर्गीय चरित्र को पेश करने का नया अन्दाज़ इस कहानी में है।

'भात' कहानी में गाँव की एक किसान औरत की व्यथा है, जिस पर परिवार का भार है। इस कहानी में भी घटना का महत्त्व नहीं है, फिर भी समाज की रूढ़ि (जात) और गरीबी के कारण जीवन को विवशता के टकराव में घटते हुए जीवन का चित्रण कुशलता से किया गया है। विधवा सोमारी को जात के फैसले के मुताबिक भात यानी भोज देना है, तीन-तीन भोज और अब टालने से जात से कठिन हो जाएगा। इधर पुच्छल तारा अकाल का संकेत दे रहा है। इस पृष्ठभूमि में स्वाभाविक रूप से सोमारी सोचती है—'कैसा समाज है, कैसा नेमधरम, जिसने माँगने पर एक मुट्ठी चावल नहीं दिया यही उनके आँख मूँदते भात के लिए सिर पर सवार हो गया।' जात और भात के द्वन्द्व में फँसी सोमारी व्यथा की संक्षिप्तता में भी मार्मिक है।

मणि की कहानियों में आमतौर से सामाजिक अन्तर्विरोध और जीवन की असंगतियों को उभारने की कोशिश है। इस दृष्टि से 'गाँव', 'चिट्ठी', 'संवाद', 'बीमार मछली' और 'कास के फूल' आदि कहानियाँ उल्लेखनीय हैं। 'बीमार मछली' सामाजिक अन्तर्विरोध से उत्पन्न संवेदना की अनोखी कहानी है। इसका अनोखापन अन्तर्विरोध के चित्रण में नहीं, बल्कि दर्द की उलटवांसी की तीखी अनुभूति व्यंजित करने में हैं। बच्चे और पत्नी के बीमार पड़ने पर खुश होना और ठीक हो जाने पर दुखी होना कतई सम्भव नहीं है लेकिन आज के समाज की विडम्बना और कहानीकार की कला का साथ हो तो ऐसी उलटवांसी देखी जा सकती है। इधर होती लाल का बेटा बीमार है और उधर मालिक के घर एक्वेरियम की मछली बीमार है। इधर बेटे के लिए दवा का प्रबन्ध नहीं कर पाने का गहरा दुख है और उधर दवा और दौड़- धूप के बावजूद मछली के स्वास्थ्य में सुधार नहीं हो पाने की बेचैनी। इस अन्तर्विरोध और असंगति के बीच होतीलाल के परिवार को उद्वेलित कर देने वाले दर्द की प्रतिक्रिया देखने को मिलती है। गरीबी और फटेहाली में फँसा होतीलाल तीसरे दिन भी जब बेटे के लिए दवा और पत्नी के लिए भोजन का इन्तज़ाम किये बिना घर लौटा तो अपराधबोध से गमगीन था लेकिन बेटा सोया हुआ है और पत्नी कहती है—"देखते नहीं बुखार है। खाने को जी नहीं है" तो होतीलाल सोचता

है—'अच्छा हुआ बुखार आ गया, नहीं तो खाने की चिन्ता बनी रहती।' यह जीवन की असंगति पर तीखा व्यंग्य है। एक और दिन ऐसा आया जब होतीलाल फिर बिना दवा और भोजन का प्रबन्ध किये लौटा और पत्नी ने बताया कि, रामू का बुखार उतर गया है, मेरा भी, यह सुनकर होतीलाल का दिमाग चकरा गया। आज ही बुखार को टूटना था। ऊपर की दोनों ही स्थितियों में होतीलाल की चेतना गरीबी, भूख और लाचारी के दबाव के कारण विकृत होकर गहरे व्यंग्य का माध्यम बनती है। होतीलाल का दर्द वैयक्तिक न रहकर सामाजिक बन जाता है और मालिक की बीमार मछली की कथा से जुड़कर इस अमानुषिक समाज-व्यवस्था पर प्रहार करता है।

'कास के फूल' अपने आप में एक संघर्ष है, मनुष्य और उसकी कला के अवमूल्यन तथा शोषण के खिलाफ। कथा का क्षेत्र है एक कुम्हार परिवार जो मूर्तियाँ बनाने में निपुण और विख्यात है। मूर्तियाँ बनाकर ही पलटू और बाद में उसका पुत्र रतन अपने परिवार का भरण-पोषण करते हैं। असंगति यह है कि पलटू या रतन की बनायी मूर्तियों को तो लोग पूजते हैं, मूर्तियों के सौन्दर्य और कलात्मकता की दिल खोलकर प्रशंसा करते हैं लेकिन मूर्तिकार के परिवार का पेट भी ठीक से नहीं भरता उन मूर्तियों के दाम से। इस समाज में जो मूल्य अब तक स्थापित है, वे ऐसे हैं कि सेठ महाजन एक पैसा सूद का नहीं छोड़ता है लेकिन मन्दिर बनाने के लिए हजार-हजार रुपये चन्दा देता है। मूर्तिकार रतन को आसिन का पता कास के फूल से नहीं बल्कि इस बात से चलता है कि महाजन तगादे शुरू कर देता है और यही मूर्तियाँ बनाने का भी महीना होता है। लेकिन दुर्गा और लक्ष्मी की मूर्तियाँ बनाकर भी रतन कमजोर है और दूसरे ताकतवर एवं दौलतमन्द बनते गये हैं। अन्त में जो रतन सेठों और अन्य ताकतवर लोगों से सीधे नहीं लड़ सकता, वह दुर्गा माता की मूर्तियाँ बनाने के बदले मंगल सेठ, लक्ष्मी जी की साड़ी पकड़े हुए मंगल सेठ, उनके मुँह में शराब डालता वृन्दा पहलवान, सेठ के पीछे खड़े चौपाया मन्त्री जी, एक लड़की से बलात्कार करता चुंगी सेठ का लड़का आदि मूर्तियाँ बनाकर खुद सपरिवार छोड़कर चल देता है और एक मूर्ति ऐसी भी है, जिसमें दुर्गा माता सेठों के मुंड से बना मुंडमाल पहने हुए हैं और उनके पीछे सताये हुए लोगों की टोली है। इस प्रकार मूर्तिकार गाँव छोड़कर भी अपनी कला और कलाकृतियों के जरिये शोषकों और जुल्मियों से संघर्ष करता है और जनता को दुर्गा यानी सामूहिक शक्ति के पीछे गोलबन्द होने का सन्देश देता है। यह आज के बदले हुए सामाजिक यथार्थ की चेतना की कलात्मक अभिव्यक्ति है।

कहानी को समझने की समस्या

संजय की कहानी 'कामरेड का कोट' बेशक एक राजनीतिक कहानी है, जो एक राजनीतिक योजना के अन्तर्गत लिखी गयी है। राजनीतिक कहानी वह भी होती है जिसमें किसी दल का समावेश किये बिना विभिन्न वर्गों के सम्बन्धों और टकरावों का परिस्थितिगत चित्रण किया जाता है। प्रेमचन्द की कहानी 'पूस की रात' एक राजनीतिक कहानी है इस अर्थ में कि जीवन की परिस्थिति का मुकाबला करते हुए हल्कू में वर्गीय चेतना का उदय होता हुआ दिखाया गया है, जैसे ज़मीन के भीतर पड़ा हुआ बीज बरसात में पानी पाकर अंकुरित होता है। यह सामाजिक बनावट के आधार, वर्गीय सम्बन्धों को अभिव्यक्त या बेपर्द करने की बुनियादी राजनीति है। 'कामरेड का कोट' में इस बुनियादी राजनीति को नहीं, बल्कि आधारभूत वर्गीय सम्बन्धों के ऊपर बनने वाली अधिरचना के अग्र रूप में जो राजनीति दिखाई पड़ती है उसी को कहानी का विषय बनाया गया है। वह राजनीति भी यहाँ सीमित दायरे में है, परस्पर विरोधी वर्गीय सम्बन्धों के आधार पर बनने वाली राजनीति नहीं, बल्कि एक वर्ग यानी शोषित-पीड़ित वर्ग अथवा कहें क्रान्तिकारी वर्ग की क्रान्तिकारी राजनीति और कार्यनीति का सही स्वरूप तय करना इस कहानी की राजनीति है। अधिरचना को ही मूल विषय बनाकर चलने से जिस गड़बड़ी की आशंका रहती है, वह गड़बड़ी इस कहानी में हो गयी है।

गड़बड़ी के इस स्वरूप पर सामाजिक यथार्थ के आग्रह की दृष्टि से विचार करना चाहिए, विचारधारा या सही क्रान्तिकारी राजनीति एवं कार्यनीति के आग्रह की दृष्टि से नहीं। रमेश उपाध्याय ने कहानी की व्याख्या करने में यही गलती कर दी है, इसलिए वे थोड़ा गुस्से में आ गये हैं। गुस्साने से काम नहीं चलेगा।

कहानी में चित्रित यथार्थ यानी उसकी स्थितियों, उसके चरित्रों, उनके आपसी सम्बन्धों, उनकी आकांक्षाओं आदि की रचना लेखक के द्वारा की जाती है, इसलिए उनके लिए लेखक ही जिम्मेदार होता है, भले ही उसका आधार सामाजिक जीवन है। इसलिए देखना यह है कि उसकी स्थितियाँ, उसके चरित्र सामाजिक जीवन के साथ स्वाभाविक मेल में हैं या नहीं। 'कामरेड का कोट' में मोटा-मोटी दो स्थितियाँ

हैं—एक पार्टी-बैठक की पृष्ठभूमि के रूप में, दूसरी साक्षात् पार्टी के रूप में। पहली स्थिति में एक पूर्ववर्ती कम्युनिस्ट कार्यकर्ता की पारिवारिक समस्या, उसकी गरीबी आदि के मार्मिक चित्रण से कहानी शुरू तो होती है लेकिन शीघ्र ही जब कमलाकान्त बैठक के लिए निकल पड़ता है तो कहानी संस्मरणात्मक रूप ले लेती है। यह तो स्वाभाविक है कि बैठक में जाते हुए कमलाकान्त के मन में गाँव में हुए संघर्ष में बातें याद आने लगती हैं, मारे गये चार खेत-मजदूरों के बिम्ब उसके मन में तैरने लगते हैं लेकिन गाँव में खेत-मजदूरों की जीवन-कथा का लम्बा निबन्धात्मक विवरण कहानीपन पर हावी हो गया है जिससे पाठक ग्रामीण मजदूरों की जीवन-दशा का ज्ञान तो पा सकता है, लेकिन उनकी व्यथा को महसूस नहीं कर पाता। कुछ तो अप्रासंगिक विवरण भी आ गये हैं जो कहानी को एक लम्बी कहानी बनाने के सिवा और कोई योगदान नहीं करते।

दूसरी स्थिति जहाँ कहानी वास्तव में घटित होती है, वह पार्टी भी अंचल कमिटी की बैठक है। लेखक संघर्ष को मैदान से उठाकर पार्टी बैठक में पहुँचा देता है क्योंकि वह समझता है कि संघर्ष का मुख्य विषय है क्रान्ति की रणनीति और कार्यनीति, संसदवाद को पराजित किये बिना मजदूरों के वर्ग दुश्मन जगत नारायण सिंह को पराजित नहीं किया जा सकता। यहीं पर मेरा कहना यह है कि कहानीकार के लिए सबसे अधिक महत्त्वपूर्ण है सबसे बड़े यथार्थ या यथार्थ के सबसे बड़े पहलू का चित्रण करना। प्रस्तुत कहानी में लेखक के लिए बड़ा पहलू है संसदीय मोह में पड़े पार्टी नेतृत्व को बेपर्द करना। फलतः सामन्त जगतनारायण सिंह का जुल्म रह गया पृष्ठभूमि में। सामन्त विरोधी संघर्ष रह गया पीछे और पार्टी-नेतृत्व विरोधी संघ से आगे आ गया। इस प्रकार लेखक यथार्थ के मुख्य अंश को छोड़कर गौण अंश में उलझकर रह गया। कहानी लिखने का जो उद्देश्य है, उसमें यही होना था।

पार्टी-बैठक कहानी का विषय नहीं हो सकती, ऐसी बात नहीं। क्रान्ति की राजनीति और कार्यनीति तय करने का संघर्ष भी हमारे युग का आवश्यक राजनीतिक संघर्ष है, लेकिन इस प्रकार के वैचारिक और राजनीतिक संघर्ष की स्थितियाँ एवं पात्र स्वाभाविक होने चाहिए। देखना यह है कि चित्रण वस्तुगत है या लेखक की राजनीतिक प्रतिबद्धता से प्रेरित।

पार्टी बैठक में कमलाकान्त के गाँव के संघर्ष का मुख्य रूप से जिक्र क्यों नहीं हो पाता? यह बैठक खासतौर से उस इलाके में बुलायी गयी है जहाँ चार मजदूरों की हत्या हुई थी, फिर भी उसका जिक्र न तो राम गोबिन मास्टर ने किया और न जिला सचिव चक्रधर ने। क्या यह स्वाभाविक बात है? हत्याकांड को दबाने की ऐसी ही साजिश इन स्थानीय नेताओं ने की थी तो वे इलाके में (भले ही मुख्य गाँव से कुछ हटकर) बैठक करना कबूल ही क्यों किया? और फिर इसमें राज्य सचिव सत्यार्थी जी और केंद्रोम नेतृत्व के सदस्य रक्तध्वज जी आदि को क्यों आमन्त्रित

किया? दोनों भागों में संगति नहीं बैठती। मैं नहीं समझता कि कोई कम्युनिस्ट नेता (चाहे वह संसदीय भटकाव के दलदल में आकण्ठ धँसा क्यों न हो) गाँव का अध्ययन करने आये और सम्बद्ध कामरेड से घटना के बारे में पूछे तक नहीं! किसी भी तरह की कम्युनिस्ट पार्टी की राज्य कमिटी का सचिव चार-चार मजदूरों की हत्या जैसे कांड पर बातचीत को गैरजरूरी कैसे कह सकता है? इस कहानी में राज्य सचिव सत्यार्थी जी कहते हैं– "कामरेड उपाध्याय, बातचीत के क्रम में उस घटना पर चर्चा अवश्य होगी। पहले जरूरी मुद्दों पर डिस्कशन कर लिया जाए!" कमलाकान्त चर्चा करने की कोशिश करता है तो जिला-सचिव चक्रधर इसे अनुशासनहीनता कह डालता है। यह सब युक्तिसंगत नहीं लगता। मैं नहीं समझता कि कोई क्रान्तिकारी एक जगह के संघर्ष की जरूरत को राष्ट्रीय स्तर पर क्रान्तिकारी संघर्ष की कार्यनीति बनाने पर जोर देगा। (यदि दे तो यह सचमुच बचकानापन होगा।) इसी तरह यदि राष्ट्रीय स्तर पर सत्ता परिवर्तन के लिए हथियारबन्द संघर्ष की परिस्थिति नहीं है, तो वहीं स्थानीय स्तर पर सामन्ती जुल्म के खिलाफ आन्दोलन एवं कार्यकर्ताओं की रक्षा के लिए हथेली पर दही जमाये रहने की सलाह कोई क्रान्तिकारी नेता कैसे दे सकता है? इन सारे प्रश्नों में निहित अनुभवजन्य औचित्य की उपेक्षा संजय ने की है। इसीलिए कहानी का उत्तरार्द्ध यानी बैठक के दरम्यान घटित कहानी का सबकुछ एकदम बनावटी लगता है। दो कार्यनीति के बीच संघर्ष की स्थिति कहानी में नहीं है, लेकिन कमलाकान्त और रक्तध्वज के बीच उसी पर बहस होती रहती है। इसी कारण बैठक के दरम्यान तमाम चरित्रों का व्यवहार असामान्य दिखाई पड़ता है, सबसे अधिक रामगोबिन मास्टर का। वह तो कहीं से भी कम्युनिस्ट नहीं लगता। सम्भव है कि कहीं किसी स्तर पर ऐसा आदमी पार्टी में हो लेकिन वह इतना प्रमुख नहीं हो सकता कि बैठक का संचालन करने लगे, लेकिन लेखक ने जिला सचिव और राज्य सचिव को भी उसी लाइन पर खड़ा कर दिया है। ये सभी ऐसा व्यवहार करते हैं, जैसे वर्ग-दुश्मन से मिले हुए हों।

कमलाकान्त का मुख्य सवाल यह है—जब भूमिपति सामन्त तनिक विरोध पर ही हमें मारने को दौड़ रहे हैं, तो क्या हम चुपचाप मार खायेंगे? यह सवाल क्रान्ति का नहीं है क्योंकि इसका सम्बन्ध सत्ता-परिवर्तन से नहीं, स्थानीय संघर्ष से है, लेकिन दोनों पक्ष इसे जरूरत से ज्यादा महत्त्व और विस्तार देकर अप्रासंगिक बहस में उलझ जाते हैं लेकिन यह सब रचना तो लेखक संजय की है। यदि कहानी की संरचना ऐसी होती कि ये सभी पात्र सरज़मीन के संघर्ष में जाते और वहाँ संघर्ष में हीला हवाला दिखाते, कायरता दिखाते, सामन्त जगतनारायण सिंह के प्रति नरमी दिखाते, तो ज्यादा स्वाभाविक ढंग से बेपर्द होते। कहने का मतलब कि तर्क-वितर्क के बदले अनुभव की रोशनी में उन्हें रखना चाहिए था। कहानी में अनुभव गायब है और शास्त्रार्थ मरा हुआ है। इस संरचना में लेखक के वैचारिक पूर्वाग्रह का हावी हो जाना ही स्वाभाविक है। कहानी का शीर्षक दिया गया, 'कामरेड का कोट।' इससे ज़ाहिर है कि लेखक का ध्यान भी कमलाकान्त की तरह ही रक्तध्वज के निजी चरित्र

पर ज्यादा है। कोट का रूस से लाया हुआ और लाल रंग का बताना प्रतीकात्मक बन जाता है, दूसरा प्रतीकार्थ रक्तध्वज से लेना।

सोवियत संघ तक को उसी तरह कमलाकान्त के संघर्ष का निशाना बना देता है, जिस तरह सामन्त जगतनारायण। इससे भी कहानी लेखक की राजनीतिक प्रतिबद्धता के साँचे में ढली हुई बन जाती है और यही तो इस कहानी की सबसे बड़ी कमजोरी है। यहाँ एक बात कहूँ, आज किसी भारतीय के पास रूसी कोट का होना कोई अजूबी बात नहीं है। बहुत से सामान्य कम्युनिस्ट कार्यकर्ताओं और गैर-कम्युनिस्टों के पास भी है। इसलिए इसे कौतूहल का विषय बनाना ठीक नहीं है।

कहानी में कई ऐसी बातें हैं जो संजय के भीतर बैठे समर्थ कहानीकार का दर्शन कराती हैं, जैसे, वर्तमान में चिन्ता व्यक्त करना, सूक्ष्म दृश्यों को पकड़ने की क्षमता, जीवन्त और युद्धोत्तर भाषा आदि, लेकिन सब कुछ तो पूर्वनिर्धारित निष्कर्ष को सिद्ध करने के आग्रह ने नष्ट कर दिया है। पूर्वाग्रह इससे भी सिद्ध है कि लेखक ने कमलाकान्त की पार्टी का इस ढंग से परिचय दिया है कि स्पष्ट हो जाता है कि वह सी.पी.एम. है और वह भी बिहार में। लेकिन इस कहानी के इस लेखक ने सी. पी.एम. को नुकसान पहुँचाने के बजाय कहानी कला को नुकसान पहुँचाया है और राजनीतिक रूप से वामपन्थ को भी।

हिन्दी कहानी में प्रेमचन्द के समय से चलकर यशपाल, संजय, जैनेन्द्र, भीष्म साहनी, मोहन राकेश, राजेन्द्र यादव, प्रभाकान्त, मार्कण्डेय, कमलेश्वर, शेखर जोशी, रेणु, शिवप्रसाद सिंह, ज्ञान रंजन, काशीनाथ सिंह आदि से होते हुए स्वयं प्रकाश की पीढ़ी तथा उसके बाद एकदम ताज़ा कहानियों तक लम्बी यात्रा तय कर ली है। उसमें ऊँचाई और प्रौढ़ता के उदाहरण ढेर सारे हैं। उनसे लाभ उठाने में कोई हर्ज़ नहीं है। मुझे लगता है कि हिन्दी कहानी की कलात्मक प्रौढ़ता बताती है कि क्रान्तिकारी राजनीति से सम्बन्धित कहानी में कोई पात्र घूँसा तानकर खड़ा हो जाए, इससे ज्यादा जरूरी और महत्त्वपूर्ण है कि कहानी का पाठक पढ़ते-पढ़ते इतना उद्वेलित हो जाए कि वह घूँसा तानकर खड़ा हो जाए। सामाजिक-राजनीतिक असंगति को महसूस करना कलात्मकता का मुख्य अंग होना चाहिए तभी कहानीकार को अपने उद्देश्य में सफलता मिल सकती है। संजय यह महसूस कराने में विफल रहे हैं।

एक सवाल भाषा के बारे में। क्या यह जरूरी है कि हिन्दी कहानी में यदि कोई हिन्दीतर भाषा-भाषी चरित्र आए तो उसे उसी तरह बोलते हुए कहानी में दिखाया जाए जिस तरह व्यवहार में बोलता है। यह सवाल आलोच्य कहानी के रक्तध्वज और आलोक चटर्जी के प्रसंग में उठता है। रक्तध्वज के संवाद पढ़ते हुए ऊब होने लगती है और रमेश उपाध्याय ने ठीक ही कहा है कि उसका केरिकेचर बन जाता है। हिन्दी भाषा की रचना में हिन्दी के आग्रह का पालन करने से कोई हर्ज़ तो नहीं होगा!

एक कमज़ोर फिल्मी कहानी : 'पीली छतरी वाली लड़की'

उदयप्रकाश हिन्दी के श्रेष्ठ कहानीकारों में जगह बना चुके हैं इसलिए उनकी कहानी चर्चित हो जाती है। स्वभावतः 'पीली छतरी वाली लड़की' की भी अच्छी-खासी चर्चा हो गयी थी। अब जब इसकी चर्चा थम गयी है तब इस पर संजीदगी से विचार किया जा सकता है, इसलिए मैं इस कहानी पर टिप्पणी करने को प्रेरित हुआ हूँ।

स्वयं लेखक ने पुस्तक रूप में प्रकाशित 'पीली छतरी वाली लड़की' के आमुख में लिखा है–"याद रखें यह लम्बी कहानी है, उपन्यास नहीं।" इतने सारे पृष्ठों के बावजूद इसमें जो चीज़ अनुपस्थित है, वह है औपन्यासिकता या 'एपिकैलिटी'।

यह तो इसी समय और इसी यथार्थ में अभी जिये जा रहे जीवन का एक और ब्यौरा भर है। एक निर्णीत आख्यान का टुकड़ा। इस कथन से कई प्रश्न उठते हैं जिन पर इस प्रसंग में विचार किया जा सकता है, लेकिन उससे पहले यह कह देना चाहता हूँ कि औपन्यासिकता या 'एपिकैलिटी' तो इसमें नहीं ही है, कहानीपन भी नहीं है, लेखक के द्वारा इसे लम्बी कहानी घोषित किये जाने के बावजूद। इसके औपन्यासिक होने का निषेध करके लेखक जब कहता है कि "यह तो इसी समय और इसी यथार्थ में अभी जिये जा रहे जीवन का एक ब्यौरा भर है" तो महसूस होता है, कि लेखक समझता है कि आज के यथार्थ का ब्यौरा किसी कथानक को औपन्यासिक नहीं बना सकता। यह समझ सही नहीं है। ब्यौरा आज के जीवन का हो या बीते जीवन का, वह औपन्यासिक तो तभी न होगा, जब वह व्यक्ति या व्यक्ति-समूह के जीवन का ही नहीं बल्कि युग-जीवन का भी प्रतिनिधित्व कर सके। 'पीली छतरी वाली लड़की, में युग जीवन का प्रतिनिधित्व करने की क्षमता अथवा योग्यता नहीं है, क्योंकि यह कथा आज के समय का प्रतिनिधित्व करने वाला केन्द्रीय प्रश्न क्या है इस पर मतभेद हो सकता है लेकिन मैं कहना चाहता हूँ, कि किसी लड़की के प्रति किसी लड़के का आकर्षण, किसी खूबसूरत युवती के प्रति किसी युवक की आसक्ति (प्रेम ही कह लें) आज के समय की पहचान का मामला तो नहीं है। यह तो मनुष्य की आदिम प्रवृत्ति है, यह तो प्राकृतिक प्रवृत्ति है, इसलिए यह मनुष्यत्व नहीं प्रभुत्व की प्रवृत्ति है। यह तो संवेग (इंस्टिन्ट) है, जो प्राकृतिक होता

है। सभ्यता और संस्कृति के विकास की ओर उनकी अघतन अवस्था की पहचान संवेग से नहीं होती। आहार, निद्रा, भय और मैथुन की प्रवृत्तियाँ मनुष्य और प्रभु में समान रूप से होती हैं, इसीलिए तो आचार्य चतुरसेन ने जब नानावती-कांड पर उपन्यास लिखा तो उन्होंने उसका नाम दिया—'पत्थर युग के दो बुत'। यह ज्यादा ईमानदार रचनात्मकता है। मनुष्य और मनुष्यत्व का विकास प्रकृति और प्राकृतिकता को नियन्त्रित करने के प्रयत्न या संघर्ष से हुआ है और आज भी वह प्रक्रिया जारी है। इस प्रक्रिया में नयी-नयी अवस्थाएँ आती गयी हैं, नये-नये प्रश्न उठते रहे हैं। इसी को साहित्य और समाज के प्रसंग में गतिशील यथार्थ परिवर्तनशील यथार्थ कहते हैं। यथार्थ की नवीनतम अवस्था की विशेषता, उस अवस्था से उठे नये-से-नये प्रश्नों और उनको व्यक्त करने वाले नये चरित्रों को पकड़कर रचना में लाने से कोई रचनाकाल का प्रतिनिधित्व करती है और अपने प्रभाव में कालातीत भी होती है। उदयप्रकाश की यह रचना इस विशेषता से वंचित है।

यह कहानी 'ब्यौरा भर है' यह लेखक का ईमानदार कथन है। दिक्कत यह है कि इसमें आये ब्यौरे कोई बड़ी बात नहीं कहते। एक पर एक ब्यौरे को जोड़ते जाने से कहानी जरूर लम्बी हो गयी है। यह मोंताज शैली में गढ़ी गयी रचना जरूर है लेकिन मोंताज भी नहीं बन पायी, क्योंकि मोंताज में छोटी-छोटी चीजों को जोड़कर एक बड़ी चीज़ बनायी जाती है। अपनी बात को स्पष्ट करने के लिए कहूँ कि चंडीगढ़ के 'रॉक गार्डन' में नेकराम ने छोटे-छोटे पत्थरों को जोड़कर या अन्य प्रकार के टुकड़ों को जोड़कर ऐसी अद्भुत और बड़ी चीज़ें बना दी हैं कि देखनेवालों का ताँता लगा रहता है। 'पीली छतरी वाली लड़की' की लम्बाई किसी कथ्य को सन्दर्भ सहित व्यक्त करने की जरूरत से या किसी संवेदना को गहराई में उतरकर चित्रित या व्यंजित करने के आग्रह से नहीं बढ़ी है। नतीजा यह है कि घटनाओं और कथा-प्रसंगों के संयोजन में कोई आन्तरिक अनुशासन नहीं मालूम पड़ता। आन्तरिक अनुशासन से मेरा मतलब यह है कि घटनाओं का सम्बन्ध ट्रेन के डिब्बों को आपस में ऊपर से 'हुक' से जोड़े जाने जैसा नहीं, बल्कि भीतर से गुम्पित होना चाहिए। इस कथा में घटनाओं और कथा-प्रसंगों में सम्बन्ध प्रायः 'हुक' से जोड़ा हुआ ही है। एक कथा है राहुल और अंजली की आसक्ति और प्रेम की, एक कथा है कैम्पस में गुंडागर्दी की, जिसकी मुख्य बात है, छात्रों को आतंकित कर पैसे लूटना, एक कथा है हिन्दी-विभाग की और उसमें व्याप्त ब्राह्मणवाद की। इन कथा-प्रसंगों के अलावा छोटे-छोटे और भी प्रसंग हैं जो रचना में आते हैं, जिनकी भूमिका गपशप में आने वाले अनेक प्रासंगिक-अप्रासंगिक चर्चाओं से अधिक नहीं है। किन्नूदा की किताब का प्रसंग, मणिपुरी छात्र समाज तोम्बा का प्रसंग, अग्रवाल सर, तिवारी सर आदि की चर्चाएँ भी ऐसी ही हैं, जिनसे कथा में कुछ जुड़ता नहीं, बल्कि आन्तरिक अनुशासन में बिखराव लाने में वे चर्चाएँ मददगार होती हैं और अनावश्यक रूप से

कहानी का आकार बढ़ाती हैं। कथा में अंजली के प्रवेश के पहले जिन प्रसंगों की चर्चा हुई है, वे अनावश्यक हैं। कथा में चौबीसवें पृष्ठ पर कथा-नायिका अंजली जोशी का प्रवेश होता है। इसके पहले की घटनाओं का कारक कथा-नायक राहुल भी नहीं है। शायद कथाकार भी अपनी चेतना स्वयं इतने पृष्ठों को नायकत्व करती है। मैं नायकत्व को अनिवार्य मानकर नहीं कह रहा हूँ, लेकिन किसी घटना को अकारण क्यों स्वीकार किया जाए?

ऊपर जिन तीन कथाओं का जिक्र किया गया है उनमें आपसी सम्बन्ध बहुत कमजोर हैं। मुख्य कथा फिर भी राहुल-अंजली की प्रेम कथा ही है, क्योंकि रचना की चरम उपलब्धि और अन्तिम परिणति है राहुल और अंजली का भाग जाना। गुंडागर्दी और उसे राजनीतिक-प्रशासनिक संरक्षण की कथा अपने चरित्र में बहुत कमजोर है, इसीलिए वह राहुल-अंजली की लक्ष्य-सिद्धि में कतई बाधा नहीं डाल पाती। राहुल और अंजली की प्रेमकथा इतनी मजबूत है कि वह हिन्दी-विभाग के ब्राह्मणवाद को बिना किसी परिश्रम के तोड़ डालती है, जिसका उपहार है राहुल का उस विभाग से काउंसिल चुना जाना जिसमें अध्यापकों और छात्रों में अट्ठासी प्रतिशत ब्राह्मण हैं। यों ही राहुल का नाम प्रस्तावित हुआ और वह जीत गया, अपनी लोकप्रियता से नहीं, बल्कि अंजली के प्रभाव से। राहुल के जीतने का ब्राह्मणवादी वर्चस्व और प्रशासनिक विशेषता की ओर से प्रतिरोध तक दिखाई नहीं पड़ता। जहाँ तक गुंडों की भूमिका है उसे देखें तो वे गुंडे बेवकूफ और पिछड़े हुए लगते हैं, क्योंकि आज के गुंडे बैंक लूटते हैं, फिरौती के लिए अपहरण करते हैं। ब्राह्मणवादी और राजनीतिक आतंक का हाल यह है कि अंजली का भाई यह प्रामाणिक रूप से गोपाल द्विवेदी जैसे चश्मदीद गवाह से यह जानकर कि राहुल ने अंजली का कौमार्य भंग कर दिया है, उसे केवल धमकी देकर छोड़ देता है। गुंडों से उसके हाथ-पैर नहीं तुड़वाना, न उसे किसी जाल में फँसाकर तबाह किया जाना, यहाँ तक कि ब्राह्मणवादी विभाग एक 'पंडित जी' लड़की के साथ होस्टल में सम्भोग करने के जुर्म में उसे निष्कासित भी नहीं करता। ये सारी बातें इस कथ्य को बेहद कमजोर बना देती हैं, क्योंकि इन्हीं बातों के कारण कथा समय के यथार्थ को व्यक्त करने से चूक जाती है। एक पात्र कार्तिकेय कहता तो है कि 'दिस इज एण्ड ऑफ दि सिविल सोसाइटी' लेकिन नागरिक समाज के खात्मे के बाद जो हिंसक समाज, बर्बर समाज की चारित्रिक विशेषताओं को स्थापित करने वाली भयानकता कथा में कहाँ है? डॉ. वाटसन का यह कहना ठीक है कि "मैं यह सेफ नहीं महसूस करता। टाइम हैज चेन्ज्ड। मुझे डर लगता है।" बदले हुए समय के बारे में तो सही है, लेकिन जो घटनाएँ कथा-प्रसंगों में हैं, वे आज से पहले भी समाज में घटित होती रही हैं, वैसे डॉ. वाटसन का प्रसंग कथा में एकदम अप्रासंगिक है। जो बात डॉ. वाटसन कहते हैं वह बात यदि सायाम तोंबा कहता तो ज्यादा तर्कसंगत होता क्योंकि मणिपुर में

उसके भाई की हत्या कर दी गयी, यहाँ विश्वविद्यालय में उसके साथ ऐसा अपमानजनक व्यवहार किया गया कि उसने आत्महत्या कर ली। यों सायाम का भी मुख्य कथा से सायाम-प्रसंग का भी आवश्यक लगाव नहीं है। दिक्कत यह है कि हाशिये पर ये प्रसंग कोई समन्वित प्रभाव नहीं डाल पाते, क्योंकि दूसरे प्रसंग इनके प्रभाव को काट देते हैं। जैसे यह देखें कि गुंडों को राजनीतिक संरक्षण प्राप्त है लेकिन संरक्षण देने वालों की नज़र में सबसे बड़ा अपराधी होना चाहिए राहुल को, लेकिन वह 'हिट लिस्ट' से बाहर है। ऐसा क्यों?

इस कहानी के कथ्य रूप में वर्णवाद और जातिवाद को स्थापित किया जाता रहा है। जातिवाद तो समाज में है ही और इसकी भूमिका आज के इस दौर में जनतन्त्र विरोधी, आपराधिक और आतंक फैलाने वाली है। यह तो समाज में है। कथा में जो विश्वविद्यालय है उसमें भी ब्राह्मण जातिवाद है, लेकिन जब गोपाल द्विवेदी की पैरवी से राहुल का प्रवेश हिन्दी-विभाग में होता है, जब राहुल काउंसिल का चुनाव ब्राह्मण छात्र-छात्राओं के वोट से जीत जाता है, जब गुंडों के हिटलिस्ट में नवकान्त झा भी हैं तो ब्राह्मण जातिवाद की भयानकता कुछ कम हो जाती है। वह सबसे अधिक कमजोर होता है अंजली जोशी के राहुल के प्रति समर्पित होने से।

चरित्र की दृष्टि से देखें तो कुछ नयी बात सामने आएगी। यों तो कहानी 'पीली छतरी वाली लड़की' में चरित्र विकास नाम की चीज़ है ही नहीं। फिर चरित्र तो हैं ही। चरित्र की दृष्टि से कहानी को देखना गलत नहीं है, क्योंकि कोई भी तथ्य, कोई भी मान्यता, कोई भी गुण-अवगुण व्यक्ति के माध्यम से ही अभिव्यक्त होते हैं। यही कारण है कि आदि, मध्य और अन्त वाली कहानी के स्वरूप को प्रायः तोड़ देने के बावजूद रेथ-काल-पात्र हीन कहानी अब तक नहीं लिखी जा सकी है जबकि औपनिवेशिक विचारों के हमले साहित्य को यथार्थ और विधा की पहचान से मुक्त करने का दबाव पिछले वर्षों में बढ़ाते रहे हैं। पात्र की वैयक्तिक विशिष्टताओं के कारण चरित्र के रूप में सामने आते हैं। इसीलिए यहाँ मैं चरित्रों पर ध्यान देने का आग्रह कर रहा हूँ। व्यक्ति-चरित्र तो इस कहानी में दो ही हैं जो कुछ हद तक अपनी पहचान बनाते हैं, वे हैं राहुल और अंजली जोशी। राहुल बहुत रोचक चरित्र है। कुछ चारित्रिक नयापन है उसमें, जिन पर अब तक ध्यान नहीं दिया गया है। उसके व्यक्तित्व और चरित्र की बनावट के पीछे अतीतवादी इतिहास चेतना है। इस चेतना की पृष्ठभूमि है हिन्दू-समाज की जातिप्रथा। सीढ़ीनुमा ऊपर-नीचे की स्थिति वाली जातिप्रथा में सबसे ऊपर है ब्राह्मण। राहुल किसी निचली सीढ़ी की जाति का है। राहुल आर्गेनिक केमिस्ट्री में एम. एस. सी. कर चुका है, फिर भी कहीं नौकरी नहीं खोजकर एन्थ्रोपोलॉजी में एम. ए. करने के लिए नाम लिखा लेता है और अंजली जोशी जैसी खूबसूरत 'पंडितानी' लड़की के नजदीक पहुँचने के लिए एन्थ्रोपोलॉजी छोड़कर एम. ए. हिन्दी में नाम लिखा

लेता है। राहुल की इस जीवन-स्थिति से कोई भी यही अर्थ निकालेगा कि वह आर्थिक दृष्टि से सम्पन्न घर का है तभी इस यूनिवर्सिटी में बने रहने की ऐय्याशी कर रहा है। दूसरा अर्थ यह निकलता है कि जाति-प्रथा अपने क्लासिकल रूप में आज नहीं है, क्योंकि राहुल यूनिवर्सिटी का ऐय्याश छात्र है। उसकी स्थिति न एकलव्य जैसी है न कर्ण जैसी और न आरुणी जैसी। इसके बावजूद वह जाति-प्रथा के क्लासिकल रूप पर आधारित इतिहास चेतना से पीड़ित है। जाति-प्रथा का अतीत उसकी चेतना में वर्तमान बनकर सक्रिय है। इसलिए राहुल सोचता है–'कैसी विडम्बना है , जो जाति उसे उसके जैसे असंख्य लोगों को मिटा डालना चाहती है, जिसकी नैतिकता, अन्याय और भ्रष्ट आचरण के चलते यह समूचा समाज कराह रहा है, उसी जाति के लेखकों की चिताएँ पढ़ रहा है और इसी जाति की एक लड़की उसके हृदय की जैविक घड़ी में टिक्-टिक् के साथ हर पल धड़क रही है।' इस कथन की व्याख्या करें 'मिटा डालना चाहती है' से स्पष्ट है कि अतीत राहुल के दिमाग में वर्तमान की तरह है क्योंकि आज 1880 के बाद पिछड़े वर्ग की जातियों के राजनीतिक उभार की परिस्थिति में उपर्युक्त वाक्य असंगत हो चुका है। 'यह समूचा समय कराह रहा है' का अर्थ यह है कि राहुल की समझ में आज के समाज का भी मूल्य अन्तर्विरोध जातीय भेदभाव से सम्पन्न है, पूँजीवाद से नहीं। यह समझ तथ्यतः गलत है। आज सभी जातियों में मध्य वर्ग और धनाढ्य वर्ग का भी विकास हो चुका है। 'उसी जाति के लेखकों की चिताएँ पढ़ रही हैं' पीछे से यह धारणा झाँक रही है कि उसे केवल पिछड़ा वर्ग के लेखकों की रचनाएँ पढ़ना चाहिए, और 'उसी नीति की एक लड़की' के प्रति आसक्ति को भी विडम्बना कहना समय की गतिशीलता के प्रभावों को पहचानने से इनकार करना है। समय के नये लक्षणों को विडम्बना समझने के कारण राहुल एक कुण्ठित चरित्र, एक विघटित चरित्र, एक अवास्तविक चरित्र बन जाता है। उसके जीवन में एकमात्र लक्ष्य दिखता है अंजली जोशी को पाना, वह भी प्रतिरोध के लिए। यह है इतिहास का बदलाव लेने की चेतना। यही चेतना तो हिन्दुत्ववादी सम्प्रदायवादियों में सक्रिय है। ये सम्प्रदायवादी मुसलमानों से बदला लेना चाहते हैं और राहुल जैसे पिछड़ावादी ब्राह्मणों से। राहुल की चेतना में अतीत इतना सक्रिय है कि वह प्रेम का मनोविज्ञान, स्त्री-पुरुष सम्बन्ध का मनोविज्ञान और काम-भावना के यथार्थ को एकदम नहीं समझता। इसीलिए उसके लिए आश्चर्य यह था कि जितनी गहरी प्रतिहिंसा की तीव्रता के साथ राहुल पराभूत जातियों की तरफ से प्रत्याघात करता, वह देखता कि अंजली की आँखें किसी तृप्ति के सुख में मुँद-सी गयी हैं और उसके होठों पर एक हल्की-सी स्थिति की रेखा खिंच गयी है। इसी तरह के चित्रण की प्रेरणा के रूप में उदय प्रकाश स्वयं उपन्यासकार रोएटजी के उपन्यास 'एक देश के हृदय में नीग्रो चरित्र का दृष्टान्त देते हैं जो

गोरे मालिकों की हत्या के बाद उनकी बेटी से बलात्कार करते हुए दलित जातियों की ओर से बदला लेकर खुद होना चाहता है, लेकिन दुखी हो जाता है यह देखकर कि लड़की सन्तुष्टि अनुभव करती है। यह कैसी मानसिकता है?

इस कहानी के राहुल की चेतना में माधुरी दीक्षित की नंगी पीठ है और अंजली जोशी के प्रति आसक्त होने के बाद उसमें पीली छतरी के सिवा अथवा उसके तितली में रूपान्तरित हुए बिम्ब के सिवा कुछ नहीं रहता। यथार्थ जीवन में ऐसे व्यक्तित्व को क्या कहा जाएगा? उसकी चेतना में न कोई नया समाज है और न जनतन्त्र अथवा जाति-प्रथा मुक्त समाज का स्वरूप। हमेशा उसे झाड़ियों में, चट्टानों के पीछे अथवा और कहीं पीली छतरी और पीले रंग की तितली दिखाई पड़ती है, और जब वे मिलते हैं तो कभी चट्टानों की आड़, कभी पुस्तकालय की अलमारी का कोना और कभी स्पोट्र्स रूम के पीछे की झाड़ी खोजते हैं एक-दूसरे को पाने के लिए और अन्ततः होस्टल के कमरे का इस्तेमाल करते हैं और फिर दोनों भाग जाते हैं। ट्रेन में राहुल जो दुःस्वप्न देखता है, वह भी अतीतवादी इतिहास चेतना का ही मानसिक बिम्ब है जो यथार्थ नहीं है। यह मनोबिम्ब भी राहुल को अवास्तविकता का शिकार ही साबित करता है। लेकिन उदय प्रकाश ने ऐसे चरित्र की सृष्टि करके भारतीय समाज के अतीतवादी व्यक्तित्व को, हीनता और संकीर्णता को व्यक्त करके महत्त्वपूर्ण कलात्मक सृजन का इतना इजहार तो किया ही है।

अंजली जोशी का चरित्र भी ध्यान देने लायक है। वह केवल ब्राह्मण कुल की ही नहीं बल्कि एक मन्त्री की बेटी है, लेकिन वह न कभी जातीय श्रेष्ठता व्यक्त करती है और न शासकीय प्रभुता का ही पता देती है। आधुनिक जनतान्त्रिकता, उसकी चारित्रिक विशिष्टता है। जाति और शासन की लक्ष्मण रेखा को तोड़कर होस्टल में राहुल के प्रति समर्पित होने के लिए वही आती है और राहुल के साथ भागने के लिए घर से वही निकलती है।

यदि इन दोनों चरित्रों का विकास वास्तव में जीवन आधुनिक सन्दर्भ की अपेक्षाओं के अनुकूल किया जाता, तो कहानी महत्त्वपूर्ण होती। उदय प्रकाश को सशक्त भाषा में यह कहानी नहीं कही गयी होती तो फिल्मी कथा होने के अतिरिक्त इसकी और कोई नियति नहीं होती। यों उदय प्रकाश की कलम से निकलकर भी यह फिल्मी कथा ही है। लेखक को अचरज हो रहा होगा कि अब तक इस पर टेलीफिल्म क्यों नहीं बनी है?

कहानी के स्वरूप या शिल्प के बारे में तो कोई कुछ नहीं कह सकता। कहानी लेखक की सृष्टि है, वह जैसा चाहे उसे बनाए या रूप दे, लेकिन हर लेखक को पाठक की अपेक्षा और प्रतीक्षा तो रहती ही है और पाठक भी कहानी में कुछ खोजता है। यह स्वाभाविक है कि पाठक उसमें लेखक के मन की नहीं अपने मन की, अपने जीवन की बात खोजता है। यदि इस दृष्टि से उसे कुछ मिलता है, तो वह खुश होता

है, रचना को याद रखता है, उसकी चर्चा करता है, अन्यथा वह उसके प्रति अन्यमनस्क ही रहता है। यदि कहानी में कोई सघन संवेदना व्यक्त होती है, तो अवश्य पाठक को कुछ मिलता है। 'पीली छतरी वाली लड़की' में कोई सघन संवेदना नहीं है। कहानी की लम्बाई पर लेखक का मुख्य ध्यान रहने से संवेदना बिसर गयी है, विघटित हो गयी है। संवेदना के पात्र दो ही हो सकते थे—राहुल और अंजली। राहुल की अतीतवादी चेतना, प्रतिशोध मूलक चेतना उसे संवदेना से वंचित कर देती है। अंजली का प्रेम वास्तविक है और वह उसके लिए खतरे उठाने में नहीं झिझकती, इसलिए संवेदना की हकदार वही रह जाती है, लेकिन किसी भी तरह की पहल और हिम्मत मुख्यतः शारीरिक भूख मिटाने के लिए मालूम पड़ती है। कोई बड़ा उद्देश्य उसके जीवन में भी नहीं है। इसलिए उसके प्रति भी संवेदना संकुचित हो जाती है।

यदि कहानी के पात्रों के पास कोई बड़ा उद्देश्य नहीं है, समाज और इतिहास की गति को नया मोड़ देने वाली कोई चेतना नहीं है, तो जाहिर है कि लेखक के सामने सामाजिक या ऐतिहासिक परिप्रेक्ष्य नहीं है। यह अभाव कहानी की सबसे बड़ी कमजोरी है। अन्ततः मुझे लगता है कि सेक्स की स्वच्छन्दता की आधुनिक अवधारणा को ध्यान में रखकर लिखी गयी यह एक फार्मूलाबद्ध कहानी है।

इक्कीसवीं सदी की देहरी पर हिन्दी कहानी–एक

इक्कीसवीं सदी की देहरी पर हम एक तरफ वैज्ञानिक तकनीकी विकास या क्रान्ति की अभूतपूर्व उपलब्धियों की रोशनी में मनुष्य और मनुष्य-समाज के लिए विकास और प्रगति की अभूतपूर्व सम्भावनाएँ देखते हैं, तो दूसरी तरफ मनुष्य की उत्पादन-क्षमता और सृजन-क्षमता को अभूतपूर्व संकट के घेरे में फँसा हुआ पाते हैं। ऐसी जटिल परिस्थिति इससे पहले कभी दिखाई नहीं पड़ी थी। एक समय था जब विज्ञान और तकनीकी के विकास ने मनुष्य की चिन्तनशीलता को, उसकी रचनाशीलता को, उसकी इन्द्रियबोध की क्षमता को बढ़ाया, समृद्ध किया और कुल मिलाकर समाज और मनुष्यता को पुराने और अतीत से अलग कर नयेपन की ओर अग्रसर किया। इस विकास-प्रक्रिया ने मनुष्य को नयी ऊर्जा दी, नया पुरुषार्थ दिया, मानववाद का दृष्टिकोण विकसित किया, लेकिन आज वह विज्ञान और तकनीकी व्यापक मानव-समाज से अलग करके कुछ लोगों की सुविधा और लाभ की वस्तु बना दी गयी है। बात यह है कि विज्ञान और तकनीकी आज स्वयं 'माल' बना दी गयी है, बाजार की वस्तु हो गयी है और बाजार, जो आज है वह भी पहले का बाजार नहीं है। पहले के बाजार को मनुष्य नियन्त्रित करता था। समाज की जरूरतों से वह संचालित था लेकिन आज का बाजार समाज की जरूरतों से नहीं मुनाफे की जरूरतों से संचालित है और यह बाजार मनुष्य की चेतना, रचनाशीलता आदि को नियन्त्रित कर रहा है। आज का पूँजीवाद मूलतः अनुत्पादक है। मनुष्य की उत्पादकता उसके लिए बहुत काम की नहीं रह गयी है। इस कारण आज की व्यवस्था में मनुष्य के लिए अवसर अत्यन्त सीमित हो गये हैं। दूसरी तरह आज के सामाजिक माहौल में सामान्य लोगों का जीना मुहाल हो गया है। सामान्य अवस्था में पड़ा जीवन निरर्थक समझा जाता है। हर आदमी अपनी शक्ति भर जैसे-तैसे धक्कम-मुक्की करके ऊपर चढ़ने में लगा हुआ है। किसी तरह शिखर पर पहुँचो, खेलकूदकर, अभिनेता बनकर, नेता बनकर, अपराधकर्मी बनकर, तस्करी करके, जैसे भी हो बहुचर्चित होकर शिखर पर पहुँचो और इस व्यवस्था की सारी उपलब्धियों का भोग करो–यही है आज के जीवन का सूत्र। बीसवीं सदी स्वतन्त्रता, जनतन्त्र और प्रगति की सदी कही जाती रही है,

लेकिन बीसवीं सदी के अन्तिम चरण और इक्कीसवीं सदी के प्रथम चरण में आश्चर्य रूप से ऐसा परिवर्तन हो गया कि राष्ट्रीय सम्प्रभुता, जनतन्त्र आदि पर भयानक खतरा दिख रहा है। राष्ट्र, जनतन्त्र आदि का अर्थ ही बदल गया है। वास्तव में सबकी भूमिका ही बदल गयी है। अन्तर्राष्ट्रीय स्तर पर अमरीकी साम्राज्यवाद के माध्यम से जनतन्त्र के नाम पर फासीवाद का निर्यात किया जा रहा है और बाजार पर उसी की बहुराष्ट्रीय कम्पनियों का वर्चस्व है। इस हकीकत ने हमारे जीवन को अनेक प्रकार से प्रभावित किया है।

राष्ट्रीय मूल्य, मानव-मूल्य और मानवीय संवेदनशीलता आदि से अधिक आवश्यक और महत्त्वपूर्ण हो गयी है बाजार में बिकनेवाली वस्तुएँ। वास्तव में एक नया यथार्थ आज के मनुष्य को, आज के रचनाकारों को चुनौती दे रहा है। यथार्थ के इस पक्ष की अथवा उसकी अमानुषिक चारित्रिक विशेषताओं की अभिव्यक्ति आज की रचनात्मक चुनौती है। ऐसा नहीं है कि आज के कहानीकारों ने इस चुनौती का सामना नहीं किया है। उन्होंने किस तरह आज की रचनात्मक चुनौती का मुकाबला किया है, यह देखना हमारा अभिप्रेत है। हम यह अनुभव करते हैं कि हिन्दी कहानी का यह दौर आकस्मिक नहीं है लेकिन पहले से भिन्न जरूर है। कहानीकार यथार्थ की धारा में बहते नहीं, बल्कि उसका साक्षात्कार करके, उसमें धँसकर भी उससे अलग होकर मानवीय दृष्टि से उसका स्वरूप स्पष्ट करते हैं। इक्कीसवीं सदी की देहरी पर हम जिस यथार्थ का साक्षात्कार करते हैं, उसके प्रभाव से भारतीय समाज, राजनीतिक, संस्कृति आदि सभी क्षेत्रों में परिवर्तन हुए हैं। गाँवों से लेकर महानगरों तक के शक्ति-सन्तुलन में बदलाव आ गया है। बीस-पच्चीस वर्ष पहले तक सामाजिक, राजनीतिक और सांस्कृतिक जीवन में जो शक्तियाँ हावी थीं वे अपदस्थ कर दी गयी हैं और दूसरी शक्तियाँ प्रभुत्व में आ गयी हैं। हालाँकि समाज और राजनीति का चरित्र बुनियादी रूप में नहीं बदला है। नयी-नयी घटनाएँ जरूर घटित हो रही हैं, नये-नये चरित्र सामने आ गये हैं, इसलिए आज की हिन्दी कहानी का अध्ययन करते हुए और गौर करने की बात यह है कि आज का यथार्थ इन कहानियों में कितना और कैसे प्रतिबिम्बित हुआ है। मैं इस प्रसंग में यह कहना चाहता हूँ कि आज की कहानियों को पढ़ते हुए ही मैं आज के यथार्थ को समझने की ओर मुखातिब और प्रवृत्त हुआ हूँ। अतः मैं अब पहले कुछ कहानियों का जिक्र करना चाहता हूँ ताकि उनमें व्यक्त सामाजिक और वैयक्तिक यथार्थ को समझा जा सके।

आज के यथार्थ को ग्रहण करने के प्रसंग में अधिकतर कहानीकारों ने भूमंडलीकरण के आर्थिक पहलुओं पर बाजार-तन्त्र की भूमिका पर बहुत ध्यान दिया है। आम लोगों पर उनके प्रभाव का चित्रण बहुत कम किया गया है। उदय प्रकाश ने भूमंडलीकरण के कई पहलुओं पर कथा रचना की है। एक कहानी 'पालगोमरा

का स्कूटर' है जिसमें एक निम्नमध्यवर्गीय व्यक्ति के जीवन पर भूमंडलीकरण की प्रक्रिया में पड़ जाने के प्रभाव का मार्मिक चित्रण किया गया है। इसके पीछे यह धारणा काम करती है कि पश्चिमीकरण ही आधुनिकीकरण है और आधुनिकीकरण ही भूमंडलीकरण है, फिर इससे ऐतराज क्यों? तो रामगोपाल नाम का पश्चिमीकरण हुआ 'पालगोमरा' और एक निम्नमध्यवर्गीय आदमी आधुनिकीकरण के लिए स्कूटर से आगे जाने की औकात नहीं रखता तो पालगोमरा वहाँ तक गया। इसी प्रक्रिया में उसकी जो दुर्दशा हुई वह वास्तव में भारत के तमाम निम्न मध्यवर्गीय नागरिकों के लिए भूमंडलीकरण की दुखद परिणति है। इस परिणति तक कथा को, या पालगोमरा को पहुँचाने में इस स्वार्थपूर्ण समाज के आत्मकेन्द्रित सदस्यों का भी अच्छा-खासा योगदान है। इस दृष्टि से यह कहानी हिन्दी-कहानी की एक महत्त्वपूर्ण कहानी है। इसी प्रसंग में स्वयं प्रकाश की कहानी 'बलि' उल्लेखनीय है। इस कहानी में हमें एक लड़की मिलती है, जो मजदूर परिवार की है और एक उच्च मध्यवर्गीय अधिकारी के घर दाई का काम करती है। यह लड़की भीष्म साहनी के उपन्यास 'बसन्ती' की नायिका बसन्ती की तरह अपने परिवार से भिन्न परिवार में पलती है, मालिक-परिवार में उपलब्ध सुविधाओं के साथ रहती और बढ़ती है, लेकिन अन्ततः बड़ी हो जाने पर अथवा यों कहें कि बालिग हो जाने पर उसे वापिस पिता के पास भेज दिया जाता है और सम्पन्न परिवार में पलने पर पनपी उसकी महत्त्वाकांक्षाएँ साधनहीनता की बलिवेदी पर हलाल कर दी जाती हैं। यह दूसरे के साधनों के बूते पर अपनाये गये आधुनिकीकरण से उत्पन्न आकांक्षाओं की जो परिणति मजदूर-परिवार की लड़की पर होती है उसे व्यक्त करनेवाली विरल कहानी है। यह कहानी की परिणति ही है, जो कलात्मक ढंग से बाजार-संस्कृति का और आधारहीन आधुनिकीकरण का प्रतिरोध करती है। कहानी का पात्र प्रतिरोध में उठकर खड़ा हो या नहीं लेकिन कहानी का प्रभाव पाठकों को मार्मिक अनुभवों के साथ बता देता है कि पालगोमरा या बलि की लड़की जैसे नागरिकों के लिए यह भूमंडलीकृत अर्थतन्त्र नहीं है।

जयनन्दन की कहानी 'सूखते स्रोत' इस प्रसंग में महत्त्वपूर्ण है। आज की जीवन-स्थितियों ने मनुष्य को इस तरह संकट में डाल दिया है कि वह सारे सामाजिक, पारिवारिक सम्बन्धों को काटकर मात्र आजीविकावादी बनकर रह गया है। आत्मीयता के सारे स्रोत सूखते चले जा रहे हैं। एक नौजवान एक बहुराष्ट्रीय कम्पनी में काम करता है, वह उसकी रिसर्च प्रयोगशाला में दिन-रात लगा रहता है। माँ कहती है शादी कर लो, वह कहता है, शादी के लिए फुर्सत कहाँ है। आजीविकावाद ने विवाह-संस्था को भी अनावश्यक बना दिया है। आज की युवापीढ़ी के जीवन और आज के समाज के आवश्यक विकास-क्रम को यह कहानी महसूस कराती है।

ममता कालिया की कहानी 'दौड़' आज के माहौल पर लिखी एक ऐसी कहानी है जो हिन्दी कहानी को श्रेष्ठता का नया धरातल देती है। यह कहानी शुरू होती है इस वाक्य से कि जब से उसे ओ.बी.सी. के लिए नौकरियों में आरक्षण की घोषणा हुई तब से ऊँची जातियों के नौजवानों में यह धारणा घर कर गयी कि अब देश में उनके लिए कोई भविष्य नहीं है और उनके लिए शिक्षा का सार हो गया एम.बी.ए.। ऐसे नौजवान सबकुछ से विरक्त हो इस नये रास्ते से अपनी आजीविका के साधन पाने में लग गये। इस कहानी में दो भाई हैं और उनके बूढ़े माता-पिता हैं। एक भाई एक बहुराष्ट्रीय कम्पनी में काम पा गया है। छोटा भाई उसी रास्ते पर चलने की तैयारी कर रहा है। बड़े भाई की पत्नी पैंट-शर्ट पहनकर आती है, माता जी को अखरता है, तो छोटा भाई इस नये पहनावे का समर्थन करता है और छोटा भाई बहुराष्ट्रीय कम्पनियों तक पहुँचने के रास्ते पर चढ़ने के लिए उद्यम कर रहा है और माँ को लगता है कि यह लड़का भी बड़े की तरह परिवार से दूर हो जाएगा तो उसकी भाभी उसका समर्थन करती है। कुल मिलाकर परिवार की नयी पौध एकदम नयी नस्ल है। नयी संस्कृति है उसके पास। इस संस्कृति में परम्परागत भावना और जीवन के नये यथार्थ की माँग के बीच द्वन्द्व है। नयी नस्ल जीवन की नयी दौड़ में शामिल है, व्यक्त होता है, जब वंशानुगत व्यापारी दुर्गाप्रसाद बेटे विजय यानी नयी पीढ़ी के व्यवसायी के दबाव के सामने झुककर रीटू गोंद कम्पनी के एक उच्चाधिकारी मि. तिवारी के साथ अपनी कम्पनी के विलय प्रस्ताव पर दस्तखत करने मुम्बई जा रहे हैं। चले तो अनमने भाव से लेकिन जिस आदमी ने कभी ट्रेन में ए.सी. में यात्रा नहीं की थी, किसी बड़े नगर को नहीं देखा था, वह हवाई-जहाज में मुम्बई चला, रूपवती परिचारिका के हाथ से भोजनादि ग्रहण किया तो उसे लगा कि जीवन के इस आनन्द से वह वंचित था, फिर तो तिवारी ने उसे पंचसितारा गेस्ट हाउस, समुद्र तट पर तरुणियों का विहार आदि का आनन्द पाने का अवसर देकर शराब का नशा भी दिया। अब तो दुर्गाप्रसाद ने ललस के साथ यानी ज़िन्दगी को भोगने के ललस से, लालच के साथ विलय प्रस्ताव पर दस्तखत कर दिये। यह दो प्रकार के मूल्यों की लड़ाई की बाजारवादी परिणति है। यही अंश और यही परिणति कहानी की ओर ध्यान खींचती है। इसी प्रसंग में सन्तोष दीक्षित की कहानी 'शहर में लखमिनियाँ' उल्लेखनीय है। आज के व्यावसायिक जिसका भावना से कोई सम्बन्ध नहीं है, बल्कि भावना के विरुद्ध है, क्योंकि भावना इस नयी दौड़ में बाधा उत्पन्न करती है। यह दूरसंचार का और दूर-नियन्त्रण का दौर है न। इसलिए बेटा दूर-भाष (टेलीफोन) से माता-पिता का हालचाल पूछ लेता है। आने की फुर्सत नहीं है और न माता-पिता को ले जाकर अपने पास रखने का अवसर। इस कथ्य के लिए जो सन्दर्भ ममता कालिया ने रचे हैं, वे अत्यन्त सार्थक और तर्कसंगत हैं। हालाँकि कहानी में तर्क का सहारा लेने के बजाय प्रसंगों का सहारा अधिक लिया गया है। दो सदियों की

सन्धि के दौर में उपजे यथार्थ को व्यक्त करनेवाली यह एक महत्त्वपूर्ण कहानी है।

आज के यथार्थ का एक अभिन्न पहलू है व्यवसाय और व्यावसायिकता। इसने भी जीवन को और आदमी को भी बहुत बदल दिया है। असल में इस प्रसंग में देखने की बात यह है कि हमारे समाज में सबसे ताकतवर क्या चीज है? अनेक कहानीकारों ने इस पक्ष पर भी लिखा है। यहाँ मैं सन्तोष दीक्षित की कहानी 'ललस' की ओर पाठकों का ध्यान खींचना चाहता हूँ। इस लम्बी कहानी का केन्द्रीय विचार कथा के अन्तिम चरण में। जमाने के पटना जैसे शहर में आकर चकाचौंध में पड़ जाती है। गाँव से बेहतर ज़िन्दगी तो पा जाती है, लेकिन गरीबी पिंड नहीं छोड़ती। यहाँ की चमक-दमक अपनी जगह और रामस्वरूप और लछमिनियाँ बेटियों की शादी और फिर गम्भीर बीमारी का बोझ ढोने में असमर्थ ही रहते हैं। बैंक में खाता खोलने की लालसा तो मन में ही रह जाती है। यह कहानी प्रकारान्तर से बताती है कि बैंक, बाजार, अस्पताल या इलाज आदि अपनी मेहनत से परिवार चलाने वालों के लिए नहीं हैं। यह वृद्धि ध्यान देने योग्य है।

व्यावसायिकता का बढ़ता हुआ प्रभाव किस तरह मनुष्य की अपनी परम्परागत मान्यता और मर्यादा की उपेक्षा करके व्यावसायिक मूल्य को स्वीकार करने को प्रेरित करता है, बल्कि मजबूर करता है, यह आज के जीवन की विशेषता है। अवधेश प्रीत की कहानी 'मुर्दघट्टी' अत्यन्त विश्वसनीय ढंग से दर्शाती है। धन और धन की लालसा आज के मनुष्य की चेतना पर्याय है। इस कहानी की नयी पीढ़ी इस लालसा का आश्रय स्थल है, पुरानी पीढ़ी इस लालसा को अमल में उतारने के तरीके का विरोध करती है। नयी पीढ़ी मुर्दघट्टी के पास के बगीचे में मुर्दा जलाने की लकड़ी बेचने की दुकान के लिए जमीन देने को तैयार हो जाती है। बूढ़े को यह कबूल नहीं लेकिन बेटा दुकान खोल देता है। आमदनी परिवार में आने लगी। बूढ़ा भी शान्त हो गया। पंडितजी का बगीचा मुर्दघट्टी का अंग हो गया। बाजार फैलकर पहले चेतना में जाता है, फिर बगीचे में। व्यवसाय का नया आश्रय मिलता है और पंडित जी को नयी आय अथवा आय का नया जरिया। कैसा योग है। अवधेश प्रीत की इस कहानी का कथ्य काशीनाथ सिंह की कहानी 'पांडे कौन कुमति तोहे लागी' से मिलती है। कई साल पहले काशीनाथ की यह कहानी (शायद हंस में) छपी थी। उसमें काशी के पंडा जी व्यावसायिक दबाव में आकर, आमदनी बढ़ाने के लोभ में पड़कर (वहाँ नयी पीढ़ी का दबाव नहीं है) स्वयं बागीचा कौन कहे, पूजाघर को बाथरूम में बदलकर विदेशी पर्यटकों के ठहरने के लिए बाथरूम सहित बेडरूम बनवा देते हैं। यह सब भारतभूमि पर हो रहा है, जहाँ संस्कृति को वैदिक आवरण में ही देखने के अभ्यस्त हैं लोग, लेकिन उस भारत की वर्तमान संस्कृति ऐसी है कि बगीचा मुर्दघट्टी का अंग बन जाता है और पूजाघर सहज भाव से बाथरूम में तब्दील हो जाता है। ऐसी कहानियाँ इस दौर के पहले नहीं लिखी जा सकती थीं। यह

इक्कीसवीं सदी की देहरी पर ही सम्भव है। इस प्रकार जीवन और समाज के नये लक्षणों के प्रभावों को पकड़कर लेखक कथा-रचना कर रहे हैं।

साम्प्रदायिकता की समस्या तो भारतीय समाज और राजनीति के लिए स्थायी भाव की तरह हो गयी है। जाहिर है कि यह लेखकीय समस्या भी है। बीसवीं सदी के अन्तिम चरण और इक्कीसवीं सदी के प्रथम चरण में साम्प्रदायिकता के स्वरूप और भूमिका में भी परिवर्तन हुआ। राजनीति में अपने बढ़ते हुए प्रभाव के कारण उसने हमारी जनतान्त्रिक प्रणाली, सांस्कृतिक परम्परा और मानव मूल्य सबके लिए अभूतपूर्व खतरा उपस्थित कर दिया। अतः हिन्दी के कहानीकारों ने भी रचनात्मक स्तर पर साम्प्रदायिकता से निबटने के तरीके में तद्नुसार परिवर्तन किया है।

ऐसी कहानियों की बेधकता बढ़ गयी है। इस प्रसंग में सबसे ज्यादा असगर वजाहत की छोटी-छोटी कहानियाँ याद आती हैं जो 'शाह आलम कैम्प की रूहें' नाम से छपी हैं। ये कहानियाँ गुजरात के नरसंहार के प्रसंग में लिखी गयी हैं। ऐसी कुल दस कहानियाँ हैं और एक-एक इंसान के दिल को हिला देने वाली हैं। दो-एक का ज़िक्र करना चाहता हूँ। शाह आलम कैम्प (शरणार्थी शिविर) में आधी रात के बाद रूहें आती हैं, अपने बाल-बच्चों के लिए स्वर्ग से खाना लाती हैं। इस कैम्प में कोई बच्चा भूखा, नंगा नहीं रहता। एक नेता इस कैम्प को देखने आये, वहाँ की स्थिति देखकर बहुत खुश हुए और बोले—"यह तो बहुत बढ़िया जगह है...यहाँ तो देश के सभी मुसलमान बच्चों को पहुँचा देना चाहिए।"

ध्यान दीजिए। यह कैम्प सबसे बढ़िया है, क्योंकि इसका इन्तज़ाम स्वर्ग से होता है, सरकार को कुछ नहीं करना पड़ता। उत्साहित होकर नेताजी कह जाते हैं कि सभी मुसलमान बच्चों को यहीं पहुँचा देना चाहिए।

एक दूसरी कथा है। एक रात एक लड़के के पास उसकी माँ की रूह आयी। लड़का पूछता है—"माँ! आज तुम इतनी खुश क्यों हो?" माँ कहती है—"सिराज, मैं आज तुम्हारे दादा से मिली थी। उन्होंने मुझे अपने अब्बा से मिलवाया...उन्होंने अपने दादा से...तुम्हारे नगड़दादा से मैं मिली। सिराज तुम्हारे नगड़ दादा हिन्दू थे, हिन्दू, समझे।....सिराज ये बात सबको बता देना, समझे?"

एक और कथा का ज़िक्र कर रहा हूँ। शाह आलम कैम्प में एक रात शैतान की रूह चली आयी। शैतान झेंपता फिर रहा था, गर्दन झुकाए तेजी से मुड़ जाता। आख़िरकार लोगों ने उसे पकड़ ही लिया। वह वास्तव में लज्जित होकर बोला—"अब! ये जो कुछ हुआ है इसमें मेरा कोई हाथ नहीं है। अल्लाह कसम, मेरा हाथ नहीं है।"

लोगों ने कहा—"हाँ, हाँ, हम जानते हैं, आप ऐसा नहीं कर सकते। आपका भी आखिर एक स्टैण्डर्ड है।" शैताल बोला—"चलो दिल से एक बोझ उतर गया। आप लोग सच्चाई जानते हैं।" लोगों ने कहा—"कुछ दिन पहले अल्लाह मियाँ भी आये थे और यही कह रहे थे।"

ध्यान देने की बात यह है कि निहायत छोटे आकार की कहानियाँ बेहद मारक हैं। विस्तार से विवरण देने की जरूरत नहीं है। यहाँ उद्धृत कथाओं में से पहली में साम्प्रदायिक राजनीति की बर्बरता दिख रही है। दूसरी कथा में देश के नागरिकों की पारस्परिक पहचान को उजागर किया गया है, जब माँ की रूह अपने बच्चे से कहती है—"मैं तुम्हारे नगड़ दादा से मिली, वे हिन्दू थे।" धर्म अलग-अलग हैं लेकिन पारिवारिक और मानवीय मूल्य तो एक ही था। तीसरी कथा में जब शैतान शर्माता है और पकड़े जाने पर कहता है—"ये जो कुछ हुआ उसमें मेरा हाथ नहीं है।" मतलब जिन लोगों ने किया, उनसे अच्छे शैतान हैं। इंसानियत को जगाने के लिए जिस तरह के प्रसंगों और संवादों की योजना की गयी है, उनसे कथा की मार्मिकता और बेधकता बेहद बढ़ गयी है।

शमोएल अहमद की कहानी 'सिंगारदान' व्यंग्यात्मक शैली में कहती है कि दंगे में एक परिवार ने एक वेश्या के यहाँ से लूटपाट में सिंगारदान ले लिया। जिसका असर यह होता है कि उस परिवार की महिलाएँ, लड़कियाँ शृंगार करके बालकनी पर खड़ी होने लगी हैं, पुरुषों पर असर पड़ा है। लूट की संस्कृति का एक रूप यह है।

भीष्म साहनी ने मेरे जानते अपनी आखिरी कहानी गुजरात त्रासदी पर ही लिखी। उसमें एक बीवी शाहिद की माँ से कहती है—"शाह आलम के नाम का दीया जलाने से पहले नरसी भगत के नाम का दीया भी जलाया जाता है।"

कहानी में इस बात का ज़िक्र आता है कि शाहआलम और नरसी भगत एक-दूसरे का बड़ा एहतराम करते थे। फिर मज़ार पर दीया जलाने के रिवाज़ की चर्चा सुनकर एक बच्चा अपनी अम्मा से कहता है—हम भी दीया जलाएँगे। एक तरफ नन्हा शाहिद मजार पर शाह आलम और नरसी भगत के नाम से दीया जलाने जा रहा है, दूसरी तरफ दंगाई लोगों के द्वारा लूटपाट, हत्या आदि का शोर मचाया जा रहा है। लेखक उत्तेजना फैलाने के लिए नहीं, मानवीय संवेदना जगाने के लिए लिखता है। इस दौर में भी साम्प्रदायिकता के खिलाफ़ अत्यन्त बेधक और कलात्मक कहानियाँ लिखी गयी हैं। उद्देश्य है हैवानियत को दबाकर इंसानियत को जगाना। विचारणीय यह है कि जब हम अपने को सभ्यता के शिखर पर बैठा समझते हैं, तभी इन्सानी करतूतों से शैतान भी शरमाता दिखाई पड़ता है। इंसानियत को जगाना, विकसित करना बड़ा कठिन काम है। मनोज रूपड़ा की कहानी 'प्यास' इस प्रसंग में अत्यन्त श्रेष्ठ कहानी है। एक बच्चा बचपन में ही मातृ-पितृविहीन हो गया। उसने माँ का स्तनपान नहीं किया। उसे माँ के स्नेह का बोध नहीं है। समाज में उसे कहीं आश्रय भी नहीं मिला। अन्ततः उसे एक चर्च में शरण मिली है। वहाँ उसे रहने-खाने-पहनने के साधन तो उपलब्ध हैं, लेकिन आत्मीयता नहीं मिलती, स्नेह नहीं मिलता। वह बालक एक दिन गाय के थन में मुँह लगाकर पीने की कोशिश

कर रहा होता है, तो उसे वहाँ की 'नन' की डाँट सुननी पड़ती है। आत्मीयता की खोज में वह वहाँ से भागकर पूरे समाज में भटकता है। कहीं भी उसे न स्नेह मिला, न आत्मीयता। वह फिर लौटकर चर्च में ही आता है, लेकिन चर्च उसे धर्म की शिक्षा तो देता है लेकिन आदमीयत की अनुभूति नहीं देता। वह बालक इस दृष्टि से प्यासा ही रह जाता है। मनोज रूपड़ा की यह कहानी ऊँचे दर्जे की कहानी है। कथ्य को बड़ी संजीदगी और प्रभावकारी ढंग से व्यक्त किया गया है।

आलोच्य दौर तक आते-आते हिन्दी की दलित चेतना में भी काफी बदलाव आ गया है। इस प्रसंग में भी दो-एक दृष्टान्त का ज़िक्र करना चाहता हूँ। दलित-चेतना में आये नयेपन के प्रसंग में जयप्रकाश कर्दम की कहानी 'शीत लहर' (कांची, कहानी विशेषांक) उल्लेखनीय है। इस प्रसंग में नयी बात यह है कि दलितों के बीच पनपी वर्गीय चेतना और उसके आधार-स्वरूप वर्ग-भेद को दलित लेखक पहचान रहे हैं। उपर्युक्त कहानी में एक तरफ एक अधिकारी का नया खरीदा गया फ्लैट है, तो दूसरी तरफ फ्लैट में काम करने वाले मजदूर हैं, उनके बाल-बच्चे हैं। कहानी में अधिकारी के मन में शीत लहर से सिहरते-ठिठुरते मजदूर-परिवार के प्रति करुणा का भाव पैदा होता है लेकिन वह व्यावहारिक रूप नहीं ले पाता। यह कहानी दलित लेखन में एक नये आयाम का इजहार करती है।

पिछले वर्षों कहानी-लेखन पर खूब आयोजित-प्रायोजित चर्चाएँ होती रही हैं जिनमें नये यथार्थ की चर्चा तो प्रायः नहीं हुई है और हुई भी तो शहरी जीवन, मध्यवर्गीय जीवन और उसके ऊपरी ठाठ की चर्चा ज्यादा हुई है। आज भी भारत की आबादी का लगभगः सत्तर प्रतिशत गाँवों से जुड़ा हुआ है। गाँवों की ज़िन्दगी में क्या बदलाव आया है। कहानियों में आया जरूर है, लेकिन कहानी-पत्रिकाओं, चर्चा-गोष्ठियों आदि से उसे अलग ही रखा गया है। हिन्दी क्षेत्र खास करके बिहार के पिछड़े रह जाने और दिल्ली, पंजाब, हरियाणा, गुजरात, महाराष्ट्र आदि के कृषि और उद्योग में विकसित होने के कारण पूरब से पश्चिम रोजगार की खोज में पश्चिम की ओर भागने का रेला लगा रहता है। उधर रोजगार तो मिलता है, लेकिन नये सिरे का शोषण भी होता है। अरुण प्रकाश की कहानी 'भैया एक्सप्रेस' इसके पूरे यथार्थ को पूरी मार्मिकता से व्यक्त करती है। उन्होंने ग्रामीण जीवन के अन्य पहलुओं को भी कई रचनाओं में उजागर किया है।

विजयकान्त ने सामाजिक न्याय की सामाजिक सच्चाई अथवा आर्थिक सच्चाई को बड़े ही विश्वसनीय ढंग से कई कहानियों में व्यक्त किया है। असल में उन्होंने ग्रामीण जीवन की वास्तविकता की रोशनी में समस्या को देखा है और पाठकों को भी दिखाया है कि सामाजिक न्यायवादियों का वर्ग-स्वार्थ समाज पर और न्याय पर भी हावी है। यही स्वार्थ है, उनको भी ठगता है, जो सही मायने में न्याय के हकदार हैं।

'सोशल जस्टिस बबुनी' और 'लीलावती' इस सम्बन्ध में महत्त्वपूर्ण और उल्लेखनीय कहानियाँ हैं। 'सोशल जस्टिस बबुनी' में पायसी और सोशल जस्टिस का मन्त्र देने वाले गुरु सहाय के चरित्र नये यथार्थ और उसके अन्तर्विरोध को खोलकर रख देते हैं। इसमें पायसी की भूमिका ध्यान देने योग्य है, जो अन्त में सचमुच में न्याय भावना से प्रेरित और उत्तेजित होकर गुरु सहाय के जाल को फाड़कर मुसहरों के हक में डटकर खड़ी हो जाती है। दूसरी कहानी 'लीलावती' को प्रख्यात विद्वान पी.सी. जोशी ने 'समाजशास्त्रीय' कहा है, लेकिन सही बात यह है कि किसी समाजशास्त्र को ध्यान में रखकर यह कहानी नहीं लिखी गयी है। कहानी की समाजशास्त्रीय व्याख्या कोई कर सकता है, लेकिन कहानी तो 'अन्य पिछड़ी जातियों' के बीच उभरे नये यथार्थ को चित्रित करने की रचनात्मक चुनौती को स्वीकार करने का परिणाम है। पिछले पचास वर्षों में देश में जो पूँजीवादी विकास हुआ है, उसका लाभ इस सामाजिक समुदाय के भी धनाढ्य लोगों ने उठाया है और वर्ग सामाजिक न्याय के नारे का भी लाभ उठा रहा है। फलतः वह अपनी ही जाति के गरीबों का नया शोषक बन गया है। इस कहानी की तनिमा उर्फ लीलावती और योगेन्द्र के चरित्र की नयी भूमिका विचारणीय है। तनिमा का इस्तेमाल योगेन्द्र और तिरुपतिया किस तरह अपने निहित स्वार्थ की पूर्ति के लिए करते हैं, यह भारतीय समाज के लगातार हिंसक होते जाने का कलात्मक सबूत है। रामधारी सिंह दिवाकर की कहानी 'माटी-पानी' दलित वर्ग से ऊपर उठकर उच्चाधिकारी बने लोग कैसे अपनी ही जाति और वर्ग को नकार कर गाँव में शोषक वर्ग से जुड़ जाते हैं, यह इस कहानी. में अत्यन्त प्रभावकारी ढंग से चित्रित किया गया है। जाति के भीतर विकसित वर्गीय अन्तर्विरोध और वर्ग-स्वार्थ के कारण जाति को लाँघकर कायम किये सम्पर्क का खुलासा करने वाली यह कहानी समाज के नये यथार्थ को व्यक्त करने वाली बेहतरीन कहानी है। उषा किरण की कहानी 'धूपधान' मर्मस्पर्शी ढंग से बताती है कि गाँव के धनी-मानी लोग कैसे आत्मीय सम्बन्धों की उपेक्षा कर रहे हैं और गरीब लोग इस आत्मीयता को सम्मानित करते हैं।

एकदम ताजा लेखक गौरीनाथ ने भी ग्रामीण यथार्थ के नयेपन को कहानी का विषय बनाया है। बाढ़ की पीड़ा झेलते लोगों की व्यथा को इस कहानीकार ने नये ढंग से व्यक्त किया है। व्यावसायिकता से प्रेरित होने पर कैसे अमानुषिकता पनपती है, यह 'गिद्ध' कहानी में बेधक ढंग से चित्रित किया गया है।

इक्कीसवीं सदी तो वैज्ञानिक-तकनीकी क्रान्ति के लाभ के लिए चर्चित है। इसके अन्य प्रभावों के अलावा आजकल 'क्लोन' तैयार करने का प्रयत्न वैज्ञानिकों के बीच है। गाँव, खासकर के आदिवासी गाँवों की ज़िन्दगी से जुड़े राकेश कुमार सिंह ने वैज्ञानिक अनुसन्धान के इस पक्ष की अमानुषिकता पर ध्यान दिया है और अपनी उर्वर कल्पना-शक्ति के आधार पर मनुष्य का क्लोन तैयार करने के दुष्परिणाम पर

एक कहानी लिखी है जो हिन्दी में अपने ढंग की अकेली और उल्लेखनीय कहानी है। इसमें कहानीकार की मानवीय चिन्ता ध्यान देने लायक है। यह कहानी दिखाती है कि कैसे मनुष्य का क्लोन तैयार करने की प्रक्रिया से पैदा हुआ बच्चा असाधारण शारीरिक विकास दिखा रहा है और भयानक बात यह है कि उसके दिमाग में या चेतना में मानवीय सम्बन्धों का ज्ञान कतई नहीं है। फलतः अपनी जननी से ही सम्भोग कर बैठता है। सामाजिक जरूरत से मुक्त होकर वैज्ञानिक अनुसन्धान और प्रयोग करने से जो दुष्परिणाम खुद मनुष्य-समाज को भोगने पड़ सकते हैं, उसे अभिव्यक्ति देनेवाली कहानी है यह। राकेश की यह कहानी उदय प्रकाश की 'मैंगोसील' से ज्यादा प्रासंगिक और महत्त्वपूर्ण कहानी है। वैज्ञानिक तकनीकी विकास ने सूचना तकनीक को प्रभावित करके जो रूप दिया है, उसे व्यक्त करने वाली कहानी है ऋषिकेश सुलभ की 'वधस्थल से छलाँग।' यह कहानी आज के 'सूचना-युग' की पत्रकारिता के व्यावसायिकता और नौकरशाही से मिल जाने के यथार्थ को व्यक्त करती है। ईमानदार प्रतिभाओं के लिए वह 'वधस्थल' बनकर रह गया है। उससे बचने का एक ही उपाय है छलाँग लगाना यानी आत्महत्या करना।

कहानियाँ और भी बहुत हैं। एक लेख में उन सबका समावेश सम्भव नहीं। जगह के साथ ही मेरी अपनी सीमा भी है लेकिन अन्त करते हुए मैं इतना कहना चाहता हूँ कि आज के जीवन और समाज में बहुतेरी घटनाएँ, बहुतेरे चरित्र हैं, जो कहानियों में नहीं आये हैं, लाये जाएँ तो हिन्दी कहानी इस दौर में और समृद्ध हो सकती है। इस पक्ष पर चर्चा होनी चाहिए।

इक्कीसवीं सदी की देहरी पर हिन्दी कहानी–दो

मेरे आलोच्य दौर में कहानीकारों ने यद्यपि आज के यथार्थ के विभिन्न पहलुओं का चित्रण किया है, उन पहलुओं से उठे सवालों से वे जूझ रहे हैं। कथ्य की दृष्टि से हिन्दी कहानी बदली है, आगे बढ़ी है, समृद्ध हुई है, फिर भी मैं यह महसूस करता रहा हूँ कि आज के कहानीकारों के ये प्रयत्न प्रायः मध्यवर्ग के अहाते में सीमित रहे हैं। मतलब यह कि हमारे कहानीकारों की रचनात्मकता का सामाजिक आधार आमतौर से मध्यवर्ग है। उसमे निम्न मध्यवर्ग बहुत कम, उच्च मध्यवर्ग और बिचबिचया मध्यवर्ग ज्यादा है। इसका नतीजा यह है कि भारतीय जनता का बहुत बड़ा हिस्सा जो उपर्युक्त अहाते से बाहर है वह हिन्दी कहानी से भी बाहर है। यह निष्कासित वर्ग कभी-कभार आ जाता है, तो वैसे ही जैसे वह मध्यवर्गीय पात्रों के बँगलों और फुलवारियों को सजाने-सँवारने के लिए आता है। तथाकथित तीसरी दुनिया के देशों की सामाजिक प्रक्रिया में मध्यवर्ग की महत्त्वपूर्ण भूमिका है, यह सच है। लेकिन उसकी महत्त्वाकाँक्षाएँ उसे निम्नवर्ग या उसकी स्थिति से काट देती हैं, वह ऊपर की ओर ही ताकता रहता है और उधर ही जाने को उछल-कूद करता रहता है। ऐसी हालत में जिस जनता की जरूरत देश के जनतन्त्र को मजबूत करने में समझी जाती है, वह हमारी सर्जनात्मकता से उसी तरह छूट रही है जैसे आज का बाजार-तन्त्र उससे छूटता जा रहा है। भूमण्डलीकरण, निजीकरण, उदारीकरण आदि का प्रभाव आम जनता पर, मेहनतकशों पर, बेरोजगारों पर, रोजगारोन्मुख लोगों पर, छँटनीग्रस्त और विस्थापित लोगों पर किस तरह पड़ रहा है, आज के पूँजीवादी की उपर्युक्त प्रवृत्तियों का प्रभाव किन रूपों में निम्न आय वाले लोगों पर पड़ रहा है, यह हिन्दी कहानी के लिए अब तक अपरिचित विषय है, जबकि मैं समझता हूँ कि आज के यथार्थ का सबसे महत्त्वपूर्ण पक्ष यही है। बड़ी कम्पनियों और बहुराष्ट्रीय कम्पनियों की ओर भागते-दौड़ते युवक तो अनेक कहानियों में आये हैं, लेकिन जो छूट गये हैं, या उधर दौड़ लगाने में अशक्त हैं, वे कहानीकारों से भी प्रायः छूट गये हैं। इतना ही नहीं, शेयर खरीदकर जल्दी से धनवान बनने की लालसा पालते कितने लोग ठगे गये हैं, बर्बाद हो गये हैं, ऐसे मध्यवर्गीय पात्र भी लापता हैं। उपभोक्ता

संस्कृति की प्रतियोगिता में पड़कर अपना दर्जा ऊपर उठाने की कोशिश करते हुए पिछड़ जाने वाले पात्र भी एकाध कहानी में ही दिखाई पड़े हैं। राजनीतिक क्षेत्र में किसानों की आत्महत्या की चर्चा हो रही है, हालाँकि वहाँ भी कोई आन्दोलन इस प्रश्न पर नहीं है। पुन्नी सिंह ने एक कहानी इस प्रन्सग में लिखी है और वह कहानी आधुनिक खेती की प्रक्रिया की परेशानी से होते हुए किसान की आत्महत्या तक पहुँचती है जरूर, लेकिन परेशानियों की विकटता और आत्महत्या को प्रेरित होने की पीड़ा का ऐसा चित्रण नहीं कर पाती, जिससे पढ़ने वाले उसी तरह उद्वेलित हों, जिस तरह प्रेमचन्द की कहानी 'पूस की रात' में कर्ज की समस्या से उत्पन्न परेशानी और पीड़ा की अनुभूति करती है।

रणेन्द्र की कहानी 'रात बाकी' प्रशासन तन्त्र के चित्रण के जरिये यह दिखाती है कि विस्थापन की समस्या के प्रति वे कैसा रुख रखते हैं, कितने परस्पर विरोधी रुख रखते हैं, विरोध और सहानुभूति दोनों है। प्रशासन तन्त्र और सत्ता के चरित्र का साक्षात्कार तो यह कहानी उनकी पूरी जटिलता के साथ कराती है, इसीलिए उल्लेखनीय है, लेकिन विस्थापित जनों की पीड़ा यहाँ भी नहीं है, 'रात बाकी' के जरिये यह बताने के बावजूद कि अभी और उत्पीड़न होना है। अखिलेश की कहानी 'जल डमरू मध्य' में एक तरफ नगर और महानगर का चाचचिक्म भरा जीवन है, तो दूसरी तरफ ग्रामीण या कस्बाई जीवन और दोनों का रिश्ता उसी तरह कमजोर या पतला है, जैसे डमरू का बीच वाला दबा हुआ हिस्सा अथवा दो तरह उमड़ते हुए महासागरों को जोड़ने वाली पतली जलधारा जो डमरू की बनावट के आधार पर जल डमरू मध्य कहा जाता है। लेकिन यह कहानी बताती है कि पीछे का यानी ग्रामीण और कस्बाई जीवन अब सम्भावनाहीन है। सम्भावना तो महानगरों में है, इसीलिए पुरानी पीढ़ी के बूढ़े को अपना कस्बाई मोह छोड़कर सम्भावनावान पुत्र के महानगर में जाना पड़ता है सब कुछ बेच-बाचकर।

आज के सामाजिक जीवन के यथार्थ के सबसे बड़े पक्ष से अलग होने के कारण हमें बहुत-सी बातें कल्पना के आधार पर ऊपरी जीवन की कल्पना करते हुए लिखी जा रही है। आज का सामाजिक जीवन जितना भयावह है, उससे हिन्दी-कहानी में कहाँ साक्षात्कार हो रहा है। समाज, राजनीति, अपराधकर्म, भ्रष्टाचार आदि घुल-मिलकर किस तरह भयानक परिदृश्य उपस्थित कर रहे हैं, उसके जरिये जो तथाकथित नये-नये 'जननायक' सीना तानकर चल रहे हैं और अच्छे-भले लोग घर में घुस रहे हैं, यह भी सृजन में लाया जाना है। मैं कहना चाहता हूँ कि आज के अधिकतर कहानीकारों की चिन्ता ऊपरी ढाँचे की चिन्ता है, बुनियादी जनता और बुनियादी समस्या की चिन्ता नहीं है। यही कारण है कि जीवन की गहरी पीड़ा रचना के जरिये नहीं महसूस होती। समाज के ऊपरी ढाँचे के चिन्ता रचनाकारों की मुख्य चिन्ता होने का ही परिणाम यह है कि आज के कहानीकार कहानी के शिल्प के प्रति

ज्यादा चिन्तित मालूम पड़ते हैं। अक्सर कहानी या उपन्यास के ढाँचे को तोड़ने की या नये ढाँचे की खोज करने की चर्चा होती है। यह बात पीछे छूट गयी हुई लगती है कि रचना का ढाँचा या रूप कथ्य अथवा अन्तर्वस्तु के आग्रह से बनता है। कहानी का नया ढाँचा या नया रूप खोजने या गढ़ने पर मुख्य जोर दिया जा रहा है। ऐसे सिद्धान्त भी प्रतिपादित किये जा रहे हैं कि आदि-मध्य-अवसान वाली विधा बने रहना कहानी के पिछड़ेपन का सबूत है। अतः इस ढाँचे को तोड़कर आदि-मध्य-अवसान को नष्ट किया जा रहा हैं। जिज्ञासा और उत्सुकता की भी आवश्यकता कहानी के लिए नहीं रह गयी, ऐसा लगता है। इसी प्रक्रिया में हिन्दी कहानी में पिछले अनेक वर्षों से लम्बी कहानी के शिल्प का विकास हुआ है या किया गया है। इस पर विचार करने की जरूरत है।

कहानी एक रचना-विधा है, एक कला रूप है और कला का अस्तित्व सामाजिक यथार्थ के साथ रचनाकार के सम्बन्ध के स्वरूप पर निर्भर करता है। रचनाकार अपनी कला में तरह-तरह के प्रयोग करता है, सामाजिक बहस के साथ बहस करता है, बहस के दरम्यान अक्सर विचारों की लड़ाई लड़ता है। स्वयं अपनी रचना के स्वरूप के प्रति उत्सुक रहता है और पाठकों में भी उत्सुकता पैदा करता है, और यह सब करते हुए अपने सामने उपस्थित समय का भी प्रतिनिधित्व करने की कोशिश करता है, लेकिन यह सब वह घटनाओं, पात्रों और उनके चारित्रिक व्यवहार के माध्यम से करता है। हिन्दी-कहानी ने अपने विकासक्रम में अनेक प्रकार के शिल्प विकसित किये हैं। घटनाप्रधान से चलकर घटनारहित कहानियाँ भी लिखी गयीं। चेखव के अनुसार कहानी जीवन का एक टुकड़ा है, तो कहानीकारों ने एक टुकड़े के जरिये पूरे जीवन को प्रतिबिम्बित करने की कला भी विकसित की, जैसे आगरा के किले के एक खम्भे में जड़े शीशे के एक टुकड़े में पूरा ताजमहल प्रतिबिम्बित होता है लेकिन आज की कहानी का शिल्प, मेरा मतलब लम्बी कहानी का शिल्प उपर्युक्त सूक्ष्मता और प्रतिबिम्बिन-विधि से आगे निकल गयी है। गौर करें तो बहुत प्रयत्न किये बिना यह दिखाई पड़ जाता है कि हिन्दी गद्य में जितने प्रकार के प्रयोग अब तक हुए हैं, उन सब को आज की लम्बी कहानी ने अपना लिया है। अब वह जीवन का एक टुकड़ा नहीं है। गद्य की विभिन्न विधाओं को समन्वित करने की कोशिश में आज की हिन्दी कहानी ने हिन्दी-गद्य को कितना विकसित किया है, यह अलग से अध्ययन-विश्लेषण का विषय है।

यहाँ इतना कहा जा सकता है कि हिन्दी-गद्य को अनेक कहानीकारों ने नया रूप-रंग, नयी ऊर्जा और गति दी है, स्वयं प्रकाश, काशीनाथ, दूधनाथ सिंह, उदय प्रकाश, विजयकान्त, अखिलेश, अवधेशप्रीत, जयनन्दन, ममता कालिया आदि आज के अनेक कहानीकारों ने हिन्दी-गद्य को अभिव्यक्ति की नयी भंगिमा दी है, नयी शक्ति दी है, लेकिन यह कहना चाहता हूँ कि कहानी विधा में आज निबन्ध,

संस्मरण, रिपोर्ताज, यात्रा-वृत्तान्त, उपन्यास आदि सभी विधाओं का प्रयोग किया जा रहा है। एक बैठक में पढ़ी जा सकने वाली यह गद्य-विधा अब ऐसी हो गयी है कि एक क्या कई-कई बैठकों में पढ़ी जा सकती है। बैठकों में तारतम्य टूट भी जाता है, अतः कई बार ऐसा होता है कि दोबारा पढ़ने के लिए बैठने पर पढ़े हुए अंश को फिर से पढ़ना पड़ता है। घटनाओं की बाढ़ आ जाने के बावजूद यदि घटनाओं और पात्रों के देशकाल का ठीक-ठीक पता नहीं चलता, तब तो पढ़े हुए अंश को फिर से पढ़ना और जरूरी हो जाता है। ऐसी कहानी अक्सर स्त्री-पुरुष सम्बन्ध को लेकर लिखी गयी होती है, जिसमें स्त्री-पुरुष आज भी नर-मादा के रूप में चित्रित किये गये होते हैं। नरेश (नकेन के नरेश) की कहानी 'ईसा की छठी कन्या' ऐसी ही कहानी है। ऐसी कहानी 'संवेगी' के आधार पर लिखी गयी होती है और सभ्यता-संस्कृति के विकास की उपलब्धियों से उनका कोई ताल्लुक नहीं होता। प्रियंवद की कहानी 'बूढ़ों का उत्सव' है तो माता-पुत्र स्नेह की कथा और इसी स्नेह के दबाव में एक स्थिति में स्त्री-पुरुष की तरह भी आ जाते हैं। यह विचित्रता देशकाल से मुक्त होकर चित्रित हो गयी है, लेकिन मैं जिन लम्बी कहानियों को पाठकों के ध्यान में लाना चाहता हूँ उनकी विशेषता यह है कि घटनाओं की बहुलता के कारण वे देशकाल से परे प्रायः नहीं होतीं। वे हमारे समय और समाज की कहानियाँ हैं, बस समय की जब हम पहचान और संवेदना से मुक्त हो रहे हैं, जब हम जीवन के साधनों से भी युक्त हो रहे हैं, जब हम जीवन की भाग-दौड़ में शामिल होकर भी समय की कमी को लेकर परेशान नहीं हैं। शायद यह एक बड़ा कारण है कि कई बैठकों में पढ़ी जाने वाली कहानियाँ धड़ल्ले से लिखी जा रही हैं। इस तरह की कहानियाँ 'सांग रूपक' की शैली मे में लिखी जा रही हैं, कथा के तमाम सम्बद्ध प्रसंगों और अनुप्रसंगों के साथ। जीवन के कई टुकड़ों को, कई सन्दर्भों को जोड़कर कहानी लिखी जा रही है, जिसमें जीवन का पूरा एक अध्याय चित्रित होता है और कई बार कई अध्यायों को जोड़कर कहानी तैयार की जा रही है। ध्यान देने की बात है कि बीसवीं सदी के छठे दशक में आदमी को क्षणजीवी कहा जा रहा था और क्षणवाद का सिद्धान्त प्रचारित किया जा रहा था, तब कविता में क्षण की अनुभूति की अभिव्यक्ति पर जोर दिया जा रहा था और हिन्दी-कहानी भी या तो घटनाहीनता की ओर बढ़ गयी थी या एक घटना और एक गहन संवेदन को चित्रित करना कहानी-कला का उत्कर्ष माना जाने लगा था। इससे बहुत भिन्न आज की कहानी है। आज आदमी क्षमावादी नहीं है। उसकी पहचान, उसकी पृष्ठभूमि में, सन्दर्भ में, सामाजिक सरोकारों में की जा रही है। चूँकि जीवन में पृष्ठभूमि और सन्दर्भ की विविधिता है, इसलिए कथ्य को व्यक्त करने के लिए अनेक जीवन-सन्दर्भों को एक सिलसिले में व्यक्त किया जा रहा है। यह एक और कारण है कि कहानी लम्बी होती गयी है, उसका ढाँचा औपन्यासिक हो गया है।

उदय प्रकाश की अनेक कहानियाँ—और अन्त में प्रार्थना, वॉरेन हेस्टिंग्स का साँड, पीली छतरी वाली लड़की आदि, दूधनाथ सिंह की नमो अन्धकाराय, धर्मक्षेत्रे-कुरुक्षेत्रे, अखिलेश की जलडमरूमध्य, प्रभा खेतान की 'चलो पें पें घर चलें', जयनन्दन की 'सल्तनत की सुनो गाँव वालों', चन्द्रकिशोर जायसवाल की 'मर गया दीपनाथ', अवधेश प्रीत की 'नृशंस', सन्तोष दीक्षित की 'अथा तो जश्न जिज्ञासा', देवेन्द्र की 'क्षमा करो हे वत्स', देवेन्द्र सिंह की 'पोसपूत', ममता कालिया की 'दौड़' आदि ऐसी ही कहानियाँ हैं, जो कहानी के पुराने ढाँचे को तोड़कर उपन्यास के करीब पहुँचती हैं और अन्य अनेक विधाओं के तत्त्वों को अपने में समेट ले गयी हैं। इनमें देवेन्द्र की 'क्षमा करो हे वत्स' तो एकदम रिपोर्ताज है, यदि दूसरी किसी विधा का कोई पहलू भी इस रचना में है, तो वह है 'आत्मकथा।' अपने जीवन को एक मार्मिक प्रसंग को लेकर उसका मुकाबला करने के क्रम में अन्य अनेक प्रसंग आते-जाते हैं और जुड़ते जाते हैं। पलाश विश्वास की एक रचना 'पहल' में कभी कहानी कहकर छापी गयी थी, (क्षमा करें शीर्षक भूल रहा हूँ) जो खालिस यात्रा-वृत्तान्त है। ढाँचा लम्बा है, लेकिन है यात्रा-वृत्तान्त ही, इसे कहानी क्यों कहें?

लम्बी कहानी के शिल्प के प्रसंग में एक प्रश्न तो यह उठता है कि उपन्यास और कहानी में फर्क केवल शिल्पगत नहीं, अन्तर्वस्तुगत भी होता है, कथ्य में भी फर्क होता है। उपन्यास से यह अपेक्षित है कि वह एक पूरे युग यानी समाज-विकास की किसी अवस्था की विशिष्टताओं का चित्रण करके युग-बोध का प्रतिनिधित्व करे। इसके लिए कथा का विस्तृत विवरण और अनेक जीवन-सन्दर्भों का सामंजस्य जरूरी है। लेकिन कहानी के लिए कथा-रचना का यह स्वरूप अनावश्यक समझा जाता रहा है। उपन्यास में संवेदनशीलता की धारा होती है, जबकि कहानी में लम्बी कहानी का शिल्प-विधान संवेदनशीलता को विघटन की ओर ले जाता है, जिससे कथ्य की बेधकता कम होती है। मुझे ऐसा लगता है कि इस व्यावसायिक युग में इलेक्ट्रॉनिक मीडिया के प्रभाव के दौर में सीरियलों में जगह पाने की लालसा से प्रेरित होकर लेखक कहानी की लम्बाई इस तरह बढ़ाकर दे रहे हैं कि सीरियल बनाने में दिक्कत न हो। इस प्रसंग में मैं उदय प्रकाश की ताजा कहानी 'मैंगोसिल' की ही चर्चा करते हुए अपनी बात स्पष्ट करना चाहता हूँ। कहानी का शीर्षक लेखक ने ही दिया है 'मेंगोसिल'। यह एक बीमारी है, जो चन्द्रकान्त और शोभा के पुत्र सूरी को है। इससे पाठक स्वभावतः समझेगा कि यह सूरी की कहानी है, लेकिन कहानी का पहला वाक्य है—"यह किस्सा चन्द्रकान्त थोराट का है, और मेरा भी है।" अब लेखक ही कह रहा है कि कहानी सूरी की नहीं चन्द्रकान्त थोराट और कहानी के 'मैं' की है। कथा में चद्रकान्त थोराट की कहानी का एक कथ्य है, जो सूरी के प्रति उनकी चिन्ता से बनता है। चन्द्रकान्त और शोभा के पुत्र सूरी की कथा उन दोनों से भिन्न है और उसकी

अपनी चिन्ता है, जो अपनी बीमारी के साथ-साथ अपने प्रति चन्द्रकान्त और शोभा के व्यवहार से उत्पन्न होती है। सूरी की चिन्ता का कथ्य अलग है। सूरी की आत्महत्या से वह कथ्य और भी गम्भीर और मार्मिक हो जाता है। कथा का विकास-क्रम पाठक को जबरन सूरी के प्रति सहानुभूतिशील बना देता है, सूरी की आत्महत्या सहानुभूति को और भी गहरे ले जाती है। इस तरह हम महसूस करते हैं कि मेंगोसिल की कथा का केन्द्र है सूरी। इसलिए यह किस्सा उसी का है। एक किस्सा अलग से शोभा का है, जो उसके चन्द्रकान्त के साथ रमाशंकर के यहाँ से भागने के पहले का है, वह रमाशंकर जैसे नपुंसक और निकम्मे पति के साथ रहते हुए दरोगा और बिल्डर के द्वारा पीड़ित और बलात्कृत होने की कथा है। चन्द्रकान्त के साथ भागकर शोभा की मुक्ति की कथा है, लेकिन कथा के इस अंश का सूरी की पीड़ा से कोई सम्बन्ध नहीं है यानी मेंगोसिल की बीमारी का रमाशंकर, दरोगा और बिल्डर के घिनौने जीवन से कोई सम्बन्ध नहीं है। सूरी की आत्महत्या का कारण तो चन्द्रकान्त और शोभा की उपेक्षा से, दो बच्चों में से एक के प्रति अधिक प्यार और दूसरे सूरी की उपेक्षा से बनता है। सूरी के प्रति संवेदनशील पाठक को गुस्सा चन्द्रकान्त और शोभा के प्रति होता है, रमाशंकर आदि के प्रति नहीं। एक बात और है, सूरी की बीमारी यह है कि शरीर के अनुपात में उसका माथा बड़ा है, बहुत बड़ा। माथा बड़ा होना प्रतीकात्मक है क्योंकि सूरी का माथा केवल आकार में नहीं बुद्धि में भी बड़ा है। जाहिर है कि सूरी के माथे में यह विशेषता तो लेखक के द्वारा भरी जाती है, जो उचित ही है। सूरी ही है जो आज की राष्ट्रीय और अन्तर्राष्ट्रीय परिस्थिति के बारे में सूरी टिप्पणी करता है जो वैचारिक दृष्टि से गम्भीर होती है, जैसे—"बच्चे स्कूलों में जितना पढ़ते हैं उससे ज्यादा और अच्छा बिना स्कूलों के पढ़ सकते हैं। अपने बच्चों को वही लोग स्कूल भेजते हैं, जो बच्चों से छुटकारा पाना चाहते हैं। ....एक सच्चाई है कि ज्यादा पढ़े-लिखे लोग हमेशा कम पढ़े-लिखे के नौकर या कर्मचारी होते हैं। स्कूल तो नौकर तैयार करने की फैक्टरी होते हैं। दुनिया में हमेशा ताकतवर, अमीर और खुशहाल लोग कम पढ़े-लिखे होते हैं।" आगे चलकर वह फिर कहता है—"मुझे सड़क पर चलता हुआ देखकर लोग इसलिए चौंकते हैं, क्योंकि उन्होंने इतने बड़े सिर वाले चींटे को कभी आदमियों जैसे कपड़े पहनकर चलते हुए नहीं देखा।. ..दुनिया में सिर्फ दस से बीस प्रतिशत लोग ही आदमी होते हैं। बाकी या तो चींटे या काक्रोच हैं या कुत्ते, सुअर और बैल।" लेखक अपना चिन्तन सूरी के माध्यम से व्यक्त करा के ही उसके बड़े माथे का अर्थ बड़े चिन्तन वाला प्रेषित करता है। इस तरह कथा का व्यंग्य यह है कि उच्च चिन्तन वाले आदमी का इस वातावरण में जीना सम्भव नहीं है। इस कथ्य की व्यंजना के लिए अकेले सूरी की कथा पर्याप्त है। मैं कहना चाहता हूँ कि 'मेंगोसिल' के वर्तमान स्वरूप में जितने

शब्द खर्च किये गये हैं, उससे बहुत कम शब्द खर्च करके कथ्य को और अधिक प्रभावशाली बनाया जा सकता था। ठोस वास्तविकता और संक्षिप्तता कहानी कला की विशेषता रही है। संगति, अनुपात और परिप्रेक्ष्य उसकी कलात्मक अपेक्षाएँ रही हैं, जिनसे कहानी में आन्तरिक अनुशासन आता है। उदय प्रकाश की लम्बी कहानियाँ ही नहीं, अन्य अनेक लम्बी कहानियों के आन्तरिक अनुशासन का उल्लंघन करके कलात्मक बिखराव के उदाहरण प्रस्तुत करती हैं। इस प्रसंग में एक बात मेरे ध्यान में यह आती है कि कहानी-कला वास्तव में कहानीकार की मानसिक बनावट की अभिव्यक्ति का एक रूप है। अतः कहा जा सकता है कि लम्बी कहानी का बिखरा हुआ शिल्प कहानी की असंगठित मानसिकता का रचनात्मक प्रतिरूप है।

एक और ताजा कहानी का जिक्र करना चाहता हूँ, वह है कुणाल सिंह की 'रोमियो जूलियट और अँधेरा।' यह तद्भव के बड़े पृष्ठ पर अड़तालीस पृष्ठों की लम्बी कहानी है और आज के सम्पादकों ने लम्बी कहानी की एक अलग विधा बनाने की जो जबरिया कोशिश की है उसके अनुशासन को मानकर यहाँ भी यह 'लम्बी कहानी' कहकर छापी गयी है। पूरी सम्भावना है कि यह कहानी उपन्यासिका के रूप में छपेगी तो लगभग सौ पृष्ठों की पुस्तक बन ही जाएगी। खैर, यहाँ भी देखने की बात यही हैं कि लेखक क्या कहना चाहता है इतनी लम्बी कहानी में। शीर्षक से संकेत मिल जाता है कि यह एक प्रेमकथा है लेकिन वातावरण प्रेम के अनुकूल नहीं है। फिर कहानी के पहले जो अनावश्यक टिप्पणी दी गयी है, वह बताती है कि प्रेम को जो अँधेरा ढके हुए है, वह दंगे के कारण बना है। तो कहानी में दंगा बनाम प्रेम की स्थितियाँ हैं, इतना तो कहानी पढ़ना शुरू करने के पहले ही पता चल जाता है। इस कहानी के कथ्य और रूपविधान को जरा भी नुकसान पहुँचाए इसका सम्पादन करके उसका आकार छोटा किया जा सकता है। कहानी के दूसरे पृष्ठ पर राष्ट्रभाषा के बारे में जो एक पारा की टिप्पणी है कहानी के लिए अपेक्षित नहीं है और भी कई वर्णनात्मक अंश हैं, जो कथा के आकार को खींचकर बढ़ाने के लिए जरूरी हो सकते हैं, लेकिन कथ्य की व्यंजना के लिए कतई जरूरी नहीं। मैं यहाँ पर फिर कहना चाहता हूँ कि वर्णनात्मकता कहानी-कला की अपेक्षा नहीं है। कथ्य और रूप का जो द्वन्द्वात्मक रिश्ता है, दोनों में जो स्वाभाविक पारस्परिकता होती है, वह सब आज की लम्बी कहानी के शिल्प-विधान में अनावश्यक करार कर दी गयी है। कथ्य को प्रभावशाली बनाने, संवेदना को गहन बनाने और पात्रों की चारित्रिक सच्चाई को स्पष्ट करने की आवश्यकता के अनुसार घटनाओं, संवादों और पात्रों के आपसी सरोकारों आदि की योजना से बनने वाली कला की उपेक्षा ये लम्बी कहानी के रचनाकार कर रहे हैं।

कुणाल सिंह की कहानी असल में शुरू होती है वहाँ से, जहाँ कहा जाता

है—"दस मई दो हजार तीन।" यों अगर और संक्षिप्तता के बारे में सोचा जाए तो वास्तव में रोमियो-जूलियट का प्रसंग तो कहानी के तीसरे खण्ड में आता है, जब कहानी का 'मैं' अपने आकस्मिक बने मित्र (कहानी के दूसरे खण्ड में) रामदहिन और साधन के साथ एक सांस्कृतिक कार्यक्रम देखने जाते हैं। वहाँ वह लड़की आती है जिसका नाम अनुमा है और जो आगे चलकर कहानी के मुख्य पात्र की प्रेमिका बनती है। इस तरह कहानी के दो खण्ड पृष्ठभूमि के रूप में हैं, ऐसी पृष्ठभूमि जो प्रेम के लिए जरूरी नहीं है। प्रेम भी होता है फैंटसी के जरिये यानी अनुमा मंच पर गीत गाती है और उसे देखकर कथा-नायक ग्रीन रूम में उससे मिलने चला जाता है। यह प्रेम का प्रयत्न है या कुछ और? दूसरी मुलाकात में वह लड़की अनुमा छतरी के नीचे खड़ी है और यह 'मैं' यानी मनोज पांडे बाहर भीगते हुए और फिर दोनों एक छतरी में हो गये, तो समझिए कि प्रेम हो गया। यह कैसा प्रेम है? प्रेम है या कुछ और? एक तरफ यह प्रेम दूसरी तरफ असम में सक्रिय उग्रवाद या आतंकवाद। फूकन बाबू कहते हैं, ज़हर में सनी हुई सब्जियाँ हम खाते हैं और बारूद में सनी हुई हवा में साँस लेते हैं। यहाँ के एक-एक बच्चे में है यह ज़हर और बारूद। फिर दोनों का मिलना होने लगा रामदहिन के आवास में। पूरे एक पैराग्राफ में दोनों के एक-दूसरे को चूमने की क्रिया-प्रक्रिया का वर्णन है--जैसे लेखक भी उसमें रस ले रहा हो और पाठकों को भी रस लेने के लिए बुलावा दे रहा हो—ठीक आजकल के सीरियल के ऐसे प्रसंग के दृश्य की तरह। आगे की मुलाकातों में दोनों चुम्बन से आगे बढ़े। फिर भारी की इच्छा, लेकिन असमिया क्षेत्रीयता और उससे पनपा उग्रवाद यह बर्दाश्त नहीं करता और अन्त में मनोज और अनुमा पर असमिया लड़कों का घातक हमला। असमिया उग्रवाद या किसी भी उग्रवाद की अमानुषिकता को चित्रित करने के लिए जैसे प्रसंग की अपेक्षा है, उसका तो यहाँ अभाव है। असम से बाहर बिहार, झारखण्ड, उत्तर प्रदेश कहीं भी जातीय आवेश ऐसे प्रेमियों के अनेक जोड़ों की हत्या करा चुका है। प्रस्तुत कहानी में यदि ऑल असम आदिवासी एसोसिएशन का जिक्र नहीं होता, तो कोई यह समझ सकता था कि मनोज पांडे की फैंटसी के कारण उन पर हमला किया गया?

कहानीकार कुणाल सिंह में कहानी रचने की कला है, समर्थ भाषा है उसके पास लेकिन वर्णात्मकता और लम्बाई के चक्कर में कहानी की विधागत पहचान मिटा देने के अभियान में वह शामिल मालूम पड़ता है। कहानी में ऐसा कोई प्रसंग नहीं है, जिससे मनोज और अनुमा के जीवन की दुर्घटना से कोई पाठक कितनी पीड़ा अनुभव करता है, यह कहानी में खोज का विषय है।

पंकज मित्र एक सम्भावनाओं से भरे कहानीकार हैं। अभी उनकी भी एक लम्बी कहानी तद्भव में ही पढ़ने को मिली—'हुडुकलुल्लू'। इस कहानी पर हजारी बाग में एक गोष्ठी हुई , जिसमें मैं भी उपस्थित था। मैंने देखा कि विचार-विमर्श

में भाग लेने वाले रचनाकारों-श्रोताओं ने अपनी राय व्यक्त करते हुए घटनाओं की भीड़ के बीच कथ्य की दुर्बोधता की शिकायत की। इस बात का जिक्र करते हुए मैं कहना चाहता हूँ कि पाठकों की रुचि की उपेक्षा इस दौर में जितनी हो रही है, उतनी केवल मनोविश्लेषणात्मक कहानियों के दौर में ही हुई थी, लेकिन इन लम्बी कहानियों में चरित्रों का मनोविश्लेषण भी तो नहीं है। पंकज मित्र की कहानी 'हुडुकलुल्लू' की चर्चा के क्रम में पहली बात यह कहना चाहता हूँ कि 'हुडुकलुल्लू' शब्द बहुतों को समझ में नहीं आएगा, यह 'निहायत' स्थानीय देशज प्रयोग है। मेरे इलाके में भी यह शब्द प्रचलित नहीं है, लेकिन शब्द की बनावट, उच्चारण की ध्वनि और कहानी में इस्तेमाल से यह अर्थ समझ में आता है कि जो बिना सोचे-विचारे बोले या काम करे वह है हुडुकलुल्लू। दूसरी बात यह है कि हजारीबाग की पृष्ठभूमि में लिखित कहानी में मुझे कई पात्र पहचान में आ रहे हैं, क्योंकि मैं हजारीबाग से परिचित हूँ। किसी भी कहानी के पात्र यदि पाठकों में, समाज में, किसी व्यक्ति में दिखाई पड़ने लगे तो लेखक की सीमा मानना चाहिए। कहानीकार को अपने विशेष अनुभवों का सामान्यीकरण करना चाहिए। इससे कहानी में कलात्मक श्रेष्ठता आती है। पंकज ऐसा करने में सफल नहीं हो पाये हैं। यों यह कहानी 'हुडुकलुल्लू' अन्य लम्बी कहानियों से भिन्न है। इसमें कई कहानियों को जोड़कर एक कहानी बनाने की कोशिश नहीं है। इसमें लेखक अपने सामाजिक परिवेश के अनुभवों का वर्णन करता चलता है और कहानी बनती एवं बढ़ती चलती है। इस प्रक्रिया में इतनी ज्यादा घटनाएँ, इतने ज्यादा प्रसंग और इतने ज्यादा पात्र कथा में आ गये हैं कि तीन बार पढ़ने के बाद भी मैं इस कहानी का सार या संक्षिप्त रूप प्रस्तुत करने में अपने को असमर्थ पाता हूँ। ऐसी हालत में कैसे कहा जा सकता है कि इस कहानी का कथ्य क्या है? इसमें एक परिवार की स्थिति है, उसकी महत्त्वाकांक्षा है, कॉलेज है, आवारा किस्म के लड़के हैं, राजनीतिक नेता और कार्यकर्ता हैं, ठेकेदार हैं, पुलिस अधिकारी हैं, नक्सल आन्दोलन हैं, उसके खिलाफ छापामारी है, घूसखोरी है, छोकड़ीबाजी है, साहित्य है आदि-आदि। बढ़ते जाइए और नये-नये दृश्य देखते जाइए। यदि कथ्य कोई निकाला ही जाये तो यह निकलेगा कि समाज से सामाजिकता और मनुष्य से मनुष्यता समाप्त हो गयी है। कभी किसी के मन में ईमानदारी या चारित्रिक निष्ठा की बात आती है, तो वह अकेला महसूस करने लगता है। मैं यह कहना चाहता हूँ कि घटनाएँ हैं और पात्र भी हैं तो कोई न कोई बात, तो निकल ही आएगी, लेकिन संवेदनशीलता इस तरह नहीं आती है। यह कहानी असल में मूल्यों के विघटन के अनुभव प्रस्तुत करती है, लेकिन कौन पाठक इसे दो या तीन बार पढ़कर इतना निचोड़ निकालने का कष्ट करेगा। क्या किसी एक या दो प्रसंग से उपर्युक्त कथ्य अधिक बेधक ढंग से नहीं चित्रित किया जा सकता है? यह विचारणीय है, यों कहानी की भाषा, उनके संवाद आदि पंकज की

रचनात्मक सामर्थ्य के सबूत तो पेश करते ही हैं।

लम्बी कहानी के रूपविधान या शिल्प के बारे में जो मैं कहना चाहता रहा हूँ, वह मैंने उपर्युक्त दृष्टान्तों के जरिये कहने की कोशिश की है। अतः और दृष्टान्त देने की जरूरत मैं नहीं समझता, लेकिन एक बात निष्कर्ष के रूप में कहना चाहता हूँ कि जिन जरूरतों से हिन्दी में लम्बी कविता का विकास हुआ, उन जरूरतों से लम्बी कहानियों का कोई मतलब नहीं है। 'राम की शक्ति पूजा' अथवा 'अँधेरे में' जैसी कविताएँ महाकाव्यात्मक कथा को आज के अनुभवों की पृष्ठभूमि में संश्लिष्ट और संक्षिप्त करने के रचनात्मक उपक्रम में लम्बी हो गयी। ये कविताएँ महाकाव्यात्मक विस्तार का विकल्प प्रस्तुत करती हैं। लम्बी कहानी के साथ भिन्न बात है। वे औपन्यासिक विस्तार का संश्लिष्ट या संक्षिप्त रूप नहीं है, बल्कि 'कहानी' का ही औपन्यासिक विस्तार बनकर सामने आती हैं। हाँ, कुछ कहानियाँ ऐसी जरूर हैं, जो अनपेक्षित विस्तार के दृष्टान्त नहीं, बल्कि कथ्य की जरूरत से बनी हैं। औपन्यासिक विस्तार का रचनात्मक विकल्प तो वास्तव में लम्बी कविताओं ने प्रस्तुत किया है। इस प्रक्रिया में संवेदनशीलता का विघटन या बिखराव नहीं होता, बल्कि वे और धनीभूत होती हैं।

औपन्यासिक कहानियों में अनिर्वायतः संवेदना का बिखराव नहीं होता। उसने कहा था (गुलेरी जी) और नमक का दरोगा (प्रेमचन्द) भी औपन्यासिक कहानियाँ हैं, लेकिन दोनों ही कहानियों में जीवन-प्रसंग का या अनुभवों का संगुम्फन इस तरह किया गया है कि कथ्य और संवेदनशीलता अधिक प्रभावशाली हो गयी है। ताल्सतेय, दास्ताएवस्की, समरसेट मॉय आदि की अनेक कहानियाँ, लम्बी और बेधक हैं। यहाँ उदाहरण देना सम्भव नहीं है। अमरकान्त की कहानी डिप्टी कलक्टरी और ज़िन्दगी और जोंक में भी औपन्यासिक कथा है। भीष्म साहनी के वांचू में भी है। लेकिन स्पष्ट रचनात्मक उद्देश्य के कारण ये कहानियाँ स्पष्ट रूप से पाठकों को मर्मस्पर्शी कथ्य तक पहुँचा देती हैं। कहानी लम्बी हो या छोटी उसे पाठकों की चेतना को जगाने में, संवेदना को प्रेरित करने में समर्थ होना चाहिए।

अन्त में मैं यह कहना चाहता हूँ कि कोई भी नहीं कह सकता कि कहानी या किसी भी रचना का रूप-शिल्प ऐसा होना चाहिए। यह बात मैं संजीदगी से महसूस करता और मानता हूँ। स्वयं रचनाकार भी पहले से रूप-शिल्प तय नहीं कर सकता। मेरी चिन्ता यहाँ रूप-शिल्प के बारे में मुख्यतः नहीं है, बल्कि यह है कि मानवीय संवेदना को कैसे सुघटित और सुसंयोजित किया जाए। कहानी संवेदनहीनता के दुष्परिणाम दिखाए तो यह एक बात है और पाठकों को संवेदना के विघटन की ओर ले जाए, यह दूसरी बात है। दूसरी बात खतरनाक है। यह रचनाकार की भी मुख्य चिन्ता होनी चाहिए। रचनाकार चूँकि अपने सृजन का प्रजापति है, इसलिए उसे यह चिन्ता तो करनी ही चाहिए। उनके रचनात्मक सरोकारों का आम पाठकों

की रुचि एवं चिन्ता से जुड़ना एक रचनात्मक अपेक्षा है। इसके लिए लेखकों का मध्यवर्गीय चिन्ता के दायरे से मुक्त होना जरूरी है। मुझे एक नये कहानीकार राजीव गोहिल की एक छोटी-सी कहानी 'चीख' याद आ रही है। कुछ पत्रकार और बुद्धिजीवी जंगल गये हैं शायद घूमने। लौटते समय उन्हें एक दर्दनाक चीख सुनाई पड़ी। सुनकर चकित हुए। उन्होंने समझा कि चीख किसी मनुष्य की, किसी नारी की थी। वे चिन्तित तो हुए लेकिन चीख की ओर नहीं बढ़े। लौटकर डाक-बँगला में भोजन की मेज पर भी उस चीख को वे याद कर रहे थे, उसके बारे में चिन्तित थे, लेकिन चीखनेवाली नारी के प्रति उनकी चिन्ता ने कोई सक्रिय रूप नहीं लिया। यही है मध्यवर्गीय चिन्ता, क्रियाहीन चिन्ता, भयभीत चिन्ता। आज के लेखकों में कहीं यही चिन्ता तो व्यक्त नहीं है? महुआ माजी की छोटी-सी कहानी 'रोल मॉडल' इस मायने में ध्यान खींचती है कि एक तरफ आधुनिक चमक-दमक के साथ रहने वाली युवतियाँ और दूसरी तरफ पिछड़ी चेतना वाली औरतें हैं। लेखिका उनके बीच से जीवन के रास्ते की खोज दिखाती है। चमक-दमक के साथ मर्यादा का कोई टकराव नहीं है। सुभाष शर्मा की कहानी 'लाक्षागृह की आवाज़ें' ग्रामीण मध्यवर्ग की स्वार्थपूर्ण साजिशों और उन साजिशों के शिकार ग्रामीण मध्यवर्ग के पात्रों का साक्षात्कार कराकर आज के भयानक वातावरण को मूर्त करती है। हिन्दी में अभी कहानी विधा सशक्त रूप से आगे जरूर बढ़ रही है।

अनेक प्रकार के प्रयोग उसमें हो रहे हैं, श्रेष्ठ कहानियाँ लिखी गयी हैं। इसलिए जरूरी है कि उस पर वस्तुगत ढंग से विचार किया जाए। मैंने एक पाठक के रूप में ही अपने पाठकीय अनुभवों का विश्लेषण करने की कोशिश की है। इस पुस्तक में एक अपेक्षा कहानी से पैदा होती है कि वह उस व्यवस्था की सच्चाई को बेपर्द करे, जिससे उत्पीड़न और संकट पैदा होते हैं। हमें इस पक्ष का अभाव महसूस होता है। इसी कारण आज की अधिकतर कहानियाँ परिप्रेक्ष्य का संकेत नहीं देतीं। इस दृष्टि से भी कहानी का स्वरूप विचारणीय है। मनुष्यता को लाक्षागृह से मुक्त करने की सुरंग बनाने का काम वही रचनाकार कर सकता है जो कौरव पक्ष से अलग तो है लेकिन उसकी व्यवस्था को अच्छी तरह समझता है, और वृद्ध पाण्डवों से भी केवल सहानुभूति नहीं रखता बल्कि उनको बताये बिना उनके बचाव का इन्तज़ाम कर लेता है। ऐसा करने वाला विदुर नेपथ्य में रह जाता है, मुख्य विचारणीय समस्या यह है। लाक्षागृह के ढाँचे में पाण्डवों के प्रति संवेदना रह नहीं सकती। इस तरह ढाँचे को तोड़ने से जीवन के नये परिप्रेक्ष्य का संकेत मिलता है।

ताज़ा हिन्दी कहानी : नया कलात्मक उपक्रम

आज के समाज में कौन-सी प्रवृत्ति प्रधान है, कौन-सी विचारधारा प्रमुख है, मनुष्य की प्रधान रुचि क्या है? ऐसे प्रश्नों का उत्तर देना जितना कठिन है, उससे ज्यादा कठिन है यह बता पाना कि आज की हिन्दी कहानी में कौन-सी प्रवृत्ति मुख्य है। नयी उम्र के जो कहानीकार हैं, यानी जिन्होंने अभी कुछ साल पहले या यह भी कह सकते हैं कि जिन्होंने बीसवीं सदी के अन्तिम चरण में जन्म लिया और इक्कीसवीं सदी में कहानी रचना के क्षेत्र में कदम रखा है, वे यह प्रयत्न कर रहे हैं कि हिन्दी कहानी में किसी प्रवृत्ति के प्रवर्तक बनें। जीवन का कोई नयापन पकड़ में आ गया तो ठीक नहीं तो भाषा और शिल्प में ही कुछ नया कमाल पैदा करें। इस तरह के प्रयत्न में बुरा तो कुछ भी नहीं है, लेकिन प्रयोग के लिए प्रयोग जैसा प्रयत्न दिखाई पड़ता है, तो पाठकों को जरूर परेशानी होती है। कभी-कभी मुझे ऐसा भी महसूस होता है कि कहानीकार का व्यक्तित्व और व्यक्तिगत रुझान रचनात्मकता पर हावी है। ऐसी स्थिति में यह देखना जरूरी हो जाता है कि कहानीकार के व्यक्तित्व का निर्माण कैसे हुआ है, किस सामाजिक परिवेश में वह जी रहा है और परिवेश के प्रति, उसमें भविष्य के प्रति उसका रुख क्या है। उत्तर-आधुनिक समाज के संवेदनात्मक विघटन और जीवन मूल्यों के विघटन से लेकर मनुष्य की पीड़ा का चित्रण करने तक के समान विविध प्रसंगों में दिखाई पड़ते हैं। वैसे मैं यहीं पर यह कह देना जरूरी समझता हूँ कि आज हिन्दी में जितनी पत्रिकाएँ निकल रही हैं, उतनी इससे पहले कभी नहीं निकलीं और आज जितनी कहानियाँ लिखी जा रही हैं, उतनी इससे पहले किसी दौर में नहीं लिखी गयीं, इसलिए कोई दावा नहीं कर सकता कि वह सभी कहानियों से गुजरकर अपनी बात कह रहा है। जाहिर है, मेरे पाठकीय अनुभव की अपनी सीमाएँ हैं, जिसके लिए मैं जिम्मेदार हूँ।

मेरे ध्यान में ताज़ा लिखी कई कहानियाँ हैं। सबसे पहले मैं तद्भव में प्रकाशित गीत चतुर्वेदी की कहानी 'साहिब है रंगरेज' का जिक्र कर रहा हूँ। तद्भव के तैंतालीस पृष्ठों में छपी यह अत्यन्त लम्बी कहानी है। कहानी इतनी लम्बी क्यों हो गयी है। एक पाठक के रूप में मैंने ऐसा महसूस किया है कि कथाकार ने जो शिल्प अपनाया है,

उसके सहारे कहानी और लम्बी हो सकती थी। कहानीकार एक नारी डिम्पा की माँ के व्यक्तित्व, चरित्र और उसकी पीड़ा के चित्रण के लिए दृष्टान्त पर दृष्टान्त देता चला जा रहा है, घटनाओं से घटनाओं को जोड़ता चला जा रहा है। समाज में खुला व्यवहार करने वाली डिम्पा की माँ पर उसके साहिब (पति) को शक होता रहता है, इसी कारण वह उसे गाली देता है, पीटता है, मानसिक और शारीरिक दोनों तरह से सताता है। सार-तत्त्व यह है कि पुरुष नारी को अपने अधीन, अपने रंग-ढंग के अनुसार रखना चाहता है, चाहता ही नहीं, बल्कि उसके लिए कठोरता से प्रयत्न भी करता है, उपाय भी करता है। यही कथ्य है तो इसमें नयापन क्या है! कथ्य में कुछ भी नयापन नहीं है। हाँ, भाषा और शिल्प में बेशक नयापन है, लेखक का निजीपन है। कहानी में प्रयुक्त शिल्प के अनुसार कहानी को जहाँ लाकर समाप्त कर दिया गया है, उससे आगे भी बढ़ाया जा सकता था, लेकिन कहानी आगे नहीं बढ़ी, इसलिए कि अन्त में डिम्पा की माँ ने आत्मसमर्पण कर दिया, जिसे लेखक ने इस भाषा में व्यक्त किया है—"पर डेविड का हाथ चलने लगा था। एक चित्रकार जो अपनी कृति पर तेजी से रंग फेंक रहा है, ऐसे कि पूरे चित्र को रंगों का कसाईबाड़ा बनाकर रख देगा। किसी की गर्दन पर तलवार चला दी हो तो सिर्फ एक ही रंग चारों दिशाओं में फैलेगा। डिम्पा की माँ पर एक ही रंग फैल रहा था। पहले उसकी आँखों का रंग बदला। फिर उसके गालों का। फिर उसके होठों का। उसके पूरे बदन का रंग बदल रहा है। उसके रंगरेज साहिब ने आज फिर उसका रंग बदल दिया है। उसकी चूनर में फिर उसने अपनी ही मर्जी का रंग भरा है। उसकी मर्जी पूछी तक नहीं।"

इस कथन में 'आज फिर' और 'फिर' दो बार आये हैं, जो यह बता रहे हैं कि उस नारी के पति ने इससे पहले कई बार उस पर अपना रंग फेरा है, या चढ़ाया है। इससे पहले भी कई बार उस स्त्री की मर्जी को कुचला गया है। पति-पत्नी या स्त्री-पुरुष सम्बन्ध की इस कथा में आज का सन्दर्भ कहाँ है और कैसे है? आज के स्त्री-विमर्श में स्त्री का जो चारित्रिक स्वरूप प्रकट हो रहा है, उसका प्रभाव कहीं इस कहानी में है क्या! इस कहानी में 'डिम्पा की माँ' की परिणति देखकर मुझे 'कामायनी' में जयशंकर प्रसाद की ये पंक्तियाँ याद आयीं जो श्रद्धा की स्थिति व्यक्त करती हैं—

> आँसू से भीगे आँचल में मन का सब कुछ रखना होगा,
> तुमको अपनी स्मित-रेखा से यह सन्धि-पत्र लिखना होगा।

यों लेखक कह सकता है कि एक बड़ा फर्क यह है कि 'डिम्पा की माँ बेआवाज़ पिट रही थी। रो नहीं रही थी। बस पिट रही थी, लेकिन गौर से विचार करें तो बहुत फर्क नहीं दिखाई पड़ेगा। प्रसाद की पंक्तियों में भी आवाज नहीं है। आँसू से आँचल भीग तो गया है, लेकिन विवशता यह है कि रुलाई को दबाकर होठों

पर स्मित-रेखा खींचनी है और उसी रेखा से जीवन का सन्धि-पत्र लिखना है। डिम्पा की माँ पिटाई को प्यार समझने लगी है, इस प्यार पर वह तन-मन-धन और प्राण न्यौछावर करने को तैयार हो गयी है। कथ्य नया नहीं है, लेकिन उसे व्यक्त करने के लिए रचा गया डिम्पा की माँ का चरित्र रोचक है। रोचक बात यह है कि उस पर आरोप है कामुकता अथवा यौनिकता का, लेकिन उसके व्यवहार से ऐसा कुछ प्रकट नहीं होता। उसका संकट यह है कि गुड्डू जैसा लड़का ही नहीं, उसका पति डेविड ही नहीं, बल्कि उसका बेटा भी उस पर यौनिकता का आरोप लगाता है। यहाँ आकर एक नयी बात आती है कि बेटा अपनी आजीविका के लिए माँ का इस्तेमाल करने का प्रस्ताव बेहिचक माँ के सामने रख देता है यानी डिम्पा माँ को भाऊ के साथ दुबई चलने को कहता है, ताकि उसे वह वहाँ नौकरी दिलवा देगा। इस दुबई प्रसंग और आजीविका के लिए इस हद तक नीचे उतरने की कार्रवाई से कथा में एक नया पहलू जरूर जुड़ता है, लेकिन क्या यह प्रसंग स्वाभाविक है? यौन प्रयत्नों के बीच प्रेम तो कहीं नहीं उपजता है। उपर्युक्त टिप्पणियों के अलावा मैं कहना चाहता हूँ कि लेखक में कहानी गढ़ने और कहानी के लिए काव्यात्मक भाषा रचने की अद्भुत क्षमता है। ऐसी भाषा शुरू से आखिर तक है। कहा जा सकता है कि कहानी की संरचना में सबसे आकर्षक तत्त्व भाषा ही है, लेकिन यहाँ भी ध्यान देने की बात यह है कि काव्यात्मक भाषा में कहीं सांकेतिकता नहीं है, डिम्पा की माँ के नितम्बों, उरोजों, पेटीकोट आदि का ऐसा वर्णन है कि लगता है कि उसमें गुड्डू और भाऊ जैसे पात्रों के साथ लेखक भी रस ले रहा है और पाठकों को भी रस लेने के लिए शामिल करना चाहता है। अन्तिम बात यह है कि कहानी का कथ्य बिना किसी नुकसान के उसमें काँट-छाँट करके थोड़े में व्यक्त किया जा सकता है, लेकिन आज के अधिकतर कहानीकारों के लिए संक्षिप्तता कला नहीं है। अनेक खण्डों को जोड़कर मोंताज शैली में यह लिखी गयी है, इसलिए जीवन को दोहराती हुई लम्बी होती गयी है।

यौन और प्रेम मनुष्य जीवन के साथ संस्कार की तरह होते हैं, बल्कि यह कहना बेहतर होगा कि यौन तो प्राकृत होता है, प्रेम उसे उदात्त बनाता है। स्नोवा बार्नो की पहली कहानी 'हंस' के जनवरी 2008 के अंक में छपी है—'मुझे घर तक छोड़ आइए।' एक दिन की यह कथा प्रेम के उदय से लेकर परिपक्व होने तक की मनोदशा को बेहद खूबी से व्यक्त कर जाती है। दो कहानीकार हैं, एक पुरुष और एक स्त्री। स्त्री-पुरुष के अलावा दोनों का कथाकार होना पारस्परिक आकर्षण का कारण है। पुरुष को उसके उपन्यास पर दो लाख का पुरस्कार मिल गया, तो लेखिका का उसके प्रति आकर्षण कुछ ज्यादा सक्रिय हो जाता है, और अन्त में वह कह उठती है—'चलिए मुझे मेरे घर तक छोड़ आइए।' यहाँ संक्षिप्तता अब भी कला है और संवेदना में नयापन भी है। कथन में सांकेतिकता है, फूहड़पन नहीं है।

अरुणिमा चक्रवर्ती की कहानी 'ज़िन्दगी डॉट कॉम' (परिकथा, सितम्बर-अक्टूबर, 2008) ध्यान खींचती है साइबर कैफे से की गयी बातचीत के जरिये प्रेम उपजने और ज़िन्दगी की विरूपता के बीच भी कायम रहने की कथा होने के कारण। अत्यन्त संक्षिप्त (सिर्फ दो पेज की) कहानी साइबर के इस युग में दो प्राणी जो अदृष्ट होकर भीं प्रेम में फँसे हैं, उनमें एक गूँगी है, दूसरा बहरा है, लेकिन इंटरनेट के माध्यम से गूँगेपन और बहरेपन पर विजय हासिल कर वे रुचि, सोच-विचार और स्थिति की समानता के आधार पर एक-दूसरे को अपनाने का संकल्प कर लेते हैं। लेखिका इंटरनेट पर बातचीत को लम्बा कर सकती थी, कुछ समस्याएँ जोड़कर कहानी को खींच सकती थी, लेकिन जब कथ्य व्यक्त हो गया, तो फिर कथा-प्रसंग जोड़ते जाना उसे दोहराना ही होगा और रचना में आवृत्ति कला को हानि पहुँचाती है।

मानवीय पीड़ा का व्यापक क्षेत्र प्रेम या स्त्री-पुरुष आकर्षण के दायरे से बाहर भी दिखाई पड़ता है। इससे रचनाकार की सृजन-चेतना की व्यापकता का अनुभव पाठकों को भी होता है। मैं अपनी बात के ताज़ा दृष्टान्त के रूप में अमिताभ शंकर रायचौधरी की कहानी 'नोना जल' और अरुण कुमार असफल की कहानी 'पाँच का सिक्का' का जिक्र करना चाहता हूँ। पहली कहानी 'समकालीन भारतीय साहित्य' के मई-जून, 2008 के अंक में और दूसरी 'अकार' के ताज़ा अंक में प्रकाशित है। मैं बेहिचक कहना चाहता हूँ कि हाल के दिनों की हिन्दी कहानियों के बीच ये दोनों कहानियाँ विशेष रूप से उल्लेखनीय हैं, लेकिन क्यों? जीवन की जटिलता के बीच, जीवन के ऊबड़-खाबड़ अनुभवों के बीच मानवीय पीड़ा की खोज करने और उसे पकड़कर मार्मिक ढंग से अभिव्यक्त करने के कारण। दोनों कहानियों के सन्दर्भ एवं प्रसंग बिल्कुल अलग हैं, अनुभव अलग हैं, पीड़ा भी दोनों की अलग-अलग हैं, लेकिन दोनों को एक साथ देखें तो पता चलेगा कि समाज के कमजोर लोगों के जीवन में प्रकृति से लेकर बाजार तक अपने-अपने तरीके से पीड़ा देते रहते हैं। इन कहानियों में पीड़ा का जो स्वरूप है वह समाज के सर्वथा नये सन्दर्भ से उत्पन्न हुआ है, इसलिए इनमें पुरानेपन के दोहराये जाने का खतरा जरा भी नहीं है। यहाँ मैं यह कहना चाहता हूँ कि जीवन के प्रवाह में लगातार यथार्थ को नया धरातल मिलता रहता है। नये धरातल से यथार्थ को नया रूप मिलता रहता है, जो रचनाकार इस नये धरातल और यथार्थ के नयेपन को पकड़ पाता है वही नया योगदान सृजन के क्षेत्र में कर पाता है।

'नोनाजल' की रचना का आधार पिछले दिनों आये भयानक और अभूतपूर्व समुद्री तूफान की विनाश लीला है, जिसे जापानी शब्द 'सुनामी' के नाम से स्वीकृति मिली। सुनामी की त्रासदी पर मेरी नज़र से हिन्दी में और कोई कहानी नहीं गुजरी। सुनामी मछुआरों की ज़िन्दगी को, ज़िन्दगी के सारे साधनों को बहा ले गयी। कहानी एक मामूली मछुआरे सरवन मुत्तू के मर्मभेदी प्रश्न से शुरू होती है—'आपने देखा है? मैंने उन्हें बहुत ढूँढ़ा, मगर आज तक कोई नहीं मिला।' उसकी पत्नी कुंतम्मा भी

लापता है। झोंपड़ी भी लापता है। अभी तक तो यही कहा जाता रहा है कि समुन्दर कुछ लेता नहीं है, सिर्फ देता है। एक तिनका भी लहरों में फेंक दो तो वह भी वापिस आ जाएगा, लेकिन इस बार क्या हो गया समुन्दर को, सरवन मुत्तु बेटे को नाव पर बिठाकर ताड़ के पेड़ पर चढ़ा। इतने में ही सारा माहौल बदल गया। हवा बन्द हो गयी, समुन्दर के ऊपर से लहरों की एक बहुत ऊँची दीवार दौड़ती चली आ रही थी, मानो नागराज वासुकी सहस्र फनोंवाला अपना सिर उठाकर धरती को डँसने आ रहा हो। सब कुछ साफ हो गया। नाव उसके बेटे के साथ लुप्त हो गयी। इतना ही नहीं पूरा मछुआरा टोला गायब हो गया। सरवन मुत्तु कैसे रिलीफ कैम्प पहुँचा उसे कुछ पता नहीं। सब कुछ लील कर समुद्र शान्त हुआ, लेकिन नीले समुन्दर के सिवा कुछ भी तो नहीं बचा था। कहानी के बीच में एक लोककथा सागरराज की पुत्री मीनम्मा की पिरोकर मूल कहानी की व्यथा को घनीभूत बनाया गया है। सागर ने बेटी से कहा था कि किसी आदमी से बात नहीं करना, लेकिन मीनम्मा ने अनुभव किया कि आदमी की ज़िन्दगी में बहुत रस है। कल्पक्कम मछुआरे पर रीझ गयी उसकी बाँसुरी सुनकर, यही उसकी त्रासदी का कारण हुआ। मूल कथा में तो गरीब मछुआरों की ज़िन्दगी उजड़ गयी और उधर उजड़ी हुई बस्ती की ज़मीन पर देखते-देखते बड़े-बड़े होटल बनने लगे। कंतम्म नहीं मिली, सेरेंगी मिली जो कंतम्म की साड़ी पहने हुए थी। इस औरत सेरेंगी ने मृत कंतम्म की साड़ी पहनकर अपनी लाज ढकी है। हालाँकि उसे कुछ याद नहीं है। उसकी आँखें मरी हुई नैनी मछली के नैन जैसी हो गयी थीं। सुनामी का तूफान इन बचे हुए मछुआरों के दिल में घुस गया था। मछुआरे होटल-निर्माण में ईंट ढोने का काम करने लगे। समुन्दर से नाता टूट गया, परिवार से नाता टूट गया। भयानक त्रासदी की कथा मार्मिक भाषा और शैली में। यह एक बेहतरीन कहानी है। कहानीकार के सर्जनात्मक विवेक का भाषिक रूप है यह कहानी, जिसमें मनुष्य और प्रकृति का संघर्ष तो है, मनुष्य और मनुष्य की सत्ता का अन्तर्विरोध भी चित्रित है। साथ ही मनुष्य की अक्षय जिजीविषा भी।

सत्ता की असमर्थता की अभिव्यक्ति बाढ़ के रूप में भी होती है। भारत में मनुष्य को ऐसी त्रासदी अनेक क्षेत्रों में अक्सर झेलनी पड़ती है। आज की पीढ़ी में भी ऐसे कहानीकार हैं, जो बाढ़ग्रस्त मनुष्य की पीड़ा को व्यक्त करते हैं। बहुत पहले अरुण प्रकाश ने 'जल प्रान्तर' नाम से बाढ़ के फलस्वरूप उमड़ी दारुण व्यथा का दर्दनाक चित्रण किया था। इस कहानी का दर्द सीधे पाठकों तक पहुँचता है और उन्हें संवेदित करता है। सन्तोष दीक्षित की कहानी 'हलकुटिया' इस प्रसंग में खास दृष्टि से उल्लेखनीय है। कहानी में बाढ़ की पीड़ा तो है, लेकिन वह प्रत्यक्ष रूप से चित्रित नहीं, बल्कि वह माँय (माँ) के मुँह से स्मृति के रूप में वर्णित है। माँ गाँव से शहर आ गयी है और माँ की वर्णन शैली का लुत्फ उठाने के लिए परिवार के सदस्य माँ से पूछते हैं और वह बताती है। यह एक शैली प्रधान कहानी है, इसलिए

मानवीय पीड़ा दोयम स्थान पर चली गयी है। यह बात इससे भी सिद्ध होती है कि श्रोतागण माँ की शैली और भाषा से आनन्द उठाते हैं, स्मृति से वर्णित पीड़ा का दर्द प्रायः नहीं महसूस करते, लेकिन कहानी के अन्त में माँ जब शहर में भी हेलीकॉप्टर (हेलकुटिया) उड़ते देखती है, तो बाढ़ की पीड़ा उसकी आँखों में उतर आती है और आनन्द लेने वाले भौंचक्के हो जाते हैं। मो. आरिफ की कहानी 'कागज़ का जहाज' (कथाक्रम, जुलाई-सितम्बर, 2008) छोटे आकार में भी बाढ़ की व्यथा के अनेक आयामों को बेपर्द कर जाती है। बाढ़ ज़िन्दगी के साधनों को बहा ले जाती है और जीवन रक्षा की अनेक समस्याएँ विकट रूप से मनुष्य को घेर लेती हैं। सबसे पहले भूख, अपनी और अपने बच्चों की। भूख ऐसी चीज है कि अगर उसे शान्त नहीं किया गया, तो वह ज़िन्दगी ही लील सकती है। फिर बच्चे बीमार भी हैं। भूखे और बीमार बच्चे, समाज के दुर्दान्त लोग ऐसी हालत का नाजायज़ उपयोग करते हैं। ऐसा ही एक आदमी राजाराम रामदीन की पत्नी सोनवा के ज़िस्म पर हाथ फेरता है और वह मौन रूप से स्वीकार कर लेती है, क्योंकि बच्चे भूखे मर रहे हैं, गाय का भी यही हाल है, खुद सोनवा को चाय पिये महीनों हो गये। रामदीन कई दिनों के बाद लौटा तो राजाराम ने उसकी मार्फत रेगजीन की चादर, चाय की पत्ती, पैकेट वाला दूध, गोश्त, शराब आदि-आदि भेजा। रामदीन तो खुश होकर कागज का ज़हाज उड़ाने लगा। लेकिन रात में सब खा-पीकर सोये तो नींद में ही फिर पानी बढ़ा और सब बहकर इधर-उधर हो गये। काग़ज का ज़हाज कैसे बचा सकता था उन्हें। जन-विरोधी व्यवस्था और साधनहीन जन के बीच बाढ़ का प्रवाह प्रलयंकर साबित होता है। अन्त तक पहुँचते-पहुँचते कहानी पाठकों को अथाह अवसाद में डुबा जाती है। कहानीकार चाहता तो इसे भी आजकल की लम्बी कहानी का फैशन अपना कर औपन्यासिक रूप दे डालता, लेकिन मुख्य उद्देश्य है अवसाद को चरम पर पहुँचाकर पाठकों को उद्वेलित करना। वह तो यह कहानी वैसे ही कर जाती है। अवसाद से उबरने की मानवीय कोशिश बाढ़ में कागज के जहाज की तरह है।

इस दौर में जो कहानियाँ मेरी नज़र से गुजरी हैं और जिन कहानियों ने मुझे उद्वेलित किया, उनमें अरुण कुमार 'असफल' की कहानी 'पाँच का सिक्का' मुख्य है। भारतीय जनता का विशाल बहुमत आज भी दर्दनाक गरीबी की हालत में जी रहा है। इसलिए इस तबके की पीड़ा को कोई चित्रित करता है तो मेरे जैसे आदमी का उधर आकृष्ट होना स्वाभाविक है। खासकर तब जब यह कोशिश चलती रहती है कि इस तबके का दर्द साहित्य में न आये। गरीबी का चित्रण तो कहानी में बहुत हुआ है। 1901 में छपी माधवराव सप्रे की कहानी 'टोकरी भर मिट्टी' से लेकर प्रेमचन्द की कहानियों से होते हुए आज तक। बदलते हुए यथार्थ में गरीबी की समस्या और पीड़ा भी बदलती जाती है। अरुण कुमार 'असफल' ने 'पाँच का सिक्का' गरीबी की समस्या को आज के बाजार तन्त्र के लुभावनेपन के वातावरण

के प्रभाव के साथ चित्रित किया है। पाँच का सिक्का आज के बाजार में क्या हैसियत रखता है, कुछ नहीं, लेकिन ननकू की माई के लिए पाँच का सिक्का बहुत कीमती होता है। माई बीमार है, बदले में बेटा ननकू जाता है सेठजी के यहाँ काम करने। ननकू स्कूल भी जाता है, लेकिन वहाँ से राशन पाना मुख्य उद्देश्य है। सेठ जी के यहाँ वह काम करके बीस रुपये पाता है। पन्द्रह रुपये का सौदा लेकर पाँच रुपये माई के हाथ में रख देता है, और माँ कहती है पाँच रुपये और चाहिए, तो ननकू बताता है कि सेठ के यहाँ तो बीस ही मिले। बात हुई थी पच्चीस देने की। ननकू को फिर भेजा गया पाँच रुपये वसूलने। वह गया और बड़ी मुश्किल से कुछ और काम करके पाँच का एक सिक्का फिर उसने पाया। बाजार से आते-जाते ननकू रोज चाऊमीन छौंका जाते देखता था, लड़कों को खाते भी देखता था। उसका मन ललचाकर रह जाता था। उस दिन उसने सेठ के यहाँ से पाये पाँच के सिक्के से चाऊमीन खा ही लिया और पहली बार मजा लिया। घर जाकर माई को कह दिया कि नहर में गिर गया सिक्का।

कहानी का बड़ा भाग नहर में सिक्का खोजने के वर्णन से बनता है। इस वर्णन की उपयोगिता यही दिखाना है कि माई के लिए पाँच का सिक्का कितनी अहमियत रखता है। खोज चल रही है, कीचड़ हटायी जा रही है। गाँव के लोग भी जुटने लगे हैं इस खोज को देखने के लिए। माई का आतंक ननकू को सच बोलने नहीं देता। माई उसे सच मानकर खोज में लगी है। खोजते-खोजते परेशान होकर माई छोटकू को याद करती है, जिसे अस्पताल ले जाने के लिए पाँच पर टैम्पोवाला तैयार नहीं हुआ था। शाम हो गयी खोज में। गाँव वाले कहते हैं अब छोड़ भी दे लेकिन माई पाँच का सिक्का नहीं छोड़ सकती। तभी एक लड़का कह देता है कि यह ननकू पाँच का एक छोटा प्लेट चाऊमीन खा गया है, मिलेगा कहाँ से। कहानी फिर मोड़ लेती है। माई का गुस्सा फूटता है। बेटे को फटकारती है, धक्का देती है, 'दलिद्दर' कहती है। यहाँ तक भी कह डालती है कि छोटकू के बदले तू ही क्यों न मर गया। यह सब एकदम स्वाभाविक प्रतिक्रिया है गरीबी की विवशता की, लेकिन ननकू भी ऐसा कह देता है, ठीक है जैसे बाढ़ में बीमारी से छोटकू मर गया तो फिर बाढ़ आएगी और बीमारी भी फैलेगी तो इस बार हम भी मर जाएँगे। ननकू का ऐसा कहना माई के वात्सल्य को धक्का देकर जगा देता है और जब ननकू यह कहता है कि बाजार में नयी-नयी चीज़ खाने में पाँच से क्या पेट भरता है, देख मेरा पेट तो अब भी खाली है। तो माई मुस्की मारने लगती है और बेटे को खींचकर कहती है—"अरे, अरे, अरे, अरे मेरा बाबू के धौंदा तो सच्चुल के खाली है।" और कहानी चरम उत्कर्ष पर पहुँच जाती है, जब माई सन्दूक से पाँच का सिक्का निकालकर ननकू के हाथ में देकर कहती है—"ले तू पाँच का अउर खाओ।" ननकू माई के सीने में मुँह घुसाकर दिनभर की थकान मिटा रहा था और माई की हँसी का स्रोत ढूँढ़ रहा था। यह भी एक लम्बी

कहानी है लेकिन अनेक चढ़ाव-उतार से गुजरते हुए कहानी जीवन की पेचीदगी, जटिलता और जीने के संघर्षों का साक्षात्कार कराती चलती है। अन्त में कह जाती है कि पाँच का सिक्का तो माई के परिवार के लिए बहुत महत्त्व रखता है, उसके लिए दिनभर खोज की जा सकती है और फिर झटके से यह भी बता देती है कि बेटे के जीवन के सामने पाँच का सिक्का क्या है। पाँच का सिक्का परेशानी से मिलता है और परेशान भी करता है, लेकिन बेटा पाँच के सिक्के से कहीं ज्यादा बड़ा और जरूरी है। यह है मनुष्यता की स्थापना।

'असफल' की यह कहानी फैशन की कहानी नहीं है, शिल्पवादी कहानी नहीं है। वह जीवन के यथार्थ, जीवन के लिए की जाने वाली मशक्कत, शोषण, खीझ, स्नेह आदि को एक साथ समेटकर कहानी के आन्तरिक अनुशासन का पालन करते हुए सार्थकता तक पहुँचती है। यथार्थ और मानवीय परम्परा का सामंजस्य एक साथ करते हुए। कहानीकार जीवन के नयेपन का बोध कराता है। मैं समझता हूँ कि यह नहीं कहा जा सकता कि कहानी कैसी होनी चाहिए, लेकिन पाठक यह तो कह ही सकता है कि कहानी को जीवन के साथ होना चाहिए, कहानी में जीवन होना चाहिए और तब पाठक जीवन के अनुभव का मिलान लेखक के अनुभव से तो कर ही सकता है। लेखक कहानी में केवल जीवन की स्थिति का ही चित्रण नहीं करता, बल्कि जीवन की गति का भी, जीवन की प्रगति का भी चित्रण करता है। (पाँच का सिक्का) में जीवन की स्थितियों का, उसकी गतिशीलता का और स्थिति एवं गति के द्वन्द्व का भी चित्रण करके पाठकों को उसके मन्तव्य के बारे में सोचने को प्रेरित करता है। यह आज की एक नयी कहानी है।

अन्त में यह कहना चाहता हूँ कि बात गाँव या शहर की वस्तु या शिल्प की नहीं है, बल्कि इसकी है कि लेखक क्या कहना चाहता है, उसके लिए उसने जीवन-प्रसंग या सन्दर्भ की रचना किस तरह की है और उस प्रसंग या सन्दर्भ के लिए किस तरह की भाषा और शिल्प का निर्माण किया है। कोई भी कहानी केवल भाषा-शिल्प के जोर से प्रभावशाली नहीं बन सकती है। मैंने कुछ कहानियों की व्याख्या के जरिये अपनी बात कहने की कोशिश की है। कहानी के जरिये वैचारिक संघर्ष की प्रवृत्ति प्रेमचन्द की विशेषता रही है। स्वातन्त्र्योत्तर काल में आगे चलकर दिखाई पड़ती है। अभी-अभी एस.आर. हरनोट की कहानी 'नन्दी मेनिया' (प्रगतिशील वसुधा–78) में छपी है। समाज में स्थापित रूढ़िवाद और पाखंड का पर्दाफाश एक किसान के हस्तक्षेप के जरिये कराकर लेखक रूढ़िवाद के व्यावसायिक पक्ष को बड़े ठिकाने से बेपर्द किया है। इस रूढ़िवाद के पक्ष में कौन लोग हैं, यह देखने की बात है। एक है भगवा बन्दर टोपी पहने हुए, जिसके ललाट पर चन्दन का टीका और त्रिशूल का निशान है, दूसरा है शहर का दलाल किस्म का आदमी, जो हर काम में लगा रहता है, सबमें उपस्थित भी रहता है। फिर जिलाधिकारी है, मन्त्री है और

उद्घाटनकर्ता मुख्यमन्त्री महोदय भी। गाँव से एक बैल को टपाकर नन्दी का रूप देकर शहर में अन्धविश्वास फैलाने और धन कमाने के लिए बसहा बैल की तरह उसका इस्तेमाल हो रहा है। आजकल अन्धविश्वास और धन के लिए भी राजनीतिक समर्थन जरूरी है, तो जिलाधिकारी की सलाह से मुख्यमन्त्री को बुलाया गया है नन्दी का उद्घाटन करने। इसी समय कहानी चरम बिन्दु पर पहुँचती है, जब एक किसान पुलिस के अवरोध के बावजूद उछलकर मंच पर चढ़ता है और नन्दी की पीठ से चादर हटाकर उसका असली रूप लोगों को दिखाकर बैल से कहता है—"अरे ओए बग्गेया! यार तेरे को कहाँ-कहाँ नहीं ढूँढ़या वे। तू कहाँ फँस गया रे इन पापियों के चक्कर में" और बैल उसके साथ चल देता है। आज के समाज में जो अन्धविश्वास और पाखंड फैलाने का अभियान चलाया जा रहा है, उसी के आधार पर यह कहानी रची गयी है बड़े ठिकाने से। छोटी-सी कहानी अपने कथ्य और उसे व्यक्त करने की सन्दर्भ रचना की दृष्टि से अत्यन्त प्रभावशाली है। यह भी आज की कहानी है। मनुष्यता के भविष्य के लिए इस कहानी में किसान का हस्तक्षेप अत्यन्त महत्त्वपूर्ण है। वास्तव में जीवन और साहित्य के स्वाभाविक एवं आवश्यक सम्बन्ध की मार्मिक अथवा प्रेरक एवं उत्तेजक अभिव्यक्ति का पक्ष मनुष्यता का पक्ष है। यह किसी लेखक के पक्ष-विपक्ष का मामला नहीं है। आज के अनेक लेखक उत्तर आधुनिकता के सिद्धान्तों से प्रभावित होकर कहानी लिख रहे हैं, जिनमें जीवन का मर्म कहीं मिलता नहीं, संवेदना का केन्द्र दिखता नहीं, बल्कि विघटन एवं बिखराव की चपेट में संवेदना भी बिखर जाती है। मेरा निवेदन इतना ही है कि संवेदना और मूल्य के बिखराव से बचना चाहिए अथवा यह दिखा दें कि संवेदना और मूल्य का बिखराव किन कारणों से या किन स्थितियों में हो रहा है।

युवा मानसिकता की रचनाशीलता

युवावस्था जीवन की खास अवस्था होती है। यह ज्ञान यौवन की अवस्था है। जीवन की सबसे ताकतवर अवस्था होती है यह और सबसे अधिक आवेश भी होता है ऐसे समय में। यह आवेश जिस ओर भी सक्रिय होता है, उधर ही हलचल मचाता है। हलचल का व्यापक क्षेत्र है समाज। युवा मानसिकता की कार्रवाई समाज को चालित या विचलित करती है। 'परिकथा' के जनवरी-फरवरी, 2010 के अंक में ढेर सारी कहानियाँ छपी हैं। यह नवलेखन अंक है। लेखकगण प्रायः युवा हैं। नवलेखन की व्याख्या नये लेखकों में लेखन के रूप में की जा सकती है या लेखन में नयापन लाने वाला लेखन चाहे जिस उम्र का हो वह। यहाँ मैं देख रहा हूँ कि कहानी में नयापन चाहे हो या न हो, लेकिन जीवन के प्रति नया नज़रिया है, जिससे लेखकों के अनुभव कहानी का रूप लेते हैं। अधिकतर कहानियाँ प्रेम की कहानियाँ हैं–प्रेम यानी स्त्री-पुरुष सम्बन्ध की खास मनोभावना और सच्चाई की अनुभवजन्य अभिव्यक्ति। परिकथा के इस अंक की प्रेम कहानियों की विशेषता यह है कि उनका गन्तव्य और मन्तव्य स्त्री-पुरुष का मौन-सम्बन्ध नहीं है। एक-दूसरे के प्रति आकर्षण, मानसिक झुकाव, जीवन में किसी का आत्मीय सम्पर्क पाने की उत्कंठा और उसके अभाव की स्थिति में जीवन में शून्यता का अनुभव ही प्रेम का सर्वोत्तम लक्षण है। प्रेम तो एक भाव-दया है लेकिन उसके सन्दर्भ अनेक हैं इन कहानियों में। एक कथ्य भी अनेक भंगिमाओं के साथ अनेक सन्दर्भों या प्रसंगों में व्यक्त हुआ है। यह लेखकों की अपनी विशेषता है।

अजय कुमार दुबे की कहानी 'तूफान के बाद', सुनीता सृष्टि की 'अपनी दुनिया', सन्दीप अवस्थी की 'प्रेमकथा', धर्मेन्द्र कुमार की 'इस मोड़ पर', दुर्गेश सिंह की 'अधूरी रात के सपने', गुंजेश कुमार मिश्र की 'तुम्हें याद हो कि न याद हो', विपिन चौधरी की 'ग्रे शेड' और उषा शर्मा की 'कुकीचे' आदि कहानियों में जीवन में आने वाले प्रेम की व्यंजना विविध प्रकार से की गयी है। ये प्रेम कहानियाँ विविध प्रसंगों के साथ बताती हैं कि आज का जीवन केवल भावना के बूते नहीं चल सकता यानी केवल प्रेम के सहारे नहीं चल सकता, प्रेम की भावना जीवन की

महत्त्वाकांक्षा या यथार्थ से टकराता है, और यथार्थ का आग्रह हमेशा भारी पड़ता है। गुंजेश कुमार मिश्र की कहानी 'तुम्हें याद हो कि न याद हो' पर ध्यान दीजिए। प्रारम्भ में ही प्रेम सांकेतिक रूप से व्यक्त किया जाता है। प्रेम की गति अपने ढंग की होती है और हमेशा उसकी गति एक जैसी नहीं होती है। मनोदशा कई तरह से व्यक्त होती है, 'रोने का मन होता है, तब भी हँसता हूँ। जब मैं चुप होता हूँ, तो मेरे अन्दर बहुत ज़ोर की हँसी उठती है।' प्रेम व्यक्त करने में झिझक होती है। प्रेमी 'विशेष' के ध्यान में एक तरफ पढ़ाई, दूसरी तरफ प्रेम और तीसरी तरफ पैसा कमाने की ललक और अन्त में हर तरफ विफलता के कारण आत्महत्या। कहानी में एक जगह कहा गया है, 'टीन एजर्स ही प्रेम-व्रेम करते हैं, सामाजिक वातावरण और वैयक्तिक भावना के द्वन्द्व की कहानी है। प्रेम और सामाजिक चेतना का टकराव, आज के युवा मानस की विशेषता है।

अशोक कुमार ओझा की 'दूध का दाँत' में बड़ी कुशलता से चित्रित किया गया है कि जाति भेद और जातीय अहंकार वाले समाज में प्रेम के लिए कोई जगह नहीं है। ब्राह्मण सागर और दलित फूलमती में बचपन से ही प्रेम पनपता रहा। फूलमती के बाप ने उसकी शादी अन्यत्र कर दी। वह विरोध नहीं कर सकी और न सागर रक्षा के लिए सामने आ सका। फूलमती ने ऐसा किया कि शादी को अस्वीकार करने के लिए जीवन जीने से ही इनकार कर दिया, उसने आत्महत्या कर ली। अचानक पहुँचे सागर ने फुलवा का अन्तिम संस्कार कर दिया। फुलवा की गाँठ में बँधे दाँत से उसे पहचाना जो सागर का ही दूध का दाँत है। दूध का दाँत दोनों के बाल-प्रेम का प्रतीक है। संवेदनहीन समाज में प्रेम कर के ज़िन्दा रहना मुश्किल है। इस कहानी को पढ़ते हुए प्रेमचन्द के गोदान के मातादीन और सिलिया का प्रेम याद आता है।

धर्मेन्द्र कुमार की कहानी 'इस मोड़ पर' ग्रामीण परिवेश में पनपे प्रेम से उत्पन्न समस्या की कहानी है। यह कथा ग्रामीण समाज की बनावट में जड़ जमाये। रहने वाली रूढ़िवादिता को अच्छी तरह बेपर्द करती है। इसके साथ ही ग्रामीण परिवेश में आत्म-सम्मान तथा पारिवारिक प्रतिष्ठा की रक्षा करने से प्रेरित व्यक्तियों और समुदायों में टकराव हो जाने की स्थिति को व्यक्त करती है। विभा और गुड्डू दो जातियों के युवा हैं, उनमें प्रेम विकसित हुआ। दोनों अलग-अलग विवाहित हो गये, फिर भी प्रेम बना रहा। प्रेमी युगल विवाह की मर्यादा की उपेक्षा करके प्रेम करते रहते हैं। यह रूढ़िवाद की उपेक्षा है। इस पक्ष में साहस की भी अभिव्यक्ति हम देखते हैं। सबसे पहले विभा की चाची ने हिम्मत दिखायी और गुड्डू को विभा की तबीयत खराब होने की सूचना देकर घर से निकालती है और कहती है कि विभा को लेकर भाग जाओ नहीं तो लोग तुम लोगों को मार देंगे। गुड्डू प्रेम तो करता है लेकिन समाज से भयभीत भी है। वह भागने के पक्ष में नहीं है। तभी गाँव के लोग पीछा

करते दिखाई पड़े। गुड्डू ने भागकर एक अनजान व्यक्ति के घर में शरण ली। इस अनज़ान परिवार ने उसे शरण देने की हिम्मत दिखायी। विभा के पिता पचास-साठ लोगों के साथ भाला, गँडासा आदि लेकर गुड्डू के गाँव चले गये और उसके पिता को धमकाते हुए गुड्डू को बाहर निकालने की माँग करते हैं। गुड्डू के पिता नरेश महतो ने साहस से काम लिया और कहा लड़का घर में तो है ही नहीं। एक सप्ताह के भीतर उसे लाकर दो नहीं तो अंजाम भोगने को तैयार रहो। तिवारी सटक के लौट आये। गुड्डू भागकर मौसी के यहाँ चला गया। वहीं अपनी मर्ज़ी से उसने अपनी शादी तय की। उसके पिता इसके विरुद्ध क्रुद्ध होते हैं, फिर भी बिना लेन-देन के शादी होती है। कहानी में आज के यथार्थ के जटिल स्वरूप का चित्रण है।

प्रेम की स्वच्छन्दता और सामाजिक-पारिवारिक रूढ़ियों के बीच टकराव से कहानी में जटिलता का निर्माण होता है। प्रेम-प्रसंग की ऐसी कहानियाँ भी हैं, जो बताती हैं कि छोटी-छोटी बातों पर प्रेम टूट भी जाता है, जैसे, प्रेम-सम्बन्ध किसी नाजुक धागे से बना हो। ऐसी एक और कहानी है दुर्गेश सिंह की 'अधूरी रात के सपने।' इस कहानी में एक लड़की है ग्लैडिश, जो 'योग विद्या' पढ़ने देहरादून गयी है। जाते समय पिता ने कहा—'मन लगाकर पढ़ना।' ग्लैडिश अविभाज्य से प्रेम करती है। ग्लैडिश एक तरफ प्रेम से और दूसरी तरफ पितृ-कर्त्तव्य से बँधी है। एक दिन अविभाज्य ने उसे फिल्म देखने के लिए चलने को कहा, लेकिन ग्लैडिश नहीं जा सकी; क्योंकि उसे क्लास करना था। ज़ाहिर है कि उसे पिता की हिदायत याद थी। इसी बात पर अविभाज्य उससे प्रेम समाप्त कर देता है। आगे चलकर गुप्ता अंकल उसके सामने अपने आई.ए.एस. पुत्र से शादी करने का प्रस्ताव रखा। ग्लैडिश की चेतना में सपने आते हैं और जाते हैं, सपने में ही वह कहती है कि अविभाज्य अब उसकी ज़िन्दगी का अंग नहीं है। सपने में ही पापा कहते हैं—"ज़िन्दगी अकेले नहीं कटती, सिर्फ समय कटता है।" जाहिर है कि गुप्ता अंकल का प्रस्ताव स्वीकार कर लेने का सवाल मन में पैदा हो गया है। लेखक यहाँ पर खूबसूरती से कहता है—"भविष्य की नींद में भूत के सपनों के न आने की बेला आ चुकी थी।"

हमारे समाज में धर्मतान्त्रिक चेतना किस तरह साम्प्रदायिकता का रूप लेती है, यह सभी भले लोगों के लिऐ चिन्ता की बात है। धर्मतान्त्रिक चेतना और मानवीय चेतना में टकराव कई कहानियों का विषय है। राकेश दुबे की कहानी 'नया मकान', कुमार जिनेश शाह की 'चमक धूप की' कृष्णकान्त की कहानी 'दूर का शहर' जैसी कहानी धार्मिक-उन्माद की अभिव्यक्ति अलग-अलग प्रसंगों में करती हैं। ये कहानियाँ समाज की चारित्रिक पृष्ठभूमि अथवा यथार्थ के परिवेश में निहित अमानुषिक लक्षणों को स्पष्ट करती हैं। 'नया मकान' यह दिखाता है कि धर्मतान्त्रिक चेतना मानवीय चेतना का निषेध कर देती है, अली साहब एक मुहल्ले में बहुत दिनों से रह रहे हैं, लेकिन उनको अपना मकान नहीं मिला। अली यानी मुसलमान

हिन्दुओं की दृष्टि में भरोसेमन्द नहीं है। 7 दिसम्बर, 1992 के बाद हालत और खराब हो गयी। अली साहब नया मकान खोज रहे हैं, लेकिन नहीं मिला। पुलिस की नज़र में मुसलमान आतंकवादी हो सकता है, इसलिए पुलिस रात में उनके आवास पर हमला कर देती है। अली अपनी बेगम के साथ बेहोश हैं। मुहल्ले का कोई दोस्त बचाने नहीं आया। लाचार अली को मुहल्ला बदलना पड़ा। धर्म से मनुष्यता का क्षरण होता है और धर्म निरपेक्षता मनुष्यत्व को बल देती है। पुलिस के व्यवहार से यह अनुभव होता है कि प्रशासन के लिए सरकार और संविधान में दर्ज़ धर्मनिरपेक्षता का कोई मतलब नहीं है। कुछ ऐसा ही अनुभव कुमार जिनेश शाह की कहानी 'चमक धूप की' में होता है, हालाँकि सन्दर्भ भिन्न है। गोपाल साई यानी साहा साहब और मोहम्मद आज़ाद अंसारी 'असीम' गहरे दोस्त हैं। एक ही जगह वे बहुत दिनों तक रहे, अब वे बुढ़ापे में आये हैं, तो उन्हें अलग होना पड़ रहा है। प्रकृति की मटमैली धूप और जीवन की धूप की चमक भी गायब है। क्या बात है? आपसी प्रेम और आत्मीयता से जीवन में चमक आती है और अलगाव से चमक धूमिल हो जाती है। समाज में वातावरण बदलने से साहा साहब अपना 'गोपाल विला' बेचकर जाना चाहते हैं, लेकिन गोपाल विला है 'असीम' साहब के 'अक्स' की बगल में, इसलिए कोई खरीदने को तैयार नहीं है। एक पुराने कथ्य को नये नज़रिये और नये दृष्टान्त के माध्यम से व्यक्त किया गया है। कृष्णकान्त की कहानी 'दूर का शहर' क्षेत्रीय उन्माद जैसे 'मराठीपन' का जनजीवन पर पड़े त्रासद प्रभाव का चित्रण करती है। मजीद को शहर जाने पर इस यथार्थ का दर्दनाक अनुभव झेलना पड़ता है।

आज की समाज व्यवस्था में मनुष्य को कई तरह की पीड़ा झेलनी पड़ती है। इन नये लेखकों का ध्यान इधर भी गया है। अजय कुमार दुबे की कहानी 'तूफान के बाद' में तूफान प्राकृतिक नहीं, बल्कि आदमी के दिल में उठा आत्मीयता का तूफान है और जब तूफान शान्त हो जाता है, तो एक प्रकार का सन्नाटा छा जाता है। सन्नाटे में ही कहानी खत्म होती है। दो मित्र हैं एक रजत और दूसरा इकबाल, ये नाम भी अन्त में ही खुलते हैं। गुजरात के राजकीय सम्प्रदायवाद का प्रभाव कहाँ-कहाँ, कितने रूपों में पड़ता है, यह इस कहानी से स्पष्ट होता है। सनतकुमार जैन की कहानी 'महामिलन' आज के नौजवानों की लफंगई के खिलाफ़ दो युवतियों के साहसिक संघर्ष की कहानी है। यह कहानी जैसे पाठकों को बता रही है कि ऐसे संकट का मुकाबला कैसे करना चाहिए। सुनीता सृष्टि की कहानी 'अपनी दुनिया' में हम देखते हैं कि जीवन की प्रक्रिया में दो नौजवान अत्यन्त गहरे दोस्त बन जाते हैं और फिर उनमें से एक किसी प्राइवेट कम्पनी में ऊँची तनख्वाह पर नौकरी पा लेता है, वह है अतुल, जिसके पास सब आधुनिक साधन और यन्त्र हैं, केवल समय नहीं है, और आनन्द के पास समय तो है, वे साधन नहीं हैं, हालाँकि वह भी

यूनिवर्सिटी में 'रीडर' के पद पर है जो कम नहीं है, लेकिन प्राइवेट कम्पनी में प्राप्त सुविधाओं से इसकी क्या तुलना? एक प्रबन्धक और एक रीडर में यह फर्क शिक्षा के प्रति समाज-व्यवस्था का दृष्टिकोण कितना शिक्षण-विरोधी है।

समाज का वातावरण ऐसा है कि भीड़ में भी या ढेर सारे लोगों के बीच भी आदमी को अकेलापन महसूस होता है। एस रज़िया बेगम की कहानी 'ज़हाज' इसी कथ्य को व्यक्त करती है। 'अकेलेपन' का बोध अज़नबी लोगों के बीच होता है। कहानी का ढाँचा यात्रा-वृत्तान्त की तरह है। यों जो समस्या उठायी गयी है, वह आज के जीवन की बड़ी समस्या है। अरुण यादव की कहानी 'शर्मा अंकल की मौत' मनुष्यता और बर्बरता के संघर्ष की कथा है। इन परस्पर विरोधी प्रवृत्तियों का संघर्ष एक ही मनुष्य की चेतना में होता है। समाज की संकीर्णता और उन्माद में मनुष्यता का टिका रहना मुश्किल है। अन्ततः समाज की क्रूरता से त्रस्त मनुष्यता आत्महत्या कर लेती है। ज़ाहिर है मनुष्य का अस्तित्व खतरे में है। कहानी की खूबी है कि असह्य अकेलेपन का चित्रण करते हुए भी अकेलेपन को मूल्य के रूप में स्थापित नहीं करती।

सन्दीप अवस्थी की कहानी 'प्रेमकथा, सुधीर कुमार की कहानी 'दिल्ली वाली मौसी' दिखाती है कि धन के सामने आत्मीयता और मनुष्यता की हीनता को चित्रित करने वाली कहानी है। एक ही परिवार में धन की भूमिका के कारण, सम्बन्धों के कई स्तर बन जाते हैं। कहानी की मौसी अपनी धनी बहन और उसके बच्चों को बहुत आत्मीयता देती है लेकिन अपनी गरीब बहन के बच्चों के प्रति उसका व्यवहार मनुष्यता से परे है या मनुष्यता का निषेध करने वाला है। मौसी का व्यक्तित्व अकेलेपन को मूल्य के रूप में स्वीकार करता है। स्वार्थ से भरा अकेलापन चरमसीमा पर पहुँचता है जब उसका गरीब बहन का बेटा दिल्ली पहुँचता है नौकरी पाने में मदद लेने, तो मौसी ने उसके लिए दरवाजा भी नहीं खोला। यहाँ कुछ 'अति' का अनुभव होता है जो हो धन का अहंकार पारिवारिक रिश्ते की उपेक्षा तो करता ही है। कथानायक इस अपमान के बाद सोचने लगता है कि मौसी उसको लौटा ले जाने के लिए स्टेशन आ गयी है, लेकिन यह विभ्रम के सिवा कुछ नहीं है लेकिन इस विभ्रम की उपयोगिता यह है कि वह बताता है कि मौसी का व्यवहार अकल्पनीय है।

सन्दीप अवस्थी की कहानी 'प्रेमकथा' जीवन के जटिल सम्बन्धों को व्यक्त करती है। आदित्य और विजय दो मित्र हैं। आदित्य के ई-मेल पर शैफाली, एक विज्ञान-शिक्षिका का सन्देश आता है। शैफाली को सन्ध्या का फोन आता है। फिर आदित्य और सन्ध्या में सम्पर्क होता है। इस कहानी की अन्तर्वस्तु की विशेषता यह है कि वह प्रेम के बहाने शादी की जरूरत पर प्रश्न-चिह्न लगाती है। सन्ध्या से प्रश्न किया जाता है—"तुम शादी क्यों नहीं कर लेती मेरी दोस्त!" इस पर सन्ध्या का उत्तर

है—"क्यों? मैं तुम्हें खुश और हँसती हुई बुरी लगती हूँ?" यह उत्तर कह रहा है कि शादी जीवन में खुशी और प्रसन्नता का अन्त है। इस प्रकार का विचार शैफाली के मन में आता है, आज के स्त्री-विमर्श का विवाह को गैर-जरूरी बताने में निष्कर्ष के प्रभाव से। कहानी शैली अपने ढंग की है। हिन्दी के अनेक बड़े लेखकों की चारित्रिक विशेषताओं को उपमान की तरह पेश किया गया है।

दिवाकर घोष की कहानी 'सरकार को फोन कॉल' मानवीय और अमानवीय पहलुओं का चित्रण कर समाज और मनुष्य के व्यक्तित्व की जटिलता को व्यक्त करती है। कई छोटे-छोटे कथा-प्रसंगों को जोड़कर यह कहानी बनायी गयी है। कहानी कहने की शैली स्मृति से बनती है। एक प्रसंग यह है कि प्रसिद्ध कथाकार प्रकाश प्रभाकर मध्य रात्रि में कथानायक को फोन करके अस्पताल पहुँचने का निर्देश देता है; क्योंकि उसकी पत्नी को तुरन्त खून की जरूरत है। पत्नी जाने से मना करती है, एक पुरानी घटना की याद दिलाकर।

वह याद कहानी का दूसरा प्रसंग है। बल्लू गुंडा पड़ोसी शर्मा जी के बेटे को घर से खींचकर पीटता है। सभी तमाशा देखते रहते हैं, लेकिन यह कथानायक निकल पड़ता है। उसके हस्तक्षेप से गुंडे भाग जाते हैं, धमकी देकर लेकिन शर्मा जी ने थाने में प्राथमिकी नहीं लिखायी, आतंक के कारण।

कहानी का तीसरा पहलू है बहुत दिनों के बाद कथानायक की बल्लू गुंडे से मुलाकात हो जाना। वह गुंडे की मार से बेहोश होकर गिर पड़ा। बहुत देर के बाद होश आ जाने पर वह किसी तरह घर लौटा। अब प्रकाश प्रभाकर की सलाह से कथानायक थाने में केस कर देता है। पुलिस वाले उसे हतोत्साहित करते हैं लेकिन सलाह से ज्यादा कोई मदद प्रभाकर जी ने नहीं की। कथा का विकास रिक्शे पर अस्पताल जाने के रास्ते कथानायक के मानस में होता है। कहानी बताती है कि मनुष्यता आतंकित है इसलिए अन्तर्मुखी है। बाहर नहीं निकलती। जो आतंकित नहीं है, वही गुंडे का मुकाबला करता है। मानवीय करुणा भी उसी में बची हुई है, और स्वार्थी लोग इस करुणा और साहस का उपयोग अपने स्वार्थ में करने से ज़रा भी नहीं हिचकते हैं। कहानी महत्त्वपूर्ण है।

यहाँ चर्चित कहानियों की एक विशेषता सामान्य रूप से यह है कि लेखकगण कथानक की प्रस्तुति इस तरह करते हैं कि कथ्य की सामाजिक पृष्ठभूमि भी दिखाई पड़ जाती है। इससे कथा में चित्रित घटनाओं और चरित्रों की बनावट का कारण स्पष्ट होता है। इस तरह की कहानियाँ कहानीकार और पाठकों को एक व्यापक मानवीय धरातल पर खड़े करती हैं और अमानुषिकता की पहचान भी देती हैं।

युवा कथाकारों का रचना-संसार

परिकथा, जुलाई-अगस्त, 2009 का अंक युवा रचनाकारों के रचना-संसार का खुलासा करने के प्रति निर्दिष्ट है। कुल सत्रह कहानीकारों में आठ तो चालीस से ऊपर के हैं—इकतालीस-बयालीस से अड़तालीस तक के। छह तीस-चालीस के बीच के हैं और तीन तीस से नीचे के हैं। देश के युवा-संगठनों के विधान में पैंतीस वर्ष से अधिक उम्र वालों को युवा संगठनों की सदस्यता का अधिकार नहीं, यानी पैंतीस पार हुए कि आप युवा नहीं रहे, लेकिन राजनीति में तो पचास की उम्र वाले भी युवा ही समझे जाते हैं। साहित्य में क्या किया जाए? मुझे यहाँ प्रेमचन्द याद आये। उनके उपन्यास 'प्रतिज्ञा' में, जो मुख्य पात्र है या कथानायक है (क्षमा करें, नाम भूल रहा हूँ)। वह अपनी पहली पत्नी के देहान्त के बाद बीस साल की एक युवती से दूसरा विवाह करता है। प्रेमचन्द इसे कन्या-पक्ष की विपन्नता के कारण घटित अनमेल विवाह कहते हैं। अनमेल तो, खैर है ही, असल बात यह है कि प्रेमचन्दे ने चित्रण यह किया है कि वह कथानायक महोदय बहुत सज-सँवरकर, तेल-फुलेल-इत्र आदि छिड़ककर पत्नी के पास जाते हैं, फिर भी अपनी पत्नी को सन्तुष्ट नहीं कर पाते। पत्नी युवा है और पति प्रौढ़। यही कारण है जीवनगत उत्तेजना में भी विषमता का। मेरा तात्पर्य यह है कि प्रेमचन्द चालीस या उसके पार वाले को युवा नहीं मानते। दिनकर जी का एक निबन्ध है 'चालीस की उम्र।' वे भी कहते हैं कि चालीस पार कर गये तो समझिए युवावस्था गयी, लेकिन आज के हिन्दी-लेखक चिर युवा बने रहने की मानसिकता वाले होते हैं। यह बड़ी बात है कि युवा-चेतना को छोड़ना नहीं चाहते, लेकिन प्रश्न है युवा चेतना का रचनात्मक प्रतिनिधित्व करने का। इस दृष्टि से 'परिकथा' के चर्चित अंक की रचनाओं को देखें।

पंकज सुधीर की कहानी 'मिस्टर इंडिया' ध्यान खींचती है इस कारण कि, उसमें एक युवक पुरुष सौन्दर्य प्रतियोगिता में भाग लेने जाता है। उसके चरित्र को देखने से ऐसी समझ बनती है कि किसी भी तरह सफलता की मंज़िल पर पहुँचना है। मंज़िल है फिल्म में जाना, इसके लिए वह खूबसूरत और लावण्यवान युवक चयन-समिति के सदस्यों की भोग-लालसा को समर्पित होता है। कहानी के कथ्य

में कुछ नयापन लगता है। अब तक पुरुष-सौन्दर्य प्रतियोगिता का आयोजन तो देखा-सुना नहीं गया है, लेकिन विज्ञापनों में पुरुष-शरीर का प्रदर्शन तो होने ही लगा है। यह कल्पना गलत नहीं है कि सौन्दर्य प्रतियोगिता हुई है और उसमें खूबसूरत नौजवान भाग लेने जाते हैं। इसका युवक प्रद्युम्न भी जाता है। यहाँ तक तो ठीक है लेकिन कहानी का शिल्प ऊब पैदा करता है।

असल में शिल्प का गठन रीति-काव्य की लक्षण-उदाहरण पद्धति से किया गया है। शुरू में प्रो. धीरेन्द्र प्रद्युम्न को इस युग की, युग के सम्भ्रान्त लोगों की और सफलता की मंज़िल तक पहुँचाने की आकांक्षा पालने वाली नयी पीढ़ी की चारित्रिक विशेषताएँ बताते हैं, तो अच्छा लगता है। धीरेन्द्र शुरू में ही कहते हैं–"अपने घर की मजबूत खूँटियों को ठोंको दीवार में, एक पर सिद्धान्तों को, दूसरी पर संस्कारों को, तीसरी पर मूल्यों को और चौथी पर मर्यादा को टाँग दो। टाँगना हमेशा के लिऐ और फिर बताना इस कीचड़ में। ऐसा इसलिए कह रहा हूँ, क्योंकि जो व्यक्ति कपड़े पहना होता है, उसी को डर होता है छींटे पड़ने का, दाग लगने का। एक बार आदमी नंगा हो जाए तो, तो फिर किसी भी तरह के दाग का डर उसको नहीं लगता।" यह तो किसी सनसनी खेज समाजार के 'टुन्ट्रों' की तरह है, आगे विस्तार से इस चरित्र की व्यावहारिक व्याख्या की गयी है, वह भी विचार से ही। बाजार की जरूरत और विशेषताएँ बतायी गयी हैं। इस क्रम में कई जगह वैचारिक भूल भी हुई है। बताया गया है कि सफलता का रास्ता बिस्तर से होकर जाता है। सच्चाई यह है कि बाजार भी दिमाग पर प्रहार कर के मनुष्य की चेतना को बाजार के लायक बनाता है, तभी उनके दिमाग और शरीर का इस्तेमाल करता है। खैर, मुझे कहना यह है कि कहानी के उत्तरार्द्ध में इन्हीं विचारों या लक्षणों का दृष्टान्त घटनाओं के रूप में वर्णन या चित्रण किया गया है, और लगता है कि प्रो. धीरेन्द्र ने जो-जो कहा था, वह सब घटित होता है और प्रद्युम्न फोन कर-करके धीरेन्द्र को बताता जाता है कि वैसा ही हुआ जैसा आपने कहा था। इससे रचना का सौन्दर्य नष्ट हो जाता है, कहानी का अन्त बड़ा यान्त्रिक है। घटनापरक होते हुए भी कहानी का यह शिल्प उत्सुकता को मार देता है। एक नया कथ्य उठाने के बावजूद रचना-विधान के भौंड़ेपन के कारण यह कहानी अच्छी नहीं बन पायी। यही एक कहानी है जिसके लेखक की उम्र नहीं बतायी गयी है, लेखक फोटो से लगता है कि युवावस्था पार कर गये हैं।

ध्यान खींचने वाली दूसरी कहानी है– 'बुश की हँसी'। इसके लेखक हैं शंकरानन्द। पैंतीस-छत्तीस साल के इस युवक ने कहानी का शीर्षक बहुत आकर्षक दिया है, लेकिन कथा का स्वरूप रचने में उतनी कलात्मक सिद्धि उसके पास नहीं है। कहा गया है, कि कहानी की शुरुआत तब हुई, जब बुश की नज़र ईराक पर थी, तब बुश पागलों की तरह हरकत कर रहे थे। वह इराक को तबाह कर देना चाहते थे, और आगे दीपक नाम के छात्र को रंगदारी करते, आपराधिक मनोवृत्ति विकसित

करते हुए पहले शिक्षक तिलकराज को गोली मारने का संकल्प करता है। एक दोस्त की बन्दूक-गोली चुराता है, और अन्ततः अपने पिता को ही गोली मारकर भाग जाता है। अब देश-दुनिया के यथार्थ के प्रति लेखक की समझ पर विचार कीजिए और तब कहानी के रचना-विधान को देखिए। लेखक को बुश पागलों की तरह व्यवहार करता दीखता है या वह ऐसा समझता है और फिर दीपक भी पागलों की तरह व्यवहार करता है, इसलिए दीपक और बुश में समानता देखता है शंकरनन्द। यहीं समझ की गड़बड़ी है। जार्ज बुश यानी अमरीकी साम्राज्यवाद का इराक के प्रति व्यवहार पागलों जैसा नहीं, बल्कि सोच-समझकर वहाँ के तेल भंडार पर कब्ज़ा करने के लिए वहाँ की सत्ता पर कब्ज़ा करने की साज़िश की अभिव्यक्ति है। अलबत्ता दीपक की रंगदारी, कमजोरी के कारण पागलों जैसा हो जाता है। दीपक कमजोर है, मगर बुश या अमरीकी साम्राज्य कमजोर नहीं है। दीपक पैसे के लिए पिता को गोली मारता है, माँ को विधवा बना देता है, बुश अमीरी साम्राज्य को मजबूत बनाता है स्वार्थ की दृष्टि से। कहानी में बुश और दीपक की समानान्तरता वाहियात है। उसी कारण कहानी दीपक की तरह ही कमजोर हो गयी है।

ध्यान खींचने वाली तीसरी कहानी है संजय कुन्दन की और पाँचवी है पंकज मित्र की। दोनों अभी प्रतिष्ठित कहानीकार हैं। पंकज मित्र की कहानी 'एक चुप्पे की चुप कथा?' और संजय कुन्दन की 'बाउंसर' दोनों ही व्यक्ति प्रधान कहानियाँ हैं, शब्द-चित्र से मिलती-जुलती, लेकिन एकदम शब्द-चित्र नहीं। पंकज मित्र कई बार भाषा या कहें शब्द गढ़ते दिखते हैं। वे जिस इलाके के रहने वाले हैं, वहीं मेरा भी इलाका है। उधर भी लोकभाषा में नहीं बोलने वाले को 'गुम्पा' कहा जाता है। पंकज कहते हैं—चुप्पा। चुप्पा ही सही, लेकिन 'चुप्पे की कथा' कहना काफी है, 'चुप कथा' क्यों! कथा तो लेखक की अभिव्यक्ति है। इसलिए कथा को 'चुप' विशेषण क्यों दें! खैर, यह एक ऐसे अधिकारी की कथा है जो कारखाने में काम करता है, ड्यूटी के प्रति एकदम निष्ठावान है। प्रायः नहीं बोलता है। ड्यूटी की रिपोर्ट बोलकर नहीं, लिखकर देता है। ऐसे एक्का जी अन्य कर्मियों के बीच उपहास के पात्र बनते हैं, लेकिन एक्का जी एक बार बोले, जब उन्होंने महसूस किया कि सार्वजनिक क्षेत्र में कारखाने का निजीकरण होने वाला है, इसका शेयर सेठ जी खरीदेंगे। एक्का को शक होता है कि धीरे-धीरे पूरा कारखाना 'प्राइवेट' हो जाएगा। इसी पर पूरा वाक्य पहली बार बोले एक्का जी—"अच्छा वर्मा जी! सचमुच सेठ लोग खरीद लेगा सब कुछ?" यह प्रश्न एक चुप्पे की चिन्ता को ही व्यक्त नहीं करता, बल्कि सार्वजनिक क्षेत्र की रक्षा से प्रतिबद्धता भी व्यक्त करता है। यह इस कहानी की कुशल कलात्मकता है कि संक्षेप में ही बड़ी चिन्ता व्यक्त करती है। यह प्रतिबद्धता एक्का की नहीं, लेखक की भी है। एक्का जी एक बार और बोले एक दूसरे प्रश्न के जवाब में। प्रश्न है—'एक्का जी सेठ से डरते क्यों

हैं?' उनका जवाब है—'कभी सेठ के यहाँ नौकरी किये हो बाबू? गर किये हैं, कभी देखना इसका नतीजा।' उसी महान चिन्ता में एक्का जी की हृदय गति रुक गयी ऐसा लगता है। पैंट, फटे जूता-मौजा पहनकर ड्यूटी के लिए तैयार एक्का जी सोये तो सोये रह गये। कारखाने के रवानगीकरण के डर से। यह डर इसलिए था कि सेठ की नौकरी करते हुए उनकी पीठ पर काले-काले निशान लगे थे, यह रहस्य उनकी मौत से खुला। यह देखने की बात है कि यह संक्षिप्त कलात्मक कथा अत्यन्त मार्मिक और प्रभावशाली है। 'लम्बी कहानी' लिखने वाले उनकी मार्मिकता और प्रभावपूर्णता को विघटित करके इसे खींच सकते थे।

संजय कुन्दन की कहानी 'बाउंसर' में एक तरफ सामाजिक संवेदनशीलता का चित्रण है, तो दूसरी तरफ यान्त्रिक कर्त्तव्यनिष्ठा की और तीसरी तरफ अमानवीय व्यापारिक अनुशासन की। इन तीनों विशेषताओं की कसौटी बनता है गोपी, जो ड्यूटी पर 'बाउंसर' कहलाता है। बेरोजगार गोपी को उसका दोस्त श्यामलाल शहर ले जाकर 'बाउंसर' के रूप में नौकरी दिला देता है, जिसका एक ही काम है मैनेजर से कोई बिना अनुमति मिल नहीं सके। यह यान्त्रिक ड्यूटी है। यूनियन उससे दोस्ती करते हैं। शंकरपाल खिलाते हैं और एक दिन यूनियन लीडर बिना अनुमति के अन्दर चला भी गया। गोपी को उसे निकालने की ड्यूटी भी करनी पड़ी। फिर वह यन्त्रवत् ड्यूटी करने लगा, लेकिन एक दिन फिर वह यूनियन-नेताओं की बातचीत सुनकर जोर से हँस पड़ा। सेठ सिंघानिया को यह बर्दाश्त नहीं हुआ, गोपी को नौकरी से निकाल दिया। इस तरह यह कहानी भी एक बानगी प्रतिष्ठान की अमानुषिकता और यान्त्रिकता को व्यक्त कर जाती है।

टिप्पणी करने के नाम पर इतना लिखा गया, लेकिन सबके बारे में लिखना सम्भव नहीं। सत्यनारायण पटेल की कहानी पारिवारिक वातावरण और सम्बन्धों की है। सबसे अलग। भाषा कई जगह ऐसी बनी है कि दिक्कत होती है। विशाल हिन्दी क्षेत्र में कुछ शब्द और मुहावरे लोक-भाषा से आये तो ठीक , लेकिन कथोपकथन भी लोकभाषा में देने से दिक्कत होना स्वाभाविक है। वैसे यह कहानी अच्छी है। मनीष कुमार सिंह की कहानी 'शैंकी का घर' में शैंकी का चरित्र बहुत रोचक है और रोचकता यह है कि बड़े अधिकारी और धनाढ्य परिवार में भी एक लड़का निकल जाता है, जो स्वाभाविक खुली हवा के लिए कमाता है। इंटरव्यू के लिए इस परिवार का मेहमान लड़का इस परिवार की यान्त्रिकता और शैंकी की मानवीयता की अभिव्यक्ति का माध्यम बनता है। इस अर्थ में कहानी ध्यान देने योग्य है।

'एक खुदा हुआ शहर' याहया इब्राहीम की कहानी साम्प्रदायिकता की समस्या पर पुरातात्त्विक शैली में लिखी गयी है। इस शैली का अर्थ यह है कि लेखक यह बताता है कि समाज से साम्प्रदायिकता और राजनीति अतीत की वस्तु बन गयी है, पुरातत्त्व की तरह। कहानी की यह सद्राशयता स्वागत योग्य है। साम्प्रदायिकता पर

कहानी लिखने की समस्या अब यह है कि उसे कैसे नया परिवेश, नया सन्दर्भ दिया जाये? इब्राहीम ने एक तरीका नया परिवेश या सन्दर्भ देने के लिए खोजा है लेकिन यह बहुत बेधक नहीं है। आरती का प्रेम होने और प्रेम-विवाह नहीं हो पाने की व्यथा की छोटी-सी कहानी है। यह कोई नया कथ्य नहीं है, एक बात ध्यान खींचती है कि प्रेम-विवाह नहीं हो पाने का कारण प्रेमी यानी पुरुष की कायरता है, लेकिन मैं समझता हूँ कि प्रेम इस आजीविकावादी युग में कुछ दूसरे सन्दर्भों के साथ चित्रित हो सकता है। स्त्री-पुरुष प्रेम विषय के रूप में तो शाश्वत है, लेकिन कोई सन्दर्भ शाश्वत नहीं होता। अभिज्ञान की कहानी 'मुठभेड़' भी पुराने विषय पति-पत्नी झगड़े की है। इसमें नयापन शायद यह है कि मारपीट भी हुई है और किसने, किसको पीटा, पता नहीं। मिथिलेश कुमार राय की 'स्वर टोन' में दो बेरोजगार नौजवानों के अपराधकर्म की ओर प्रवृत्त होने की कथा है। यह आज का यथार्थ जरूर है लेकिन खटकने की बात यह है कि बड़ी सहजता से उन्हें अपराध की ओर प्रवृत्त कर दिया गया है। इसलिए बड़ी आसानी से दोनों को गिरफ्तार भी करा दिया गया है।

रजनीश राय की 'सर्पदंय' एक 'कथ्य' के लिए अस्वाभाविक सन्दर्भ रचने की कथा है। भानमती का पति और बेटा तथा विद्योत्तमा का पिता और भाई नये रोजगार के लिए यहाँ भाग गये हैं। दोनों वहाँ ट्रक चलाते हैं। एक बार गये तो चले ही गये। वर्षों बीत गये। कोई खबर तक नहीं, और एक रात अचानक वे दोनों आये। साथ में एक और आदमी उरग नाम का। तीनों के लिए खाना बनाने का सब सामान है घर में, केवल नमक नहीं है और अब गाँव में भी पड़ोस से माँगने पर आग और नमक नहीं मिलते। विद्योत्तमा (या विद्युत्तमा) अँधेरे में और बरसाती किच-किच में निकलती है नमक लाने। तभी कोई उसे दबोच लेता है और आजकल चीख भी नहीं निकलती है, अतः निःशब्द वातावरण में कोई और नहीं उरग उसका कौमार्य भंग करके भाग जाता है। विद्युत्तमा का भाई अमरेन्द्र समझ जाता है और उरग को पकड़ने अँधेरे में भागता है। लेखक कहता है गाँव की इज्जत शहर ने लूट लिया है। यह कथन में प्रसंग के बिना है। यह सार्थक तब होता, जब पूरा गाँव विद्युत्तमा के लिए खड़ा हो जाता और शहर उरग के पक्ष में। यह बनावटी कथन है, जो लेखक की चेतना से निकला है, कथानक से नहीं। यह घटनाक्रम अस्वाभाविक है, जैसे उरग को पता हो कि अमरेन्द्र की बहन जवान है बस पहुँचना है और उसे नमक के लिए निकलना है और उरग उसे भोग कर भाग जाना है। कहानी के आन्तरिक अनुशासन का इसमें सर्वथा अभाव है। 'कथ्य' और कथन की अपेक्षा का पालन लेखक ने नहीं किया है।

अन्य कहानीकारों से क्षमा माँगते हुए इसे समाप्त करता हूँ। टिप्पणी के बदले लेख हो गया; क्योंकि इन कहानियों के माध्यम से मैंने जो कुछ कहा है, लेखक इन पर विचार करें, तो मुझे प्रसन्नता होगी। कुल मिलाकर मैं कहना चाहता हूँ कि ये

कहानियाँ समकालीनता, युवा-चेतना और तदनुकूल रचनात्मकता का प्रतिनिधित्व करने में समर्थ नहीं हैं। हिन्दी-कहानी बहुत समृद्ध हो गयी है, उसके रचनात्मक और कलात्मक अनुभव विविधतापूर्ण और ऊँचे दर्जे के हैं। आज की पीढ़ी को इन सबको आत्मसात करने का प्रयत्न करना चाहिए और अन्तिम बात यह है कि आज के समाज में अछूते जीवन-सन्दर्भों की कमी नहीं है, लेखक में उसे पकड़ने और समझने की अन्तर्दृष्टि और तद्नुकूल परिप्रेक्ष्य होना चाहिए।

सम्भव के प्रश्नों के उत्तर

समकालीन हिन्दी-कहानी की समकालीनता और नयेपन का अध्ययन अपेक्षित है। मैं ऐसा महसूस करता रहा हूँ कि हिन्दी-कहानी नये उभार के दौर में है। वास्तविकता यह है कि हमारा समाज विकास की नयी अवस्था में है। जीवन और समाज में नयी-नयी घटनाएँ हो रही हैं। नये-नये चरित्र सामने आये हैं, नयी-नयी महत्त्वाकांक्षाएँ प्रकट हो रही हैं। पूँजीवादी समाज की व्यावसायिकता, राजनीतिक जीवन में भ्रष्टाचार के नये आयाम और समाज एवं राजनीति के अपराधिकीकरण अभूतपूर्व भयानकता आदि ने मिलजुलकर यथार्थ की नयी अवस्था हमारे सामने प्रस्तुत कर दी है। आज के अनेक कहानीकारों ने समकालीन, यथार्थ के इन लक्षणों को पकड़कर जो कहानियाँ लिखी हैं, उन्हीं के आधार या समकालीन कहानी अलग से समझने की जरूरत है।

साठोत्तरी शब्द किसी प्रवृत्ति का द्योतक नहीं है, समान्तर कहानी की चर्चा अल्पजीवी साबित हुई। सारिका से सम्मेलन में रहते हुए भी समान्तर की चर्चा समाप्त प्राय हो गयी, उसी से स्पष्ट है कि इस नाम का कोई ऐतिहासिक कारण नहीं था। हाँ, उससे अपने को सम्बद्ध कहनेवाले अनेक कहानीकारों ने कई महत्त्वपूर्ण कहानियाँ लिखी थीं। जनवादी संज्ञा का भी कोई ऐतिहासिक महत्त्व नहीं है। हो सकता है उसका सांगठनिक महत्त्व हो। समान्तर और जानकारी संज्ञाओं के अन्तर्गत जो कहानियाँ लिखी गयीं, उनकी विशेषता यथार्थ के किसी रूप के चित्रण से ही जुड़ी है।

1. समकालीन कहानी पूर्ववर्ती कहानियों का विकास तो है ही, इस अर्थ में कि उसमें व्यक्त यथार्थ अचानक थोड़े ही प्रकट हुआ है। विकास की यह अवस्था नयी है, लेकिन वह पहले की अवस्था और प्रवृत्तियों से विच्छिन्न नहीं है।

2. आज का कथा साहित्य हिन्दी में यथार्थ की धारा की ही अवस्था नहीं है, बल्कि यथार्थ कुछ ज्यादा ही जटिलता एवं तीव्रता के साथ, कुछ ज्यादा ही अनुभव सिद्ध और संवेदनशील ढंग से व्यक्त हो रहा है। जो कुछ लिखा जा रहा है, उससे सन्तुष्ट होने का प्रश्न नहीं उठता क्योंकि सन्तोष का भाव रचनात्मकता के विकास

में बाधक हो सकता है, होता है। लेखकों, पाठकों और आलोचकों का असन्तोष कहानी के नये विकास का प्रेरक हो सकता है।

3. विश्व भर को ध्यान में रखकर तो कहना मुश्किल है, लेकिन पिछले दिनों मैंने कुछ वियतनामी, कुछ अफ्रीकी (खास करके दक्षिणी) कुछ फिलस्तीनी कहानियाँ पढ़ी हैं, कुछ लातीन अमरीकी भी। मैं कहना चाहता हूँ कि समकालीन दौर की अनेक कहानियों को विश्व स्तर की कहानियों के सामने रखा जा सकता है। यों उस तरह की तुलना मेरी दृष्टि में बहुत मायने नहीं रखती है। असल बात देखने की यह है कि आज की हिन्दी कहानी अपने समाज के संकटों को चिह्नित करने में कितनी समर्थ है और वह हमें किस हद तक छूती और बेचैन कर सकती है। ऐसा करने में समर्थ किसी भाषा की कहानी अन्तर्राष्ट्रीयता के स्तर को छू सकती है क्योंकि राष्ट्र के उच्च स्तर से अलग अन्तर्राष्ट्रीय स्तर क्या होगा।

4. इलेक्ट्रॉनिक मीडिया का हिन्दी कहानी के ढाँचे पर कोई खास असर पड़ा है, ऐसा मुझे नहीं लगता। कुछ लोग यह आशंका व्यक्त कर रहे हैं कि इलेक्ट्रॉनिक मीडिया के असर से शब्दों की सार्थकता पर प्रश्न-चिह्न लग जाएगा, लेकिन ऐसा कुछ नहीं हुआ है, क्योंकि शब्दों के बिना तो इलेक्ट्रॉनिक मीडिया भी निरर्थक हो जाएगी। यह सम्भावित असर उस मीडिया का यह था कि कहानी में स्थूलता कम होती जाती, लेकिन हम देखते हैं कि कहानियों की स्थूलता का विस्तार होता गया है। व्यावहारिकता की आपाधापी में कहानी और छोटी होती, लेकिन उसकी लम्बाई रोज बढ़ती जा रही है, लेकिन क्या इलेक्ट्रॉनिक मीडिया में धारावाहिक बन जाने के लोभ से।

कहानी के पाठकों की जो प्रतिक्रियाएँ पत्रिकाओं में लगातार छपती रहती हैं उन्हें देखकर तो ऐसा नहीं लगता कि पाठक आज कहानी के बदले जीवन्त रिपोर्ट पढ़ना ज्यादा पसन्द करते हैं। जीवन्त रिपोर्ट पढ़ने की रुचि होना एक बात है, और जीवन्त रिपोर्ट की कहानी से ज्यादा पसन्द करना दूसरी बात। आज की कहानियों का भी अच्छा-खासा पाठक वर्ग है।

5. पिछले एक वर्ष में जो कहानियाँ मैंने पढ़ी हैं उनमें जीभ चूम लेना आसान तो नहीं है। फिर भी जब गया है तो मैं कह सकता हूँ कि दूधनाथ सिंह की 'धर्म क्षेत्र', 'कुरुक्षेत्र', उदय प्रकाश की 'पाल गोमरा का स्कूटर' और रतन वर्मा की 'दीपक राम' उल्लेखनीय कहानियाँ हैं, जो समकालीन यथार्थ के चित्रण की दृष्टि से नयी ज़मीन तोड़ती दिखाई पड़ती हैं। ये कहानियाँ संक्रमणशील समाज में उत्पन्न हो रहे नये लक्षणों को पहचानने की सार्थक कोशिश करती हैं। कहानियाँ कहने के अन्दाज़ और आवश्यकतानुसार भाषा में भी नयापन है। यही भिन्नता का आधार है। इस उल्लेख के साथ यह भी कहना जरूरी समझता हूँ कि उसका मतलब यह नहीं कि तीन ही उल्लेखनीय कहानियाँ लिखी गयी हैं। गत साल कहने की बात तो मेरे लिए

यह भी है कि सारी कहानियाँ मैं पढ़ भी नहीं सका हूँ। अतः सम्भव है कि मेरे अध्ययन के दायरे से बाहर भी महत्त्वपूर्ण कहानियाँ हों।

6. समकालीन राजनीति से महत्त्वपूर्ण लेखन का रिश्ता हर दौर, हर युग में रहा है। आधुनिक जनतान्त्रिक युग में तो किसी नागरिक की कोई सामाजिक कार्रवाई राजनीति से अलग हो ही नहीं सकती। समझने की बात यह है कि राजनीति को आप कैसे देखते हैं और उसके प्रति आपका रुख क्या है। चिन्ता की बात यह है कि आज लेखक समेत अधिवक्ता लोग राजनीति को ऊपरी स्तर पर राजनीतिक दर्जे की संसदीय गतिविधियों में ही सीमित समझते और मानते हैं। गहराई में जनता के बीच जो उथल-पुथल मची हुई है, वर्गों में जो टकराव हो रहा है, समाज और राजनीति में जो संक्रमण की प्रक्रिया चल रही है, नये-नये सामाजिक-राजनीतिक उभर रहे हैं, उनको देखने की कोशिश बहुत कम हो रही है। आज तो अधिकतर लेखकों की चेतना पर जीवनगत महत्त्वाकांक्षा (केरिज्य) हावी मालूम पड़ती है। एक कारण यह भी है कि वे विकल्प के प्रति निराश हैं, और राजनीतिक और सांगठनिक दायित्व से अपने को अलग करके दूसरों को भी राजनीति से अलग रहने का उपदेश देते हैं। काव्य से समझते हैं कि वे इस तरह स्वयं यथास्थिति राजनीति के तरफदार हो जाते हैं। अतः जो लेखक पूँजीवादी व्यवस्था को बदलने की राजनीति में हैं वे तो हैं ही, जो इससे अलग हैं वो यथास्थितिवादी राजनीति के साथ जाने-अनजाने हैं। हालत तो यह है कि ऐसे अनेक लोग सरकारी पुरस्कारों की सम्भावना से जुड़ने के लिए भी कदम बढ़ा रहे हैं।

पूँजीवादी व्यवस्था की सड़ाँध के फूट पड़ने के इस दौर में, व्यावसायिकता, खानगीकरण, सर्जनात्मकता पर हमले, रूढ़िवाद, पुनरुत्थानवाद, सम्प्रदायवाद आदि के बहाव के इस भयानक दौर में लेखक संगठनों की जरूरत और बढ़ गयी है। सबसे पहले लेखकीय सर्जनात्मकता और स्वतन्त्रता एवं साहित्य की स्वायत्तता और लेखकीय मूल्यों की रचना के लिए लेखक संगठनों की यानी लेखकों की संगठित भूमिका की जरूरत है। लेखक संगठनों की जरूरत किसी को लेखक बनाने और उनको चर्चा का विषय बनाने के लिए एकदम नहीं है। छोटी-छोटी चिन्ताएँ हमें केरियरिज्म की ओर ले जाती हैं। तुरन्त चर्चा में आ जाने की ललक भी एक प्रकार की चिन्ता है।

सम्बोधन में परिचर्चा के प्रश्न

प्रश्न–1. पिछले तीस वर्षों में हिन्दी-कहानी आगे बढ़ी है, उसमें महत्त्वपूर्ण विकास हुआ है, इसमें कोई सन्देह नहीं है। आपने प्रश्न में जिन कहानीकारों का ज़िक्र किया है वे तो इस दौर के महत्त्वपूर्ण कहानीकार हैं ही और भी अनेक महत्त्वपूर्ण कहानीकार इस दौर में सामने आये हैं; जैसे—अरुण प्रकाश, अवधेश प्रीत, शंकर, अभय, ऋषिकेश सुलभ, प्रेमकुमार मणि, जयनन्दन, हेमन्त आदि ने उल्लेखनीय कहानियाँ लिखी हैं लेकिन बात केवल नामों की नहीं है। नाम तो और भी हो सकते हैं। यों यह भी ध्यान देने योग्य है कि इस दौर में अच्छे और उल्लेखनीय कहानीकारों की तादाद-पहले के किसी भी दौर से ज्यादा है।

जहाँ तक नोटिस लेने और आलोचकीय चुप्पी की बात है, मैं इससे सहमत नहीं हूँ। इस दौर की महत्त्वपूर्ण कहानियों और कहानीकारों की चर्चा हुई है, लेख लिखे गये हैं। नये आलोचक सामने आये हैं, उन्होंने लिखा है। (शम्भु गुप्त, जीवन सिंह, वीरेन्द्र सिंह मोहन आदि ने लिखा है।) कई लेख मैंने भी कई पत्रिकाओं में लिखे हैं। परमानन्द जी और विश्वनाथ त्रिपाठी ने भी लिखा है। यदि आलोचकीय चुप्पी से कोई खास मतलब हो तो मैं उसे समझ नहीं पाया। रचना के प्रथम आलोचक तो पाठक होते हैं और देखिए पत्रिकाओं में हिन्दी के पाठक तुरन्त अपनी प्रतिक्रिया व्यक्त करते हैं जिससे आलोचकों को भी प्रेरणा मिलती है। कहानीकारों का ध्यान पाठकों पर क्यों नहीं है।

हाँ, एक बात मेरे ध्यान में आती है कि इस दौर के रचनाकार वे चाहे कवि हों या कहानीकार शीघ्रता से चर्चित होने और ख्याति पाने के लिए पहले के कहानीकारों से ज्यादा अधीर हैं। चर्चा प्रायोजित भी हो रही है जिससे आलोचना के सामने समस्याएँ खड़ी होती हैं। वैसे आप देखिए न, पिछले तीस वर्षों में इतने विशाल हिन्दी क्षेत्र में आलोचक कितने उभरे हैं? बहुत कम। आलोचना की दृष्टि से तो त्रुटि या कमी तो है ही। कहा जाता है कि यह दौर रचना-विरोधी है लेकिन रचनाएँ तो हो ही रही हैं, सकंट में है आलोचना, क्योंकि आलोचना बर्दाश्त करने की क्षमता बहुत कम रचनाकारों में है। 'कामरेड का कोट' की प्रायोजित चर्चा हुई, जिससे

कहानीकार का नुकसान हुआ। यों 'कामरेड का कोट' महत्त्वपूर्ण कहानी नहीं है, यह बात मैंने 'हंस' की बहस में भी अपनी टिप्पणी में कही थी। 'तिरिया चरित्तर' भी बहुत महत्त्वपूर्ण कहानी नहीं है। कोई खास नयापन उस कहानी में नहीं आ पाया है।

प्रश्न–2. हिन्दी कहानी ने बीसवीं सदी में विकसित एक गद्य विधा के रूप में प्रारम्भ से ही ऊँचाई, कथा-तत्त्व और शिल्प के क्षेत्र में विविधता हासिल की। सदी के पूर्वार्द्धा में ही उसने वह शिखर बनाया, जिसे पार करना आगे के कहानीकारों के लिए हिमालय जैसी चुनौती बन गया। आज सदी के समाप्त होने पर पलटकर देखें तो महसूस होगा कि 'नयी कहानी' जिसे कहा गया उससे ज्यादा नयापन कहानी में उन कहानीकारों के जरिये आया जो नयी-कहानी के रचनाकारों की परिधि में नहीं थे। उदाहरण के लिए तथाकथित नयी कहानी के दौर के कहानीकारों से ज्यादा हिन्दी कहानी से समृद्ध किया है भीष्म साहनी, अमरकान्त, शेखर जोशी आदि ने। इस पर विस्तार से चर्चा करने की ज़रूरत है।

आपने लिखा है, 'समकालीन या जनवादी कहानी' मैं समझता हूँ कि दोनों न तो पर्यायवाची हैं और न एक समय में चलने वाली। कौन संजीदा आलोचक कहेगा कि प्रेमचन्द या यशपाल या भीष्म साहनी या अमरकान्त या मार्कण्डेय या कमलेश्वर या शेखर जोशी या राजेन्द्र यादव की कहानियाँ जनवादी नहीं हैं? बहरहाल 'जनवादी' या किसी और विशेषण को लेकर बहस में यहाँ मैं नहीं जा रहा।

हिन्दी-कहानी का विकास विविधतापूर्ण रहा है। मनोवैज्ञानिक कहानियों, जैनेन्द्र, अज्ञेय आदि ने कहानी को सूक्ष्म बनाया। घटना से अधिक मनोदशा और संवेदना को देकर कहानी को विवरणात्मकता से मुक्त करने की कोशिश की। 'नयी कहानी' के समय में मनोदशा और सामाजिकता को समन्वित किया गया जिससे कहानीपन की रक्षा हुई।

आज यानी समकालीन दौर की कहानियों का स्वरूप पहले से बहुत भिन्न है। कहानी का शिल्प अति विवरणात्मकता से ग्रस्त हो गया है और उसकी संवेदनशीलता अनेक कथ्यों के मिलने से प्रायः बिखर जाती है, कुछ अपवादों को छोड़कर। ऐतिहासिक दृष्टि से हमें इसे पतन तो नहीं कहना चाहिए लेकिन ऐसा लगता है कि कहानीकार हिन्दी-कहानी के विकास के सिलसिले में कोई नया प्रस्थान बिन्दु तलाशने के चक्कर में पड़े हुए हैं जिससे हिन्दी कहानी का स्वरूप बदल रहा है। विधागत विखंडन मैं इसलिए नहीं कहना चाहता कि किसी को यह कहने का हक नहीं है कि कहानी ऐसी हो या वैसी हो।

प्रश्न–3. कहानी को उत्कृष्ट मानने का आधार मेरे विचार से सबसे पहले यह मानना चाहिए कि समय की गतिशीलता और परिवर्तनशीलता के फलस्वरूप जीवन और समाज में विकसित नये पहलुओं को रचनाकार पहचान सका है या नहीं।

परिवर्तन की प्रक्रिया में यथार्थ के नये पहलू, नये-नये चरित्र, नये-नये सम्बन्ध विकसित होते हैं। कोई कहानीकार उन्हें पहचानकर, पकड़कर, आत्मसात कर अभिव्यक्ति और चित्रण की पूरी क्षमता के साथ उन्हें प्रस्तुत कर सका है या नहीं? इसी क्रम में अनुभव, अनुभूति आदि की विशिष्टता कहानी में आती है। जिसे आपने जीवन में किसी अछूते पक्ष का संधान कहा है वही मैंने ऊपर कहने की कोशिश की है। कहानी के कार्य व्यापार का व्यापक सामाजिक सन्दर्भ से कलात्मक संगुम्फन मेरे खयाल से सही प्रक्रिया नहीं है, क्योंकि कहानी का कार्य व्यापार से सामाजिक सन्दर्भ को ही व्यक्त करता है उसके संगुम्फन का प्रश्न ही कहाँ उठता है। 'रोचकता या पाठसुख' कहानी की श्रेष्ठता के आधार नहीं हो सकते, वैसे पाठसुख तो पाठक की मानसिकता पर भी निर्भर करता है।

कहानी समीक्षा व्यक्ति निष्ठ हो सकती है तभी जब समीक्षक की नज़र कहानी पर नहीं, कहानीकार पर टिकी हो, लेकिन ऐसी हालत में समीक्षा या तो अतिरिक्त प्रशंसा या अतिरिक्त निन्दा का रूप ले लेगी, दोनों ही स्थितियों में वह समीक्षा विवेक रिक्त होने का दृष्टान्त बन जाएगी। समीक्षा या आलोचना को सबसे पहले रचनानिष्ठ होना चाहिए और ऐसी ही आलोचना वस्तुनिष्ठ होती है।

प्रश्न—4. पिछले दशक, बल्कि उससे और पहले से ही 'लम्बी कहानी' के रूप में हिन्दी-कहानी का विकास हुआ है। हाँ, यह कहानी जीवन का एक टुकड़ा नहीं है। कहानी के बारे में कभी कहा गया था कि वह आगरा के लालकिले के एक खम्भे में जड़ा हुआ वह शीशा है, जिसमें पूरा ताजमहल प्रतिबिम्बित होता है, यानी जीवन का एक टुकड़ा पूरे जीवन का बोध कराता था। अब वह बात नहीं है। यह लम्बी कहानी दुल्हन या वार्ड नं. 6 या इबान इल्यीच की मृत्यु या और भी कहें, तीसरी कसम या उसने कहा था जैसी नहीं है, यह बात ठीक है, लेकिन आज की लम्बी कहानियाँ केवल औपन्यासिक नहीं हैं बल्कि उनमें उपन्यास, रिपोर्ताज, संस्मरण, शब्द-चित्र, निबन्ध आदि तत्त्व इस तरह मिल गये हैं कि लगता है कि ऐसी लम्बी कहानियाँ हिन्दी-कहानी के स्वाभाविक विकास का परिणाम नहीं है।

क्या है ऐसी कहानियों का 'चिन्ता प्रदेश'? क्या है कि कहानीकार किसी चरित्र को, किसी कथ्य को उसके पूरे सन्दर्भ के साथ, पूरे परिवेश के साथ, पूरी पृष्ठभूमि और परिप्रेक्ष्य के साथ चित्रित करना चाहते हैं? मुझे ऐसा नहीं लगता, क्योंकि यथार्थवादी चित्रण तो सब दिन से सन्दर्भ और परिवेश के चित्रण को स्वीकार करता रहा है। आज की अनेक लम्बी कहानी जैसे 'वारेन हेस्टिंग का साँड' या 'और अन्त में प्रार्थना' या 'जल डमरूमध्य' या 'मर गया दीपनाथ' या 'पाँव तले की दूब' या 'तिरिया चरित्तर' या 'डाक्यूड्रामा' आदि के कथ्य को सन्दर्भ और परिवेश सहित कम शब्दों में चित्रित किया जा सकता था। आज की ऐसी कहानी 'मोंताज' शैली में लिखी जा रही है जिसमें छोटे-छोटे टुकड़ों को जोड़कर एक बड़ी या लम्बी चीज़

बनायी जाती है। ये टुकड़े हमेशा ऐसे नहीं होते जो आपस में जुड़कर जोड़ का निदान नहीं महसूस होने दें। यों इस दौर में ममता कालिया की लम्बी कहानी 'होड़' एक ऐसी लम्बी कहानी है जो टुकड़ों को जोड़कर नहीं बनी है, बल्कि कथ्य को समग्रता में प्रस्तुत करने के क्रम में, यों कहें कि आज के जीवन-संकट से निकलने का रास्ता खोजने के प्रक्रम में पारिवारिक संवेदना के टूटने-बिखरने को समग्रता में चित्रित करने की प्रक्रिया में कहानी स्वाभाविक रूप से लम्बी हुई, फलतः उसमें संवेदना बिखरती नहीं।

आज की लम्बी कहानी, पुख्ता कला रूप नहीं है, यह बाजार तन्त्र, इलेक्ट्रॉनिक मीडिया के चमत्कारिक, आकर्षण और सीरियल बनने के लोभ के प्रभात से बना कला रूप है। आज भी ऐसी कहानियों से ज्यादा प्रभावकारी कहानियाँ लम्बाई को खींचकर बढ़ाये बिना लिखी जा रही हैं। उपर्युक्त लम्बी कहानियों ने एक काम और किया है कि हिन्दी-कहानी को भारतीय समाज के मेहनतकश तबके से, जीवन की सबसे ज्वलन्त समस्या से दूर ले जाने का काम किया है, हालाँकि उन्हें पूरी सफलता नहीं मिली है। कहानी को आज के सबसे बड़े यथार्थ से दूर ले जाने के प्रयत्न के बावजूद अरुण प्रकाश की 'भैया एक्सप्रेस', विजयकान्त की 'इन्द्रजाल', मिथिलेश्वर की 'जमुनी', रामधारी सिंह दिवाकर की 'माटी-पानी' और जयनन्दन की 'बॉडीगार्ड' जैसी कहानियाँ आयी हैं। और भी उदाहरण दिये जा सकते हैं। सुरेश कोंटक, पुन्नी सिंह, अभय, महेश कटारे, नर्मदेश्वर आदि ने भी अच्छा काम किया है। सौन्दर्यशास्त्र या नया सौन्दर्यशास्त्र कहानियों की जरूरत नहीं, पाठकों और आलोचकों की जरूरत हो सकती है। आज की कहानियों ने पुराने मान को तोड़ा है, यह मैं पहले कह चुका हूँ, जब मैंने यह कहा कि ये मोंताज शैली में लिखी जा रही हैं और उसमें विभिन्न गद्य-विधाओं का मेल कर दिया गया है। विचारणीय है कि क्या ऐसा जरूरी हो गया था! मैंने ऊपर कहा कि जरूरी नहीं हो गया था। रचना-प्रक्रिया से बाहर की जरूरत का दबाव कहानी के रूप को प्रभावित कर रहा है। उदय प्रकाश की 'पीली छतरी वाली लड़की' इसका अच्छा उदाहरण। इस कहानी के लम्बे ढाँचे में कई कहानियाँ हैं, जिनको जोड़कर यह लम्बी कथा बनायी गयी है। (सम्पादक के दबाव में, किसी रचनात्मकता आग्रह से नहीं।)

इस तरह की कहानी लिखने वाले रचना के शिल्प के पीछे अन्तर्वस्तु और उसमें निहित भावना, संवेदना या चेतना की गति के आग्रह की भूमिका को अस्वीकार कर रहे हैं।

ध्यान दीजिए कि पत्रिका में रचना छपती है कहानी के रूप में और बाद में वह उपन्यास के रूप में पुस्तक छप जाती है। प्रश्न उठता है कि क्या कहानी के कथ्य और रूप-विन्यास तथा उपन्यास के कथ्य तथा रूप-विन्यास में कोई फर्क नहीं है? फर्क तो है, लेकिन लेखकगण व्यावसायिक लोभ में उस फर्क की उपेक्षा कर रहे

हैं। विधा के इस विकास के पीछे कोई सौन्दर्य-शास्त्र नहीं है। यों सौन्दर्य-शास्त्र रचनात्मकता के विकास में ज्ञान-वृद्धि के जरिये लेखकों की कुछ मदद कर सकता है लेकिन वह रचना का या सृजन का स्रोत नहीं है। सृजन का स्रोत तो जीवन का यथार्थ है, समाज है।

प्रश्न–5. मुझे ऐसा अहसास नहीं होता कि कहानी को कविता के मुकाबले हेय समझा जाता है। किसी ने कहानी को उपन्यास से भी कमतर कहा है यह भी मेरी जानकारी में नहीं है। यह सम्भव है कि रचनाकार अपनी-अपनी विधा को श्रेष्ठ मानते हों, लेकिन किसी रचनाकार के कहने से थोड़े ही कोई विधा श्रेष्ठ या हेय बन जाती है।

जीवन की अनुभूति अपने स्वरूप के अनुसार अपनी स्थिति और गति के अनुसार अभिव्यक्ति का रूप बनता है और इसी से विधा का निर्धारण होता है। कोई भी अनुभूति किसी भी विधा में व्यक्त हो यह सही बात नहीं है। आप देखते हैं, आज के जटिल दौर में, ऐसे लेखक इक्के-दुक्के ही हैं जिसकी सृजनशीलता एक ही विधा तक सीमित हो। वह कविता, कहानी, नाटक, डायरी, संस्मरण और आलोचना आदि अलग-अलग लिख रहा है। यह बात प्रमाणित करती है कि हर विधा की अपनी संवेदना और अन्तर्वस्तु होती है और हर संवेदना और अन्तर्वस्तु की अपनी उपयुक्त विधा होती है। विधाएँ अपनी गतिशीलता में अतिक्रमण कर सकती हैं लेकिन उनकी अपनी विशेषताएँ होती ही हैं।

मैं किसी विधा को महत्त्व की दृष्टि से ऊँच-नीच नहीं रखता, सबका अपना महत्त्व है।

प्रश्न–6. बाजार का दबाव आज के मनुष्य पर है, जबर्दस्त दबाव है। ऊपर मैं कह चुका हूँ। उन बातों के अतिरिक्त बाजार के दबाव में लेखकों की सामाजिक प्रतिबद्धता कमजोर पड़ी है, व्यक्तिगत महत्त्वाकांक्षा बढ़ी है। उदारीकरण और निजीकरण के अतिरिक्त चमत्कारीकरण (ग्लैमराइजेशन) की प्रवृत्ति लेखकों में भी बढ़ी है। इसलिए इन दिनों पुस्तकों का लोकार्पण, प्रायोजित परिचर्चा आदि की प्रवृत्ति बढ़ी है। आज के लेखकों को आलोचना और आलोचकों से जितनी शिकायत किसी भी दौर के नये लेखकों से नहीं रही है। इन सबके पीछे अपनी व्यक्तित्व के चमत्कारीकरण की आकांक्षा काम कर रही होती है। वैश्वीकरण का हमारे साहित्य पर यह प्रभाव भी पड़ रहा है या प्रभाव डालने की कोशिश की जा रही है कि अपनी भाषा की सृजनशीलता के प्रति हमारा भरोसा कम हो और विश्व-बाजार की एक प्रमुख भाषा अंग्रेजी की ओर सम्मान बढ़े। इसके अलावा स्त्री-विमर्श के जरिये उच्छृंखल काम का चित्रण, जीवन की बुनियादी समस्या से ध्यान हटाना, प्रतिरोध की शक्ति का कमजोर पड़ना इत्यादि है। नये सिरे से एक प्रकार का कलावाद सिर उठा रहा है। पतनशील मूल्यों को स्थापित करने की कोशिश हो रही है। लेखकों में

यह धारणा घर कर गयी है कि जन-संघर्ष को चित्रित करने वाली रचना श्रेष्ठ नहीं होती। ये कुछ घातक प्रभाव दिखाई पड़ रहे हैं।

प्रश्न–7. मैं कहानीकार नहीं हूँ। इसलिए पाँच-दस साल के बाद हिन्दी कहानी के रूप के बारे में कहना मुश्किल है। कहानी शायद न कह सकें। मैं इस बात को यों देखता हूँ कि पाँच-दस साल बाद परिस्थिति ऐसी ही नहीं रहेगी। आज वैश्वीकरण, बाजार-तन्त्र, निजीकरण, उदारीकरण आदि का आम जनता से ही नहीं, मध्यवर्ग के भी बड़े हिस्से से टकराव हो रहा है। यह टकराव बढ़ेगा। परिस्थिति में जो बदलाव होगा, उसमें आम जनता और मध्यवर्ग की ओर से किये गये हस्तक्षेप की भी भूमिका होगी। हिन्दी-कहानी का आगामी स्वरूप इसी पर निर्भर करेगा। कहानी एक बार फिर जन-समस्याओं से सम्बन्धित अन्तर्वस्तु को लेकर अपना स्वरूप निर्धारित कर सकती है।

□□